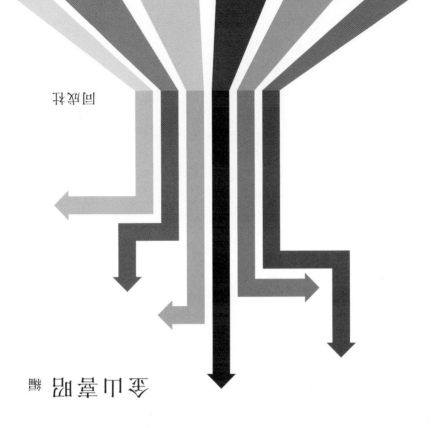

転換期の博物館経営

指定管理者制度・独立行政法人の検証と展望

金山喜昭 編著

同成社

はじめに

　日本の博物館は 1951 年に博物館法が制定されたことにより、公共施設として振興が図られるようになった。さらに、1973 年には、博物館法第 8 条に定める「博物館の設置及び運営上望ましい基準」として「公立博物館の設置及び運営に関する基準」（通称「48 基準」）が設けられ、社会教育施設としての博物館の条件整備が行われた。

　博物館とは「歴史、芸術、民俗、産業、自然科学等に関する資料を収集し、保管（育成を含む。以下同じ）し、展示して教育的配慮の下に一般公衆の利用に供し、その教養、調査研究、レクリエーション等に資するために必要な事業を行い、あわせてこれらの資料に関する調査研究をすることを目的とする機関」（博物館法第 2 条）と規定されているように、調査研究活動に基づく社会教育施設である。調査研究を実施する機関であり、また社会教育施設であることから、専門職である学芸員の配置や、公共施設としての学習機会を保障するための無償性、住民参加による意見反映の場とする博物館協議会の設置などが博物館法に規定された。

　ところが、1990 年代以降、博物館には、三つの大きな変化が押し寄せている。一つは、2003 年、「公の施設」のより効果的・効率的な管理を行うという行政改革を実施する意図で地方自治法が改正され、民営化・市場化を基調とする指定管理者制度が公立博物館にも導入されるようになったことである。一方、同じ文脈により、国では 2003 年の指定管理者制度に先立って、1999 年に各省庁が所管する一部の事務及び事業を分離して独立行政法人に行わせる独立行政法人制度を設けて、2001 年に「国立の博物館」にもその制度が導入された。

　これまでに、筆者は全国各地に所在する指定管理者制度が導入された公立博物館を調査してきた。その契機は、2007 年に事務局長を務めていた NPO 法人が千葉県の野田市郷土博物館の指定管理者として管理運営を始めた頃にさかの

ぼる。同館の学芸員であった筆者にとって、その試みは大きな挑戦であったが、スタッフの精力的な働きにより、直営時代に抱えていた諸問題をかなり改善することができた。当時、指定管理者制度の問題は個々の館では指摘されていたが、その総体的な検証や評価はほとんど行われていなかったことから、他の指定管理館の実態を調べてみようと思った。

そこで、文部科学省科学研究費基盤研究B「日本の博物館総合調査研究」（平成25〜27年度）（代表：滋賀県立琵琶湖博物館館長　篠原徹）では、「指定管理者制度」を担当し、NPOや企業の指定管理館を調査した。次いで、文部科学省科学研究費基盤研究C「指定管理者制度を導入した公立博物館の経営に関する総合調査研究」（平成28〜31年度）（代表：金山喜昭）では、地方公共団体が出資した公設財団法人を中心にした指定管理館の実情を調査することができた。

筆者は、全国各地の財団法人、企業、NPOの指定管理館を訪ねて話を聞かせていただいた。また、博物館を所管する地方公共団体の教育委員会や首長部局の担当部署や財団本部にも伺った。それによって、指定管理者制度が実際どのように運用されているかを知ることができた。調査によって見えてきたことは、博物館を所管する部署等が博物館に指定管理者制度を導入する目的や理念を真剣に考えているところは、指定管理館の職員のモチベーションが高く、一定の成果をあげていることである。もちろん指定管理館の主体的な活動も見逃すことはできない。これに対して、博物館を所管する地方公共団体が明確な理念や目的をもたずに、不十分な経費で施設を維持するところでは、本庁の理解が得られずに指定管理者が苦労している事態をしばしば目にした。指定管理者の努力により、直営時代よりも良くなっているところでも、博物館を所管する部署等が指定管理者を安価な業務委託先とみているところは継続が困難な状況になっている。指定管理者制度をうまく運用しているところと、そうでないところは二極化しているようである。

二つ目は、2019年の第9次地方分権一括法により、博物館法や図書館法、社会教育法により教育委員会が所管することとなっている博物館、図書館、公民館などの公立社会教育施設について、地方公共団体の判断により首長部局に移管することを可能としたことである。博物館法上、博物館とは公私立の登録

博物館をいう。社会教育法の体系に博物館法が位置づけられていることにより、登録博物館は地方公共団体の教育委員会が所管するものとなった（博物館法第 19 条）。この決定により、博物館法に定められた公立博物館の基本原則を反故にする、脱法的ともいえる措置がとられてしまった。

　第 9 次地方分権一括法案をとりまとめることに先立ち、文部科学省の中央教育審議会の生涯学習分科会でワーキング作業が行われた際に、筆者は博物館の有識者として加わることになった。ワーキングでは、この案件についてはすでに 2017 年 12 月に閣議決定がなされたものであり、それを覆すことはできないと文部科学省サイドからいわれた。それならば、反対は公言しないが問題などについての意見はいわせてもらうというスタンスで参加することにした。ワーキングではいろいろな意見交換が行われたが、筆者は、なかでも首長部局に移管される場合の教育及び政治的中立性が損なわれることへの懸念をもち、教育及び政治的中立性を担保するための措置について強く要請した。そのことは、その後の中教審答申「人口減少時代の新しい地域づくりに向けた社会教育の振興方策について」（2018 年 12 月 21 日）中、「地方公共団体において特例措置を活用する場合に留意が求められる点」に活かされて、「地域の自主性及び自立性を高めるための改革の推進を図るための関係法律の整備に関する法律案に対する附帯決議」（2019 年 5 月 30 日　参議院内閣委員会）にも反映されることになった。

　三つ目は、政府が進める観光立国政策に博物館が組み込まれるようになったことである。国の成長戦略として、訪日外国人旅行者の増加を目標にしている政府は、観光振興のために博物館を活用して経済の活性化を図ろうとしている。そのために、近年、博物館に関連する制度変更が矢継ぎ早に行われてきた。2017 年、「文化芸術基本法」（一部改正）と「文化芸術推進基本計画」の策定により、「稼ぐ文化」の標語のもとに文化経済戦略が打ち出された。2018 年、「文化財保護法」（一部改正）では、文化財の「保全・継承」から、「活用する」ことに方針が転換された。2019 年、第 9 次地方分権一括法による博物館法等の改正により、博物館は教育委員会の所管から首長部局に移管することが可能となった。また、2018 年 10 月、文部科学省が所管していた博物館行政の事務を、その外局である文化庁に一元化する組織再編も行われた。さらに、

「文化観光拠点施設を中核とした地域における文化観光の推進に関する法律案」が、今国会（第201回国会2020年1月）に提出されている。こうした一連の制度変更は、政府が博物館を観光産業の振興やインバウンドに活用するのに都合のよい条件を整えるためだといってよい。

　博物館法については、そもそも国立の博物館や大学博物館に適用されないことが長年にわたり問題視されている。この法律は、戦後の復興期に経済的に厳しい私立博物館の財政的な支援や、公共施設として未整備であった公立博物館の整備や振興を図ることが目的となっていたこともあり、時代の要請にあった形で見直すことが求められている。博物館法の改正にあたっては、現在の社会教育法体系にある「博物館法」（「社会教育施設」としての博物館）を踏襲するのか、あるいは、文化財保護法や文化芸術基本法の下で博物館を見直すのか、あるいはそれらの並立を図るのか、などその枠組みや観点などの前提になる事項を十分検討する必要がある。

　本書の目的は、指定管理者制度が博物館に導入されてから15年以上が経過する今、指定管理館の現状と問題を抽出、確認することにより、指定管理者制度やその運用に関する問題を明らかにし、博物館の適正なあり方を図るための改善や提言を試みることである。また、文部科学省や文化庁の所管から独立行政法人に移行した国立博物館についても俎上に載せ、これまでの動向について触れることにする。

　さらに、博物館の今後のあり方についても検討したい。先述したように、日本の博物館の針路は不透明な状況である。私たちは、どのようにすれば博物館の未来を描くことができるのだろうか。それはとりもなおさず、博物館の社会的な役割や可能性を見出すことである。持続可能な社会づくりのために博物館に課せられた課題を問い直し、その解決に向けて取り組むための手がかりをつかみたいと思う。

金山喜昭

目　次

◎**本書の執筆者一覧**

第 1 章
　金山喜昭
第 2 章
　1. 高橋　摂
　2. 大倉　宏
　3. 高田みちよ
　4. 平野芳英
第 3 章
　1. 神田正彦
　2. 土居聡朋
　3. 中島秀男

第 4 章
　1. 中島宏一
　2. 柏木智雄
　3. 村瀬　健
　4. 髙木叙子
　5. 渡部　淳
第 5 章
　1. 杉長敬治
　2. 小川義和
　3. 山西良平

第 6 章
　1. 杉長敬治
　2. 矢ケ崎紀子
　3. 金山喜昭
　4. 牧　慎一郎
　5. 長谷川賢二
　6. 佐々木　亨
　7. 田中裕二
第 7 章
　金山喜昭

第1章

指定管理者制度と博物館の動向

I. 指定管理者制度の導入と背景

　戦後、政府は国内産業の保護や育成を図るために、数々の規制を目的にさまざまな制度を設けた。しかし、その後の高度経済成長により、その必要性が失われても存続していたために、経済発展の阻害要因になるとみなされるようになった。

　イギリスのサッチャー政権時代に生まれたNPM（New Public Management）理論に基づく成果主義、市場機構を活用した競争原理の導入、顧客主義、分権化を基本原理にする新自由主義の政策は、日本政府の経済政策にも影響を及ぼした。我が国でも、1980年代の中曽根康弘政権から規制緩和を図る政策として規制改革の推進は本格化するが、特に2000年代に入ってから小泉純一郎政権により急激に進められた。

　市場主導型の産業のあり方が望ましいと考える競争原理のもとに、規制緩和や民間活力を導入することにより経済を回復させようとする施策が、次々に打ち出されるようになった。指定管理者制度もその一つである。それ以前にも、1999年のPFI法（民間資金等の活用による公共施設等の整備等の促進に関する法律）や、2002年の構造改革特区（構造改革特別区域法）、その後も2006年の公共サービス改革法などのように、さまざまな規制改革が行われている。

　公の施設の管理については、地方自治法の一部（地方自治法第244条の2、第244条の4）を改正する法律（平成15年法律第81号）により、2003年に指定管理者制度が導入された。

　指定管理者制度とは、一言でいうと民間（民間企業・NPO・一般法人・公益法人など）が指定管理者となり公共施設を管理運営することができる制度である。しかも、指定管理者は施設の設置者である地方公共団体から委託された業務を執行するだけでなく、自らが企画立案する自主事業をすることができ、施設の使用許可などに関する裁量権をもち、それまでの民間に委託していた業務委託（管理委託）とは異なる。日本の行政の歴史にそれまでなかった新しい制度である。

　地方自治法（第244条の2第3項）には、「普通地方公共団体は、公の施設

の設置の目的を効果的に達成するため必要があると認めるときは、条例の定めるところにより、法人その他の団体であつて当該普通地方公共団体が指定するもの（以下本条及び第二百四十四条の四において「指定管理者」という）に、当該公の施設の管理を行わせることができる」とある。指定管理者は法人格をもっていなくとも、その地方公共団体が運営するのにふさわしいと認めれば、自治会や町内会などの任意団体でも管理運営することができるのである。

　指定管理者制度ができるまでは、博物館などの公の施設については、地方公共団体が出資した外郭団体などが管理運営する管理委託制度があった。外郭団体、出資法人、監理団体などと呼ばれる団体は、地方公共団体が 50％ 以上出資して設立された組織で、役所の組織の一部のようなものである。ここでは、このうちの公益財団法人、公益社団法人、一般財団法人、一般社団法人を「公設財団法人」と総称することにする。指定管理者制度の導入により、このような公設財団法人についても、他の民間企業・NPO 等と同じように扱われるようになった。

　指定管理者を選定するにあたり、地方公共団体は公募により複数の候補者の中から選定することが望ましいとされる。新規に参入する民間企業などのほかに、管理委託制度により公の施設を運営していた公設財団法人についても、指定管理者の候補者となり民間企業などと競争することになった。

　指定管理者制度では、指定期間が定められていることから、指定の期間が満了すれば、自治体は改めて募集することになる。そのため一度指定管理者となっても改めて応募しなければならず、指定管理者は絶えず競争にさらされ、事務手続きに手間と時間をとられるだけではなく、長期的な展望をもって事業に取り組むことが難しい状況におかれる。

　指定管理者に選定された団体は、「普通地方公共団体は、指定管理者の指定をしようとするときは、あらかじめ、当該普通地方公共団体の議会の議決を経なければならない」（地方自治法第244条の2第6項）とあるように、指定管理者にふさわしい団体であるかを議会で承認される必要がある。

　また、指定管理者制度には、「普通地方公共団体は、適当と認めるときは、指定管理者にその管理する公の施設の利用に係る料金（次項において「利用料金」という）を当該指定管理者の収入として収受させることができる」（地方

自治法第244条の2第8項）というように、「利用料金制度」を採用すること
ができるという特徴もある。利用料金は、博物館でいえば入館料や施設使用料
などの収入にあたるが、それを指定管理者の収入にできる制度である。予算額
よりも収入が減る場合には赤字になるが、逆に増えた場合には予算額と実際の
収入額との差額分は指定管理者の取り分になる。しかも、利用料金の設定につ
いては、「利用料金は、公益上必要があると認める場合を除くほか、条例の定
めるところにより、指定管理者が定めるものとする。この場合において、指定
管理者は、あらかじめ当該利用料金について当該普通地方公共団体の承認を受
けなければならない」（地方自治法第244条の2第9項）というように、地方
公共団体の承認を得ることを前提に、指定管理者が設定することができる制度
になっている。

　地方公共団体の直営する施設では、入館料や使用料などの収入は自治体の歳
入になる。そのためいくら利用者を増やして収入を上げても、自館で使用でき
る収入にはならず、毎年、本庁が査定する予算の範囲内でしか事業をすること
ができない。一方、指定管理者制度の場合、施設の収入は指定管理者の収入と
なり博物館の運営管理のために使用することが可能であり、それがインセンティ
ブとして機能する仕組みとなっている。

　指定管理者は、自治体の業務を「管理代行」する指定（行政処分の一種）を
される団体である。平たくいえば指定管理者の業務は地方公共団体が行う業務
の扱いということになる。

　そのため地方公共団体は、指定管理者の業務について管理上の責任を負うこ
とから、指定管理者に対して、毎年、管理の業務に関し事業報告書の作成と提
出を義務づけている。地方自治法第244条の2第10項の規定「普通地方公共
団体の長又は委員会は、指定管理者の管理する公の施設の管理の適正を期する
ため、指定管理者に対して、当該管理の業務又は経理の状況に関し報告を求
め、実地について調査し、又は必要な指示をすることができる」に基づいて、
地方公共団体は、民間事業者が公の施設の管理運営を円滑に進めていく上で、
ガバナンスを働かせる役割と責任をもつ。

II. 多様化する公立博物館の経営形態

　2003年に地方自治法が改正されて、公の施設の管理運営に指定管理者制度が導入される以前、公立博物館は地方公共団体が直接、運営管理（直営）を行うか、公設財団法人等に管理委託するかの二つの方式であった。

　直営の場合には、指定管理期間のように事業の期間についての定めはない。このため、事業の継続性は保障されるし、学芸員等の職員を公務員として雇用することにより専門人材の確保ができる。しかしながら、地方公共団体の契約・管理の考え方や手法を博物館にあてはめようとすると、なかなか不具合がある。例えば、ポスターやパンフレットなどを外注する場合、行政のルールに従えば、経費を極力抑えるために最安値の見積もりを出したところに発注する。しかし、博物館が展覧会のイメージをよくするために値段が少しばかり高くても優れたデザインのポスターをつくる業者に発注したい場合には、行政のルールに従うと、実現できないことになる。また契約・管理や予算執行については、単年度の予算執行のため、中長期的な事業を計画することが難しい。そのほか役所の規則、会計処理の縛りや議会への説明責任などもある。行政の組織の一部であることから、本庁の所管部局などから細部にわたって指示を受けることもあり、博物館としての自律性は不安定である。

　一方、公設財団法人等に管理委託する方式では、地方公共団体が50％以上を出資して設立した法人（公設財団法人）が自治体から業務の委託を受けて管理運営していた。公設財団法人は、1980年代の中曽根内閣時代に行われた公共組織の分割民営化の動きのなかで、国の働きかけもあり、地方公共団体が出資して設立したものである。本来地方公共団体が直営で行う博物館運営を、身内ともいえる公設財団法人に委託することが行われた。そのメリットについては、「専門職員が長期的に業務にあたることができる＝専門性を高めることができる」「民間の経営手法を取り入れて柔軟な運営ができる。自主収入による公的負担の節減が図れる」（前沢 2007）などがあげられる一方、地方公共団体の職員数（定数）削減の方策のために、財団法人に職員を出向させることにより定数が減ったように見せかける「定数隠し」や、幹部職員の「天下り先」と

みる批判がなされた（佐々木 1998）。

　その後、総務省は、地方自治法改正による公の施設への指定管理者制度の導入にあわせて、公設財団法人に管理委託していた博物館の管理運営を、地方公共団体の直営にするか、指定管理者制度を導入するかの選択を判断させることとした。その結果、一部の地方公共団体は直営に戻したが、多くの地方公共団体では指定管理者制度を導入し、それまで管理委託をしていた公設財団法人が博物館の運営管理を継続している。

　現在、指定管理者制度を導入している博物館は、社会教育調査（2018 年度）によれば、公立博物館 4,332 館中、1,309 館である。公立館に占める割合は 30％ である。公立館の指定管理館の内訳は、一般社団・財団法人（公益法人を含む）51％（663 館）、会社 22％（287 館）、NPO 7％（93 館）、その他 20％（266 館）。指定管理館の具体的なあり方について調査した『日本の博物館総合調査研究』（杉長 2015）では、調査対象にした全国 4,045 館のうち 2,258 館から回答があったが、そのうち公立博物館は 1,727 館であった。その内訳は、直営館が 1,252 館（72％）、指定管理館が 475 館（28％）であった。指定管理館の多い館種は、歴史（208 館）、美術（94 館）で、475 館中 302 館（64％）を占めている。

　地方公共団体の規模別に指定管理者の導入状況をみると、規模に応じて指定管理者の導入率が異なることがわかる。都道府県と指定都市では 40％ 余りである。市をみると、人口規模が大きい地方公共団体ほど指定管理者制度の導入率が高く、町村では 10 数％ と少ないことがわかる（図 1）。

　指定管理の契約期間については、5 年が 61％ と最も多い。次に 3 年が 21％、4 年が 10％ の順になる。6 年以上は 3％ と少ないが、最長 10 年の指定管理館も含まれる。現在、指定管理館の多くは第 3 期から第 4 期を迎えている。そのうち 1 期目を 3 年で始めたところは、2 期目になると 5 年に変更して継続しているところが多くなっている。

　指定管理の業務範囲は、博物館の全業務を指定管理者が行う場合と、管理や学芸部門などを直営、広報・サービス部門などを指定管理者が担当する業務分割方式に分かれる。前者は単独の場合と複数の民間組織が共同する場合とがある。後者は、この方式を初めて採用した島根県立美術館にちなんで「島根方

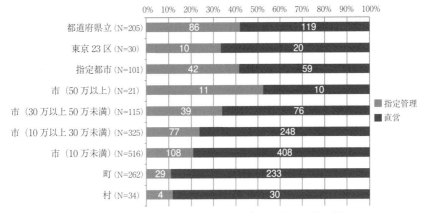

図1 設置者別にみた博物館への指定管理者制度の導入状況
（『日本の博物館総合調査研究』2015 より作成）

式」（民間企業が広報・営業、施設管理等を担当。県が管理運営、学芸部門等
を担当）と呼ばれる。愛媛県歴史文化博物館などの「愛媛方式」（本書第3章
2参照）も業務分割方式だが、「島根方式」とは業務範囲の括り方や、利用料
金制度の採用の有無に差異がある。

III. 指定管理者のそれぞれの性格

　指定管理者制度により運営管理する博物館は、指定管理者の種類に応じてそ
の運営管理上の性格が異なる。博物館の指定管理者になる主な団体は、公設財
団法人、民間企業、NPO法人である。
　公設財団法人は、一般に公益法人の認定を受けている場合が多いことから非
営利の組織である。なかには、本書で紹介する野外博物館北海道開拓の村の指
定管理者などのように、一般財団法人（設立時は公設）もある（本書第4章1
参照）。いずれも理事会の下に博物館を運営管理している。コンプライアンス
（法令遵守）については、自治体が設立したという経緯をもつ法人として、一
定の意識をもち厳格に行われているといえる。職員は財団職員であるが、地方
公共団体からの出向者や、地方公共団体の定年退職者が再雇用されて配置され
る場合もある。

　なお、公設財団法人の指定管理者以外にも、行政が特に関与せずに、民間を出資母体として設立された財団法人が指定管理者として公立博物館を運営管理している事例がある。秋田県立美術館を運営管理する公益財団法人平野政吉美術財団などのように、地域の篤志家が保有するコレクションを管理公開するために設立した財団法人が指定管理者になっている事例もある。

　公設財団法人は、もともとは地方公共団体が出資して設立したことから、指定管理者となってからも、一般的には管理委託期の事業と比べて、あまり大きな変化はないようである。資料の収集、整理保管、調査研究という博物館の基礎機能を維持しつつ、教育普及の諸活動を踏襲する傾向がある。

　民間企業は、営利を目的にする組織である。民間企業が指定管理者になっている館では、利用料金制度のもとで入館料収入を一定水準以上に維持することが欠かせない。赤字になることは企業にとっては痛手になる。そのため「イベント広場」にして集客性を求めることと、博物館の使命や目的の達成や博物館としての倫理性との兼ね合いやバランスをどのように図るかが問われることになる。指定管理者となる民間企業には、博物館に関連する事業を手がける企業のほかに、広告、マスコミ、新聞、出版、メーカー、運輸、旅行などさまざまな業種が参入している。本社の事業形態の一部として博物館を運営することから、なかには公の施設を運営管理する経験がないためにコンプライアンス（法令遵守）が十分に徹底しないこともある。そのため地方公共団体などの設置者による指導や助言は欠かせない。博物館の職員は企業に所属する契約社員と扱われることが一般的となっているが、企業側の評価に応じて正社員に登用される場合もあるという。

　民間企業の指定管理館には、公設財団法人などではみられない、企業間の「民・民の協力」関係があり、特に広報宣伝には民間企業の協力を得て、効果的に進められることが多い。地元の電鉄企業が指定管理者であれば自社の交通機関やホテルなどで宣伝することができるし、新聞社であれば自社の新聞紙面に展覧会を特集することもできる。

　NPOには、財団法人、宗教法人、学校法人、各種協同組合、労働組合などのように、あらゆる非営利の団体を指す広義の意味と、特定非営利活動促進法（NPO法）による法人の認証を受けた市民団体という狭義の意味がある。指定

管理者になる NPO の多くは NPO 法人である。博物館を指定管理する NPO 法人は、社会教育の推進を図る活動、まちづくりの推進を図る活動、学術・文化・芸術の振興を図る活動などを目的に設立されたところが多い。

　NPO 法人の指定管理館は、そのミッションや活動の独自性が注目される。本書で取り扱う函館市青函連絡船記念館摩周丸（本書第 2 章 1 参照）、砂丘館（同第 2 章 2 参照）、高槻市立自然博物館（あくあぴあ芥川）（同第 2 章 3 参照）以外にも、彫刻家安田侃の芸術広場を自由に鑑賞できるアルテピアッツァ美唄（NPO 法人アルテピアッツァびばい）、元小中学校の理科の教員たちが運営する室蘭市青少年科学館（NPO 法人科学とものづくり教育研究会かもけん）、アートと福祉との結合を図る臨床美術を開拓する感覚ミュージアム（NPO 法人オープンハート・あったか）、大正デモクラシーの先覚者で民本主義を提唱した吉野作造の功績を現代に活かす取り組みをする吉野作造記念館（NPO 法人古川学人）（大川 2013）、明治時代の校舎を保存活用する津金学校（NPO 法人文化資源活用協会）、高知の絵金を「まもる・つたえる・つなげる」ことを掲げた絵金蔵（絵金蔵運営委員会）など、各地で地域に密着したユニークな活動を展開している（金山 2017）。

　NPO 法人の指定管理館は、財団や企業の指定管理館よりも施設や予算等の規模が小さく、スタッフの人数は少ないが、フットワークが軽く、地域の人たちの生活に密着した活動をしている。地域に問題意識をもつ人たちが集い、ともに学び、地域の問題や課題の解決に取り組む真摯な姿勢をもっているところが多い。

IV. 指定管理館の現状と課題

（1）直営館と指定管理館を比べる

　筆者による現地調査や、『日本の博物館総合調査研究』（2015）から得られた直営館のデータと指定管理館のそれを比較してみると、まず運営管理の経費についていえば、年間経費は直営期よりも 1〜3 割ほど削減している館が多い。しかし、事業関係の経費は、直営期よりも若干増額し、展覧会などの関連事業や新規事業が増えている。利用料金制度を導入しているところでは、実際のと

ころはその収入分を運営管理の経費に充当しているため、指定管理者の経営努力を促す仕組みとされる利用料金制度が形骸化しているところが多く、指定管理者のモチベーションを維持することが困難となっている。また、指定管理館の学芸員の給与水準は公務員の学芸員の年収額より低く設定されており、安定的で継続的な雇用が困難となっている。

その反面、利用者の利便性については、直営期に比べて全般的に向上している。開館日数の増加や開館時間の延長などに加え、利用者に対する接遇もよくなっている。また、地域のさまざまな組織や団体（企業、商業、社会福祉、市民団体、観光関係の組織など）と連携し、広報やイベントなどにも積極的に取り組んでいるところが多い。

指定管理館の利用者数を直営館と比べてみると、図 2 に示すように指定管理館の方が直営館よりも利用者総数が多いことがわかる。総合、郷土、美術、歴史、自然史、理工の館種別にみても、すべてにおいて指定管理館の利用者数が

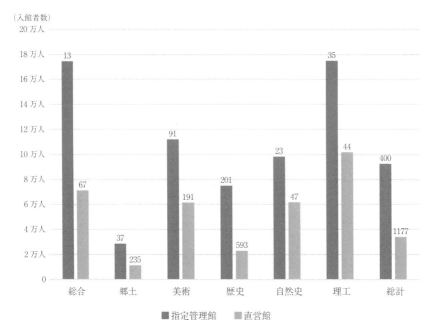

図 2　2012 年度入館者数（平均）の状況（指定管理館と直営館の対比。
数字は対象館数）（『日本の博物館総合調査研究』2015 より作成）

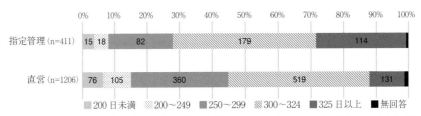

図 3-1　指定管理館と直営館の開館日数の比較（『日本の博物館総合調査研究』2015 より作成）

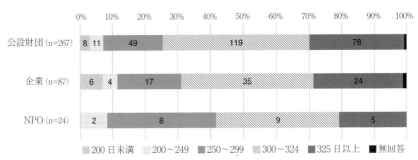

図 3-2　指定管理館の運営者別の開館日数の比較（出典は図 3-1 と同じ）

多くなっている。指定管理館には中規模以上の博物館が多いのに比べて、直営館には利用者数の少ない小規模な館が多いことを勘案しても、指定管理館の入館者数が全体的に多いことが着目される。

　図 3-1・2 に示すように、指定管理館は直営館より開館日数が多くなっている。指定管理館は 70% 以上が年間 300 日以上（そのうち 325 日以上は 30% 近い）なのに比べて直営館は 50% 台半ば（そのうち 325 日以上は 10% 余り）となっている。図 3-2 に示すように、指定管理館のうちでは公設財団法人が最も開館日数が多くなっていることがわかる。管理委託方式から指定管理者制度に移行することにより、直営期よりも開館日数を増やしたことが表れている。

（2）公設財団法人指定管理館の現状を評価する

　指定管理者が運営する博物館の多くは既設の博物館である。公設財団法人が、それまで管理委託してきた博物館の指定管理者となる場合、それらは管理委託期からの業務を継続するために非公募で選定されたところが多い。大半は使命や運営方針を見直すことは少なく、管理委託期の事業を基本的に踏襲して

いる。

　しかし、地方公共団体によっては首長などの意向により、一般公募したところもある。このような場合でも、ほとんどは指定管理者に選定されたが、その準備のために学芸員や職員たちがミッション・運営方針や事業計画などを再検討した。指定管理者に応募するための準備作業は、職員の意識改革の機会ともなったようである。

　しかしながら、公募した指定管理館が良く、非公募のところがそうではないと単純にいうことはできない。公設財団法人が指定管理者になって変わったこと、そして指定管理になって生じている、管理委託期にみられなかった問題点について整理してみることにする。

　まず、変化したこととしては、事務的な手続きがスムーズになったことがあげられる。管理委託期には事業を実施する際、事前に本庁の所管課の決済を得ていたものが、指定管理になった後は事前に提出した計画書に基づき事業を執行することができる。予算の執行にも柔軟性があり、会計処理に縛りがなく円滑にできようになったという話も聞く。

　財団が複数の施設を指定管理するところでは、財団がそれらを全体的にマネージメントすることができるようになり、業務を合理化することにより無駄な歳出を抑え、経費を節減することもできるようになっている。施設の使用許可などについて本庁の意向を逐一確認しなくてもよくなったために、事務上の意思決定が速くなり、そのために利用者からのニーズにも素早く対応することができるようになっている。

　以上のことは、館によって多少の違いがあるものの、指定管理館の特徴といえる。

　次に、問題点については、次のようにあげることができる。

　一つ目は、「指定管理者の指定は、期間を定めて行うものとする」（地方自治法第 244 条の 2 第 5 項）となっているように、期間が限定されているという制度的な問題である。契約期間が終われば、設置者側は指定管理者の選定をやり直さなければならず、選定は公募が原則になっている。これまでのところ公設財団法人の指定管理館の大多数は契約を更新しているが、将来的には未知数である。しかも、設置者の大多数は、指定管理期間を 3〜5 年と短期間に設定し

ている。このことは、何よりも雇用の不安定化をもたらしている。契約が更新
できなければ、職員全員が失職することになるからである。職員の給料や待遇
の問題に加えて、こうした雇用の不安定な状態は、学芸員のようにさまざまな
業務を経験することにより、人材育成が図られる職種のキャリア形成には適さ
ない。

　二つ目は、設置者である地方公共団体が指定管理者制度を導入した理念や目
的が曖昧なことである。2003年7月17日の総務省自治行政局長通知では、指
定管理者の選定基準に求められることとして、「住民の平等利用の確保」「施設
効用の最大化」「管理経費の縮減」「管理を安定的に行う物的、人的能力の保
有」があげられた。なかでも「施設効用の最大化」と「管理経費の縮減」で
は、指定管理者制度は民間に担わせることにより、公の施設の管理運営に民間
の能力を活用しつつ、効果的、効率的な施設運用と、経費の節減を図ることが
求められた。指定管理者はサービス向上とコストダウンの相反するテーマを同
時に課せられたが、自治体は次第に経費削減を目的化するようになった（中川
2019）。

　サービスについては、何をもってサービスというのかという検討を十分に踏
まえることなく、開館時間や開館日数を増やすなどの利便性や、イベントを充
実させるなどの集客性を図る措置がとられた。その結果、入館者数は増加する
ようになったが、この措置を維持するための経費が増えないという問題が生ま
れている。

　三つ目は、中長期の計画を立てることが難しい点である。これは指定管理期
間が3〜5年の短期間である問題とも関連している。博物館はミッションに基
づいて行動計画を立てなければならないが、3〜5年の短期間では、先の見通
しが立たず、中長期の計画を立てることが難しい。また、PDCA（計画→実行
→点検→改善）サイクルを十分に効果的に働かすこともできていない。短期的
なことはある程度できても、その先の見通しをもった中長期事業を計画的に実
施することが困難になっている。

　四つ目は、「利用料金制度」についてである。この制度は設置者の自治体
が、適当と認めるときは入館料などの利用料金を指定管理者の収入として収受
させ、指定管理者にインセンティブを与える仕組みである。しかし、実際のと

ころは、制度が適切に運用されていない。地方公共団体はあらかじめ収支をゼロにすることを想定しているために、利用料金の変動にあわせて指定管理料を調整している。つまり、利用料金収入が事前の想定額よりも高ければ、指定管理料から増えた分を下げる。逆に、低ければ指定管理者が赤字を負担することになり、指定管理者にとっては経営的に自由度がほとんどない状態が常態化している。

　五つ目は、職員の給料や待遇に関する問題である。財団正規学芸員の給料や待遇は、地方公共団体職員に準じるといっても必ずしも同一とはなっておらず、その水準は一般的に低く設定されている。しかも、雇用年数に従う昇給や職位給についても、実施状況はやはり低くなっている。最初の指定管理期間が終了して契約を更新しても、指定管理料は定額のまま据え置かれることが一般的であり、人件費の上昇分を上乗せすることができないからである。同じことは財団の正規事務職員についてもいえる。そのため職員が生活設計を立てることが難しく、転職を余儀なくされる事態を招いている事例がみられる。

　六つ目は、指定管理者になってから特別展や企画展、イベントを多様化、増加させたことにより、博物館の基礎機能の低下をもたらしている事例が増えていることである。展覧会やイベントを増やしたことは、利用者数の増加をもたらしている。入館者数は指定管理に求められる利用者サービスを向上させる基準とされ、指定管理業務のなかでも目を引きやすく、設置者側にとっては集客性を定量化する優先的な指標として扱われている。しかし、学芸員の人数は管理委託期のままになっているところが多く、増大した学芸業務の作業量を賄うような人員体制にはなっておらず、資料の収集、整理保管、調査研究という博物館の基礎機能が手薄になっているという問題が生じている。地方公共団体の定める基準自体に問題があり、博物館の機能を低下させている事例といえよう。

（3）新設の指定管理館

　これまで述べてきたような既存館の指定管理者とは別に、新設館の指定管理者となり運営する事例もある。前沢和之は、既存館と新設館の指定管理館については、その前提となる条件が異なっていることを指摘している。前沢によれば、既存館では募集に際して設置者からはこれまでの実績を超える業務内容や

経費縮減を求められ、他者との競争に勝つために厳しい条件を受け入れることになる。ところが、新設館では指定管理者制度を前提とした管理基準や業務範囲、予算額を設定することになるため、応募者はそれに即した条件を整えるのが比較的容易であるし、応募者は無理であれば応募しないという選択もあり得る（前沢 2007）。

　筆者も調査中に、各地の既存館の指定管理者からも同じような状況を聞かされたことがある。また、一方で高知県立高知城歴史博物館（本書第4章5参照）のような新設館では、公益財団法人土佐山内記念財団が特命により指定管理者となり、指定管理の条件を設置者である県と調整しながら運営されている。高知県は、指定管理館が経営的に不安定な状態を招くことを避けるために、予算や職員の配置などについては必要な措置をとり、職員の雇用上の諸規定（給料など）についても実質的に県職員と同じ扱いとした点が注目される。高知県立歴史民俗資料館、県立美術館、県立坂本龍馬記念館、県立文学館などの指定管理者となっている高知県文化財団についても、直営から指定管理者に移行する際に財団と県との間で取り決めが行われて、財団正規職員などの給料は県の職員と同じ扱いである。

　高知県立高知城歴史博物館館長の渡部淳によれば、県と財団には、博物館建設までの20年の歴史が生み出した主張しあえる適度な緊張関係と、そこから生まれる信頼関係があり、それを前提に運用されている指定管理者制度のあり方に、（今のところ）特段の不便さは感じておらず、指定管理者であることは、直営よりも自由度が大きく、機動力・即効性などで有利な点が多いと感じているそうである（本書第4章5参照）。

V. 指定管理者制度の運用上の望ましいあり方

　博物館経営は、博物館固有の使命を達成するために必要な経営資源を調達・配分して成果をあげるための方法論である。博物館経営の観点から指定管理者制度の特徴をあげると、民間の発想やアイディアを活かした柔軟な運営ができるということである。

　直営の場合には館内の手続きや、本庁などの関係部局との連絡や調整をする

必要があるため、どうしても意思決定に時間がかかる。しかし、指定管理者の場合には裁量権が認められていることにより、指定管理者の判断で実行することができる。筆者も実際にNPO法人による指定管理の博物館運営に関わり、この点を実感している。今後、指定管理者制度を活かしていくために、設置者である地方公共団体が取り組むべきことについて、以下の点について述べる。

（1）自治体と指定管理者の関係

　指定管理者制度が博物館にも導入されて15年が経過すると、当初は指定管理者が主体的に運営する自由度が高かったものの、次第に役所側からの縛りがきつくなってきているところがみられる。予算の費目間の流用が制約されたり、事務手続きにおいて所管する部局への必要以上の報告や決済業務が課せられるようになったりしている。このような事態は程度にもよるだろうが、民間の柔軟な運営を損なうことになるため、地方公共団体は指定管理者制度の趣旨と制度の運用に関するルールを正しく認識し、過度な要請や負担を極力なくすことが肝要である。地方公共団体と指定管理者は上下関係にあるのではなく、契約の当事者として対等な関係にある、パートナーであることを十分認識する必要がある。

（2）指定管理者のインセンティブの確保

　地方公共団体は、指定管理料と利用料金の基本的枠組み（金額の範囲、算定方法等）を見直して利用料金の収入を促すようにすることにより、指定管理者にとってインセンティブが働くようにすることが求められる。また、自主事業による収入についても、その収入手段（自販機、ショップ販売、イベントなど）を指定管理者に委ね、適正な範囲内で内部留保することができるようにすることが望まれる。このことにより、内部留保から職員の研修など人材育成、指定管理者主催のイベントなどのように、指定管理料で賄うことのできない博物館の充実と指定管理者のモチベーションの向上を図ることができる。

（3）職員の労働条件について

1．給与その他の勤務条件

　指定管理館の場合も、直営館と同様に職員の雇用の安定を図り、職員のキャリア形成を実現するためには、給与その他の待遇を保障する必要がある。専門職である学芸員は、専門職にふさわしい待遇を受けることにより、長期間にわたって博物館に勤務し、経験やノウハウを蓄積し、高度なスキルを習得・発揮でき、博物館のパフォーマンスが維持・向上するのである。職員の労働条件を確保するためには、地方公共団体は指定管理者が雇用する職員の昇給を保障する適切な措置を講じることが必要不可欠である。そのために、指定管理者の職員の人件費として必要な額を適正に指定管理料に組み込む必要がある。指定管理者の職員の人件費に関しては、高知県立高知城歴史博物館（本書第4章5参照）などのように、高知県が県職員と同じ扱いをしている事例は注目されるし、問題解決のための糸口を与えてくれる。

2．職員の非正規化

　直営館、指定管理館とも職員の非正規化が進んでいるが、とりわけ指定管理館では職員の非正規化が進んでいると考えられる。非正規雇用が増加するということは、良好な人材の確保が難しくなり、採用した職員がなかなか定着せず、博物館業務の経験やノウハウが蓄積されなくなり、博物館経営が不安定になるということでもある。それに対処するためには正規職員の雇用率を上げて人材の定着率を上げることが大事である。しばしば正規職員数が定数に達していないことを耳にすることがあるが、まずは不足分を非正規ではなく正規職員で補うことが求められる。

（4）指定管理期間の長期化

　指定管理の期間は3～5年が多いが、現状より長期に設定することが求められる。さらに評価の結果、問題がなければ再契約は非公募にして更新することとし、博物館業務の継続性を維持することが重要である。仮に10年ほどの期間が設定されれば、PDCAサイクルを回すことができるし、課題を改善して次の計画にのせて実施することができる。職員の雇用不安を解消することもできる。

（5）博物館業務のバランス

　特別展や企画展、各種イベント事業と、資料の収集や整理保管などの資料管理業務とのバランスをとることが必要である。現状は前者にウエイトが置かれているところが多いが、資料が適切に管理されなければ、調査研究やそれを踏まえた展示活動も成り立たないからである。博物館に資料管理業務が不可欠であることは、「博物館法」や「博物館の設置及び運営上の基準」に明記されていることは言うまでもなく、2015 年 11 月に第 38 回ユネスコ総会で採択された「ミュージアムと収蔵品の保存活用、その多様性と社会における役割に関する勧告」にも、次のように取り上げられている（公益財団法人日本博物館協会編 2017）。

　「ミュージアムにおける収蔵品管理の主要な構成要素は、専門的な収蔵品目録作成・維持と定期的な収蔵品点検である。収蔵品目録は、ミュージアムを保護し、不法取引を防止及びそれと闘い、社会的な役割を果たす援助をする、不可欠な手段である。収蔵品目録はまた、コレクションの移動の確実な管理を容易にするものである」というように、適切に資料を管理することは国際的に共通した認識となっているのである。目録の作成や定期的な管理には、専門的な知識と経験を有する者があたる。

（6）指定管理者（博物館）と設置者である自治体との意思疎通

　筆者が行った現地調査によって判明したことは、指定管理者と地方公共団体との間で、業務についての連絡や調整などがスムーズに行われていないことが多いということである。さらに地方公共団体からは計画書にはない業務が要請されたりすることもある。このような事態が起きるのは、地方公共団体側に指定管理者制度を経費削減策として利用する傾向があるからである。また、当初は対等なパートナーとして指定管理者制度を導入しても、役所の人事異動により担当者が交替するなかで、そうした意識が希薄になり、経費の削減が目的化してしまう。両者の意思疎通が十分でないことは、行政に対する不信感を指定管理者に抱かせてしまう。そのことは、結果的に博物館の運営に支障を生じさせ、利用者や住民に不利益をもたらすことになる。設置者と指定管理者は対等な関係性を維持し、お互いに信頼関係の上に立つことが大切である。

VI. 指定管理者と地方公共団体の政策連携の展望

　慶應義塾大学の上山信一は「政策連携」について、これからの社会問題は政治や行政が中心になって解決することが困難であるという認識のもとに、当事者たちが政府（中央政府や地方公共団体）をはじめ、専門家やNPO、企業などと連携してイノベーティブに社会問題を解決するための一つの方法論だと述べている（上山 2002）。

　また、静岡文化芸術大学の松本茂章は、官民協働による新たな地域経営の統治形態である「地域ガバナンス」の重要性を指摘している。官主導による統治スタイルのガバメントから、民が公共施設を運営することを通じて地域経営に参画できるようになる、官民協働による新たな地域経営の統治形態である「地域ガバナンス」に移行することが必要だとしている。また、官民協働が展開できる背景には「委託」でなく「委任」である指定管理者制度の導入があり、この制度には指定管理者に対して有利で動きやすいメリットがあることを指摘する（松本 2019）。

　筆者らが手がけた野田市郷土博物館は、「政策連携」をキーワードにすると、同館に指定管理者制度を導入した経緯をよく説明することができる。詳細は、拙著『公立博物館を NPO に任せたら』（金山 2012）で具体的に述べているが、ここでは概要を述べることにする。

　野田市郷土博物館は、2003 年 6 月の旧関宿町との合併後に職員や予算が減らされるなどして、事業の縮小が顕著になり、入館者数の低下に歯止めがかからず危機的な状況に陥っていた。筆者は同館の元学芸員であったこともあり、なんとかして「博物館を再生させたい」という思いがあった。

　法政大学に着任した当時、筆者は新設するキャリアデザイン学部や日本キャリアデザイン学会の立ち上げの準備に携わっていた。「キャリアデザイン」とは、同学部の初代学部長の笹川孝一によれば、「自分自身の人生の経験を活かしながら、よりよい働き方、学び方、暮らし方、生き方を探求し、実現していくこと」をいう。企業社会では職業キャリアに関心が集まり、学校のキャリア教育では「総合的な学習の時間」において推進されている（笹川 2004）。

　学問分野としては、教育学、経済学、経営学、心理学、社会学、歴史学など
の横断領域に位置づく分野であり、一つの学問領域として成り立つものではな
く、新学部をスタートさせながら学問構築を図ろうとする挑戦的な試みであっ
た。筆者としても、「キャリアデザイン」概念を、博物館に応用することを自
問自答した。

　地域にはいろいろな課題がある。筆者は、共同体としてのさまざまなコミュ
ニティが地域内で孤立化しており、住民は行政依存の体質から抜け切れていな
い、という問題意識をもっていた（金山 1999）。地域を立脚点にしてみると、
誰もが地域に住むという意味での住民であるが、市民としての生き方が問われ
ることになる。すなわち、地域における自分の居場所を見つけて、地域の一員
である意識と自覚をもち、コミュニティのつなぎ役になると共に、「自分にで
きることをする」という、市民としての自発性や自律性が求められてくる。ド
ナルド・スーパーは、人は一生の間に役割（子ども、学生、余暇人、市民、労
働者、家庭人など）をもつが、複合的に役割をもつ人が豊かな人生を送ること
ができると指摘している（岡田 2003）。

　それについて博物館にできることは、住民に社会参加を促すことや、交流す
る機会を設けて、博物館を人々の学びの場にすることである。博物館の状況に
照らし合わせれば、博物館を再生させるための根拠になるのではないか。当
時、野田市の根本崇市長にそうした考え方を伝える一方、筆者らは NPO 法人
野田文化広場を設立して、寺子屋講座などのキャリデザイン事業を始めた。

　根本市長は日本キャリアデザイン学会の理事となり、2005 年 6 月に日本キ
ャリアデザイン学会の中間大会（野田市共催）が野田市役所で行われた。その
後、市長は NPO の活動や、キャリアデザイン学会での知見を踏まえて、「キ
ャリアデザインによるまちづくり」を野田市の政策に位置づけて、博物館をそ
の活動の拠点にすることを決断した。

　根本市長が考えた「キャリアデザインによるまちづくり」とは、「個人の自
立化を促進させ、コミュニティにおける自立的な市民づくりをし、そのことに
より、これまでのような行政へ依存する住民体質から市民として生きがいをも
ち、責任と自覚をもつ自立的な市民を育てていく」（根本 2017）というもので
ある。懸案となっていた博物館の活用策については、市民のキャリアデザイン

の拠点にして、市民が学びあう場にすることにしたのである。そのために市の直営のままではできないことから、筆者らが設立したNPO法人が指定管理者となり博物館を運営することになった。

　そのために、野田市は直営期より学芸員を増員し、施設の改修や展示室の空調設備の設置などの条件整備をした。指定管理料についても、経常経費や事業費、資料購入費などを増額することにより、博物館の使命の達成に向けた条件整備を図った。その結果、予算の総額は、直営期よりもわずかに上回ることになった。

　つまり、筆者が行ったような地域の問題解決の提案や実践的な試みに対して、行政がその必要性を認めて、有効だと判断すればそれを政策にする、そのプロセスがあってこそ政策連携は成り立つのである。そして、市は、政策を実施するために、博物館に必要な経営資源を整えたのである。

　また、本書で紹介する高知県立高知城歴史博物館も、指定管理者の公益財団法人土佐山内記念財団と県が政策連携している事例である（本書第4章5参照）。同館の建設準備で財団は、オブザーバーとなったが、実質的には旧藩主山内家資料を調査整理、公開してきた実績をもつ財団からの意見や提案の多くが事業計画に採用されている。また、職員の増員についても、県は必要性を認めて増員している。何よりも重要なことは、新館建設をめぐる県と財団との間で交わされた博物館の存在意義についての議論であったという。

　同館館長の渡部淳によれば、「施設名称や事業内容、予算や人員配置などの検討が開始されたが、時に激しい議論を繰り返しながら、両者が納得（もちろん妥協も）する形で案が練られ、諸委員会や県議会へ上程されていった」。そうした議論が実現したのは、財団と県との信頼関係が前提にあるからである。財団からの提案は、それまでの実績に裏打ちされているし、県はそのことを認めているからにほかならない。「諸検討委員会や県議会でも、新しい博物館像が論じられていたが、現場の議論の中から、ある新しい方向性が導き出された」というように、当事者である財団が県を突き動かした様子をうかがい知ることができる（本書第4章5参照）。

　同館は使命として「資料の保存」「調査研究」「展示公開」「教育普及」という博物館の基本となる業務のほかに、「地域振興と観光振興への寄与」を掲げ

ているところがユニークである。「地域振興」とは、急速な過疎高齢化や集落
の衰退が全国的に問題となっているが、ここでは地域の寺社や公民館所蔵の文
化財の盗難や散逸、祭の消滅による伝承の断絶等々の文化面の課題に対して、
博物館が主体的に解決を図ることを意味している。「観光振興」については、
行政からの要請を受ける形で、博物館本来の目的や使命から逸脱しない範囲で
折り合いをつけている。それは財団と行政が双方の立場や見解について度重な
る協議により策定したものであり、その使命は県の政策を反映したものとなっ
ている。

　博物館は、その専門的な視野からみた地域のニーズや課題について問題意識
をもち、業務に精通している。それに比べて、地方公共団体の担当部局の職員
は一般的に博物館については素人である。行政の所管部局の隙間に隠れた課題
や問題について、博物館の視点から改善や解決を図ることができる可能性を、
このような財団と県による政策連携は示している。

　また、江戸東京博物館、東京都写真美術館、東京都現代美術館、東京都美術
館などの指定管理者である公益財団法人東京都歴史文化財団でも、設置者の東
京都の担当部局などと協議し、財団の長期計画を都の政策や施策と関係づけて
いる。財団の長期戦略（2018〜27 年）の重点課題とする「文化の継承と挑戦」
「国内外との連携強化」「社会的課題解決に貢献」「多様性の尊重」「次世代の育
成」は、東京都の施策である「東京文化ビジョン」「2020 年に向けた実行プラ
ン」「都が主導する文化プログラムの考え方」と整合する形で体系化が図られ
ている（『公益財団法人東京都歴史文化財団　経営改革プラン』（2018 年 6 月
公表）。

　いずれにしても、指定管理者が地方公共団体と政策連携することにより、地
方公共団体にとって指定管理館は経費削減の対象ではなく、行政の対等なパー
トナーとなり、設置者による具体的な条件整備などについての支援が行われる
ようになる。指定管理館は、直営方式にはみられない柔軟性や機動性を発揮し
て、博物館の使命を達成していくことができるようになる。そのような観点に
立って地方公共団体が指定管理館を増やすようになれば、博物館の将来性への
期待はさらに高まるようになるだろう。

参考文献

上山信一　2002『「政策連携」の時代』日本評論社

大川　真　2013「記念館だより　NPO 法人古川学人指定管理　吉野作造記念館」『学士會会報』第 901 号、91-97 頁

岡田昌毅　2003「ドナルド・スーパー　自己概念を中心としたキャリア発達」『キャリアの心理学』（渡辺三枝子編著）ナカニシヤ出版、1-22 頁

金山喜昭　1999「「まちづくり」と市民意識の形成に関する地域博物館の可能性」『博物館学雑誌』第 24 巻第 2 号、37-50 頁

金山喜昭　2012『公立博物館を NPO に任せたら—市民・自治体・地域の連携』同成社

金山喜昭　2017『博物館と地方再生—市民・自治体・企業・地域との連携—』同成社

笹川孝一編　2004『生涯学習社会とキャリアデザイン』法政大学出版局

佐々木　亨　1998「公設民営博物館運営の実態と課題に関する考察」『文化経済学』第 1 巻第 2 号、81-86 頁

杉長敬治　2015「公立博物館、指定管理館と直営館の現状と課題」『日本の博物館総合調査研究』25-53 頁

中川幾郎　2019「指定管理者制度の運用を改善していくために—本格導入から 10 余年を経て—」『岐路に立つ指定管理者制度』水曜社、18-34 頁

公益財団法人日本博物館協会編　2017『ユネスコ勧告集　2015 年「ミュージアムと収蔵品の保存活用、その多様性と社会における役割に関する勧告」／1960 年「博物館をあらゆる人に開放する最も有効な方法に関する勧告」』

根本　崇　2017『根本崇　回顧録　野田市長 24 年間の軌跡』自費出版

前沢和之　2007「岐路に立つ歴史博物館」『歴史評論』683、2-18 頁

松本茂章　2019「地域ガバナンスと指定管理者制度」『岐路に立つ指定管理者制度』水曜社、74-106 頁

（金山喜昭）

第 2 章

NPO 指定管理館の事例

1. 地域の宝となる青函連絡船博物館をめざす

［函館市青函連絡船記念館摩周丸］

（1）旧青函連絡船を活用した博物館

1. 施設概要

　本施設は旧青函連絡船摩周丸を改修・利用した博物館船である。現役船としての船籍はないが浮上・係留されており、係留船（展示船）として船舶検査を受けた上、営業している。実際の連絡船乗り場であった旧国鉄函館第二岸壁に係留・保存されており、乗船場も当時の施設の一部を利用している（図1）。

　船内は、操舵室（船橋）と無線通信室がほぼ原型のまま残り入室して見学できるほかは、前部グリーン船室と中部消音器室をまったくつくり直して展示室としている（図2）。そのほかの後部グリーン船室、普通船室、車両甲板、機関室等は、ほぼ原型のまま残っているが直接入って見学することはできない。

2. 商業施設の一部として開館

　青函連絡船廃止後、摩周丸は函館港で保存されることになった。所有・運営法人としてJR北海道と函館市を中心に地元企業等が参加して第三セクター、株式会社函館シーポートプラザが設立され、同社のもとに展示船に改造、1991

図1　施設外観　就航当時と同じ岸壁
　　　に係留されている

図2　操舵室　入室して見学でき操船
　　　機器類にも触れることができる

表 1　函館市青函連絡船記念館摩周丸　基本情報

1.　設置者	北海道函館市
2.　所管	函館市企画部企画管理課
3.　指定管理以前の運営形態	1991 年 4 月～第三セクター（JR 北海道＋函館市＋地元企業等）の所有・運営、2003 年 4 月～財団法人のみなし所有・運営（実際の所有は函館市）
4.　指定管理者団体名	特定非営利活動法人語りつぐ青函連絡船の会
5.　開館年	1991 年 4 月
指定管理者制度導入開始年	2005 年 4 月
6.　選定方法	公募
7.　指定管理期間	2016 年 4 月～2021 年 3 月
8.　運営形態	単独
9.　指定管理料金	58,145,736 円（2016～20 年度、5 年分）
10.　スタッフの人数	正規職員 4 名、アルバイト 5 名、ボランティア 3 名（ナビゲーター 2 名＋メンテナンス 1 名）、清掃 1 名（外注）、夜間巡回警備 2 名（外注）

年 4 月から「メモリアルシップ摩周丸」として開館した。展示船として単独で管理・運営・維持するようには考えられておらず、同社が運営する商業施設「ピアマーケット」の一部という位置づけであった。摩周丸自体も博物館船というよりはレストラン船としての利用が中心で、博物館的要素は操舵室と無線通信室を除けば、現在の「船のしくみ展示室」だけであった。

　初年度、20 万人を超える入館者があったにもかかわらず、1 年ほどでレストランは閉店した。ピアマーケットからも次々とテナントが撤退したため同社は次第に経営が行き詰まり、1996 年に JR 北海道と函館市から計 10 億円の無利子融資を受け、ピアマーケットを売却（JR 北海道が買い戻し）したものの多額の負債は返済できず、結局、JR 北海道が函館市の融資した 5 億円を含め負債をすべて肩代わりし、摩周丸は 3 億 8000 万円で函館市に譲渡、同社は清算された。

3. 語りつぐ青函連絡船の会設立の経緯

　語りつぐ青函連絡船の会（以下、本会）は、2000 年 3 月に摩周丸ほかで開催した「語りつぐ青函連絡船の世紀」という写真展を中心としたイベント実施のために結成された。

　メンバーは撮影者である写真家・白井朝子（現・本会副理事長）の友人、知人で構成されたが、代表の石黒隆（現・本会名誉会長）は、もと国鉄青函船舶鉄道管理局長、津軽丸型連絡船（摩周丸も同型）設計者であり、前東京商船大学学長（当時）の久々宮久、摩周丸初代船長の田中正吾等、旧国鉄、船舶関係者も加わっていたためか、イベント終了後に、函館市より移管後の摩周丸運営を要請された。市と運営方針、整備計画等を協議するとともに法人化を図り、2002年3月に特定非営利活動法人の認証を受けた。

4. 指定管理者制度の導入

　2002年末、摩周丸は函館市に譲渡され、改修工事ののち2003年4月に「函館市青函連絡船記念館摩周丸」として再開館した。管理・運営は函館市の外郭団体である財団法人函館市文化・スポーツ振興財団に委ねられた。

　2005年度より指定管理者制度が導入された。公募の末、株式会社ワールドクラシックカーミュージアム函館が選定され、4月から同社が運営することとなった。このときもクラシックカー博物館の収益で摩周丸も運営するという構想だったが、年14万5000人と見込んだ同博物館の入館者数は、10分の1しかなかった。一方、摩周丸の入館者数は6万人以上あり、摩周丸の指定管理料や入館料収入が、本体の赤字を埋めることとなった。

　3年後、同社は次期指定管理者に応募せず、クラシックカー博物館も閉館。2008年4月から本会が指定管理者となった。

（2）より博物館らしく

1. 本会運営開始以後

　本会が指定管理者を引き受けたとき、遊歩甲板の床は錆び天井は塗装が剥がれ落ちて廃墟のようになっていた。その他の甲板も錆だらけで、あちこちに穴があいていた。展示室も床は真っ黒で、照明の半数は電球が切れていた。さらに、老朽化が進んだ水道管からの水漏れと、同じく空調設備（ガスヒートポンプ式）の不具合にも悩まされた。運営実務の把握に加え、これら施設の修繕と清掃に追われることになった。しかしこれは、短期間での施設管理のノウハウ取得につながり、災い転じて福となした、といえないこともない。

　3年目の2010年にようやく企画展を実施する時間的余裕ができたが、2008

年に起きたリーマンショックの影響で入館者数が減少しており、また、当初用意した資金も尽きたので、日本財団に助成申請を行って実施した。この会期中の 2011 年 3 月に東日本大震災による津波に見舞われ、1 か月ほど休館、再開館後も入館者数が激減し、北海道新幹線開業まで臥薪嘗胆することになった。この間（2011、2012、2014 年度）も、日本財団より助成を受けて企画展を開催、シンポジウム等のイベントも積極的に実施した。

2. 基本的な活動方針

摩周丸は常に存続の危機にあり（なにかと存廃が話題にのぼる）、文化財的価値、社会的地位を高めることが重要課題となっているが、具体的な活動方針は次の通りである。

1) 展示物、その他サービスを充実させ、顧客満足度を高める
2) 企画展やイベントを開催して、リピーターを集める
3) いろいろマスコミに話題を提供して、知名度を向上させる

しかしながら、摩周丸は年 500 万人の観光客を擁する函館市に立地し、黙っていてもある程度の入館者数が期待できる一方、市民の利用は 3% に過ぎない（図 3）。したがって、2) は、なかなか努力のしがいがないのだが、常設化して 1) に、また 3) として、直接、来館にはつながらなくとも、活動宣伝になると思い実施している。

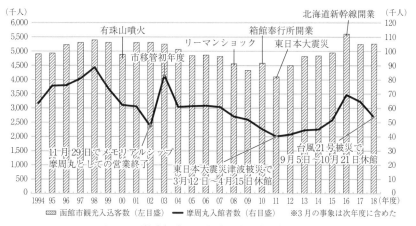

図 3　函館市観光入込客数と摩周丸入館者数

　特色としては、元・青函連絡船乗組員による解説がある。第三セクター時代から元・乗組員の職員やボランティアが行っており、本会も引き継いでいる。来館者には、まだまだ青函連絡船の乗船経験のある人が多く、思い出話ができる博物館となっている。

3. 展示物の整備計画と実施

　まずは、「より博物館らしく」することを目標に展示物の充実を図った。

　船内の利用方法や展示物の整備は、2002年に市と共同で策定した摩周丸運営方針（整備計画）を踏襲することにした（表2）。

　3階右舷展示室の窓が歴史解説パネルで塞がれていたが、修正箇所が多いので撤去し、反対側の壁面に新たにつくり直して展示した。窓際には、グリーン指定椅子席と、本来は階下にある普通椅子席を設置した（図4）。どうしても再現したかったのは普通座席で、船内に残る部品を利用してレプリカを製作し、4階多目的ホール右舷側に設置した。一部をキッズコーナーとし、船の絵本と木の汽車・レールのおもちゃを置いた（図5）。その他は、企画展を開催し、それを再整理して常設化するという方法で、展示物を増やしていった。

　かなり自由に展示物の整備を行っているようにみえるが、市の了承を得るのは容易ではなかった。粘り強く説得するとともに、「指定管理者応募時に計画書を提出してあり、本会を選定したということは、それを承認したことと同じ」と主張して押し切った。ただ、大部分は、利用されていない壁面を整備したり、無意味なオブジェ（布製で当時すでに老朽化していた）を撤去した跡に、新たに展示物を制作して設置している。

図4　3階展示室　窓際には往時のようにグリーン指定椅子席を設置した　　図5　4階多目的ホール（旧中部消音器室）に復元した普通座席

表2　船内利用・展示物整備の基本構想と実現状況

	基本構想（2002 年策定）	実現状況（2014 年まで）
船内の利用案	3 階前部展示室（旧レストラン）を、フロント兼事務室、図書室、喫茶室、売店、小イベントコーナー、ボランティア待機所とし、人員を集中配置する。（以下、この部分をロビーと称する）	人員配置が分散するのは非効率だが、前部タラップを正式な入口に改造するのは困難と判断。代案として乗船場内に仕切り壁を設け、入館受付窓口と事務スペース、売店、客用ソファーを設置した。従来の切符売り場は廃止（撤去）。3 階前部展示室はサロン（Saloon）とし、無料休憩所、書架、喫茶サービスカウンター、売店、小イベントコーナー、事務スペースを設置・整備した。（いずれも 2008）
	前部タラップを正式な入口とし、遊歩甲板からロビーに直接入れるようにする。	
	現在の切符売り場は廃止する。	
	ロビーまでは、入館料を払わずに利用できるものとする。	
	ロビーには函館市の観光パンフ等も置き、ツーリスト・インフォメーションセンターの機能も持たせる。	3 階出入口広間（展示室入口）にパンフ棚、サロン内と窓口にマガジンラックを設置した（2008）。
展示物・展示方法の見直し	3 階左舷の歴史展示室は、当面そのまま残す。	ここは、市移管後「船のしくみ展示室」となった。大雪丸模型と非公開区画観覧システムを新設した（2014）。従来の展示物は、寄託品返還等にともない一部展示物を入れ換えたほかは変更なし。
	写真や模型等で重複するものは整理する。	一部、整理した。
	遺品、遺物の展示は、これ以上の充実はのぞめない。	本会や摩周丸等所蔵の資料を活用して、1980 年代のポスター（2011）や青函連絡船総覧（2012）等の展示物を増やした。新たに音声の展示を試み、ドラの音や「別れのワルツ」のメロディー、船内放送、モールス音などを再生する人感スピーカーを船内各所に設置した（2011）。デジタル展示物として運航ダイヤ一覧を制作した（2012）。
	過去のフィルム、ビデオ等を活用した映像展示を増やす。	3 階右舷展示室に見学客が自分で番組を選択できる映像シアター（大画面ディスプレイ＋メディアプレーヤー）を設置した（2011）。下記のグリーン指定椅子席が視聴席となる。
	洞爺丸事件、戦災も、写真・パネル展示は最小限にして、映像展示とする。	2010 年度企画展「台風との斗い・洞爺丸はじめ5青函連絡船遭難記録」を整理して 3 階サロン内に常設化、映像展示は再編集して人感センサーによる自動再生とした（2011）。「戦災」については未制作。
	映像展示は、DVD かパソコンによる、オンデマンド方式とする。	3 階サロン内に DVD 貸出式の映像ライブラリーを設置した（2009）。
	右舷窓際に普通席（椅子）をならべ、それを映像展示ブースとする。	前方にグリーン指定椅子席、後方に普通椅子席を並べた。窓を塞いでいた展示パネルは撤去し、新たに作り直して反対側の壁に展示した（2008）。
	従来のビデオ展示は廃止する。	市移管後、大画面ビジョンが小型ディスプレイになっていたが、上記の映像シアターと入れ換えて廃止した。
	4 階ギャラリーは、企画展示室、および市民ギャラリー（テーマは不問）とし、1～12 か月ごとに展示替えを行う。	多目的ホールとし、企画展示室として整備するとともに下記の普通座席を復元展示、3 階前部展示室からひも結び体験コーナーを移設した（2008）。
	一部に普通船室（座席）を復元する。	4 階多目的ホール内にレプリカを製作して設置した（2008）。一部をキッズコーナーとして利用。

（3）これからの摩周丸

1．現在の活動と課題

　2016年3月の北海道新幹線開業以後、入館者が増え資金にも余裕ができたので、職員を増やし、またナビゲーターも増員した。船体修繕や、後回しになっていた展示物以外の館内設備の整備・補修も進めている。企画展の開催はスタミナ切れで滞っているが、テーマとして「戦争と連絡船」が残っており、現指定管理期間中には企画展を実施し、のち常設化する予定である。

　2019年4月に摩周丸に隣接して建設されていた大型客船用桟橋が供用開始され、クルーズ船等の離着岸に際してUW旗の掲揚や見送りの汽笛吹鳴など、摩周丸に「船」としての新たな役割が加わったのはうれしい。

　来館者はすでに、青函連絡船乗船経験のない人が大半となった。連絡船はおろか、国鉄や貨物列車を知らないという人もいる。これらの解説の必要性を感じている。また、乗り物の博物館なのに動く展示物がほとんどない、というのもさびしい。改修・増設ではなく、展示物・展示方法の全面的な見直しの時期になっているともいえ、今後、その構想をかためていきたい。

2．「お金がかかる」というイメージの払拭

　函館シーポートプラザは20数億円、ワールドクラシックカーミュージアム函館も数億円の損失を生み出した。この損失は摩周丸がつくったものではないのだが、これにより摩周丸は「金食い虫」「市のお荷物」というイメージが、函館市民の間に定着してしまった。摩周丸の存続問題になると、「摩周丸がなくなるのはさびしいが、お金がかかるのなら仕方がない」と誰もがいう。

　しかし、シーポートプラザ時代、3年目以降も6万〜9万人の入館者があり、ピアマーケット分離後は単年度黒字を出した年もある。クラシックカーミュージアム時代も6万人の入館者があり、摩周丸単独では黒字だっただろう。当初、あるいは早い時期に非営利法人による社会教育施設、博物館的な運営に切り替えていれば、ある程度の公的補助は必要とされるものの、単独で施設・経営が維持でき、これほどの中傷を受けることもなかった。

　負のイメージを完全に払拭するまでには、まだまだ時間がかかる。函館市民みんなが宝と思い、誇れる施設になるまで、本会の活動は終わらない。

（高橋　摂）

2. 昭和初期のお屋敷を活用した芸術文化施設

［砂丘館］

　新潟市は第二次世界大戦で大規模な戦災を受けなかったため、戦前の木造建築が多く市街に残っている。しかし、官民ともにそれらの保全に熱心に取り組んできたとは言い難い都市でもある。

　砂丘館──正式名称「旧日本銀行新潟支店長役宅」は、日銀が支店長家族のために建設した「近代和風住宅」である。塀に囲まれた古いお屋敷が点在するように残る西大畑町の、海岸近くの高台上に建設されたのが1933年。

　約500坪の敷地とこの建物を新潟市が1999年に取得し、数年間直営で公開したのち、2005年に「芸術文化施設」として活用するという条件での指定管理者の公募がおこなわれた。「芸術文化施設」としての活用とは、具体的には文化的な活動への場所の貸し出し、及び芸術文化的「自主事業」をおこなうことを求めたということである。そのため指定管理の開始前に、敷地奥にある倉庫（蔵）がギャラリーとして活用できるよう、照明や展示パネルなどの設備が加えられた。

　審査で選ばれた「新潟絵屋・新潟ビルサービス特定共同企業体」（以下「企業体」）が、その後3度の公募でも選定を受け、現在（2019年）までの14年間運営をおこなってきた。「砂丘館」は建物が砂丘上にあることから、応募時

図1　砂丘館　正面外観

図2　新潟絵屋　町屋を改装した展示室

表1　砂丘館（旧日本銀行新潟支店長役宅）基本情報

1. 設置者	新潟市
2. 所管	新潟市中央区地域課
3. 指定管理以前の運営形態	新潟市直営
4. 指定管理者団体名	新潟絵屋・新潟ビルサービス特定共同企業体
5. 公開開始年 　　指定管理者制度導入開始年	2000 年 2005 年
6. 選定方法	一般公募（評価会議による評価及び意見聴取を基に、新潟市として指定管理者の候補者を選定）
7. 指定管理期間	5 年（第 1 期は 2 年 9 か月）
8. 運営形態	共同事業体（構成員は認定 NPO 法人新潟絵屋・株式会社新潟ビルサービス）
9. 指定管理料金（受託金額）	12,669 千円（2019 年度）
10. スタッフの数	正規職員 1 名、非常勤職員 7 名（2019 年現在）

に提案した通称で、今はほぼ正式名称として使われている。

　指定管理者として運営をおこなう「企業体」は認定 NPO 法人新潟絵屋（以下「絵屋」）と、ビルメンテナンスを業務とする企業で構成される団体である。自主事業を前者が、施設管理を後者がおこなう分担を原則に運営している。

　「絵屋」は定款に「美術鑑賞が市民の文化的生活の掛け替えのない一部とみなされる環境づくりへの寄与」を目的に掲げる NPO の画廊で、2000 年の設立（NPO 法人化は 2005 年）以降 500 回を越える主に現在活動する美術家の個展（企画展）を大正期の町屋を改装した展示室で開催してきた。

　古い町屋を拠点にした動機には歴史を刻んだ都市への各メンバーのリスペクトと、冒頭に書いたように、残念ながら歴史の保全継承にあまり価値を認めないように思えるこの町に、少なからず同じ思いが広がってほしいという願い、加えて旧来の生活様式の色濃く残るこの町の日常生活と絵（＝美術）を連続した空間で提示したいという思いがあった。実際に「家」であった昭和初期の屋敷を保全し、芸術文化施設として活用しようとする新潟市の試みは、そのような思いに重なるものだった。

　砂丘館では企画展はギャラリー（蔵）を主会場とするばかりでなく、居宅部分でもあった和室も展示に使うことが多い。かつては掛け軸、生け花、置物な

どの場であった床の間に、油絵、版画、写真、立体作品が飾られたり、置かれたりする。これらの展示をおこなう際には、近世以前にさかのぼるルーツを持つ和の住居空間に、「洋」由来の近・現代の表現を開放し、つなげる試みであることを意識してきた。制作者視点で考えられることの多かった近代の「美術」を、生活者視点から捉え直したいと考えてきた「絵屋」の理念に基づく発想でもある。この和室は同時に貸し室利用もおこなわれるので、いわば展覧会場の一部で、俳句の会やヨガ教室が開かれたりすることになる。直営時の終わり頃、月の入館者数は 200 名ほどにまで落ち込んでいたが、指定管理施設になってからは平均 1000 人ほど（多い年では 1200 人以上）になった。

　筆者は当初「指定管理者制度」について、市所有の歴史的建造物の「保存活用」を検討する委員会に参加していたとき、市の担当者から初めて聞かされた。このような魅力ある古い建物を、民間の自分たちも「使える」可能性ができたということに、胸をおどらせた。

　芸術文化施設と位置づけられたといっても、応募要項に「芸術文化」の内容は具体的に明示されてはいない。言い方を変えれば、新潟市の文化政策中に位置づけられた何らかの特定のミッションを与えられたわけではない。管轄も当初は市の文化政策課から、ほどなく中央区地域課に変わり、市と指定管理者が実際に関わるのはもっぱら施設管理の面がほとんどである。

　砂丘館での自主事業は、「絵屋」の活動をさらに広げていく感覚で、ほぼ筆者一人が企画し、職員の協力を得て実施している。事業予算は企業や市民の寄付を基礎にし、市からは施設管理費のみの支出となっている。指定管理者が、自主財源で、いわば場所を借りて「おこないたい事業」をおこなっている（ただし、指定管理者なので利用料が免除になる）形と表現することもできる。自治体が施設の活動内容（特に自主事業）に、どこまで、どのように関心を向け、関与するかは施設によって多様だろうが、制度発足の背景に「民間の柔軟な発想」の導入という一面があったことを考えると、もっぱら指定管理者まかせの（＝直接には関与せず、といって明確な事後評価もしない）砂丘館型の施設も少なくないと思われる。筆者は市立美術館の学芸員として働いた経験があるので、どんな小事業でも起案して決済を受ける手続きの煩わしさがないことに自由を感じている。とはいえ、「絵屋」のオープン以来 20 年近くになるこの

町での美術活動を通じて、公立施設のあり方として、指定管理者という立場で模索し、考えてきたミッションを、砂丘館ではゆるやかに志向するようにしてきたつもりだ。

その一つが「中規模文化施設」の役割、ということである。

新潟市には比較的画廊が多い。また県立や市立の美術館や民間の美術館もある。しかし画廊と美術館では規模に差がありすぎ、両者の活動に連続感がない。小（画廊）と大（美術館）の中間の規模の施設が同じ市内で活動することで、美術施設の多様性とグラデーション（連続感のある変化とつながり）を地域に生み出せるのではないかと考えた。

砂丘館では、すべてではないが、「絵屋」や市内の画廊で紹介される美術家の、より大規模な展示や、大きすぎたり、販売ができなかったりなどの理由で、画廊では紹介できない、しにくい作品展示もおこなってきた。新潟県内の公立美術館の企画展は、ことに近年、評価の定まった美術家の展示か、集客を見込める企画に偏する傾向がある（背景には自治体の文化予算の縮減がある）。そのようななかで、画廊に近いフットワークの軽さで、一定規模の企画を実現できる文化施設には、そのような施設ならではの地域における役割があると考えたのである。

企画にあたっては、そのような役割意識に過度にとらわれるのではないが、ある程度の配慮をもちつつ立案・実施をしている。この考え方は、応募提案においても提示してきたので、筆者たちが選定を受けたこと自体、その提案が受け入れられたということでもあるが、その内容が管理者を選定する目安であることを越えて、市の文化政策にまでフィードバックされたという実感はない。私たち指定管理者側も、そのようなことを行政に強く求めたり、働きかけをおこなってきたわけでもない。

ただ仮定で考えれば、民間の発想を部分的に活用（利用）するだけでなく、それが行政自身の発想や施策立案に何らかの影響を及ぼしていく可能性があることが、この制度の面白いところではないかと思う。そのためには行政の政策立案者と指定管理者の対等な交流や対話が必要だが、砂丘館では実現していない。

市立美術館は砂丘館から徒歩５分ほどのところにある。同じような徒歩圏内

に現在やはり古いお屋敷を公開し、企画展や催しをおこなう公立や民間の施設が数箇所あり、新潟大学の学術資料展示館もある。この数年の間に私設美術館や、アーティスト・イン・レジデンスをおこなう市立の文化施設も近くに誕生した。西大畑町周辺に点在するこれらの文化施設の相互の意見交換の場として2014 年に西大畑旭町文化施設協議会（通称「異人池の会」——異人池は同じ地区に建つ古いカトリック教会のそばにかつてあった池の名前）が発足した。きっかけはこの地域を周遊する来訪者向けの各施設と飲食店や見どころを紹介するマップを共同制作したことで、それまであまり顔を合わせることになかった官民の施設職員の交流も始まった。

　「異人池の会」では、年に数度の会合（関連する市の担当課職員も参加する）のほか、施設同士の連携事業もしばしばおこなっている。新潟市は観光地としての知名度はきわめて低いが、実際に訪れてみると、意外なほど多くの歴史的遺産が残っている（最大の理由は大きな戦災がなかったこと）。砂丘館周辺も文化施設が点在するだけではなく、歴史や地形に興味ある来訪者にとっても意外な発見が多い地区である。この街区に隣接する古町は、典型的な空洞化が進む旧市街ではあるが、今も料亭街があり、江戸時代から継承されてきた花街文化が息づいている。その保全を後押ししようとする市民団体も近年発足した。「異人池の会」では新潟の古い、また新しい文化に、歩いて出会う来訪者を誘致するため、新潟市の観光部局との協力事業もおこなうようになったが、今後の課題はまだ多い。

　砂丘館が抱える最大の悩みは（他の多くの施設でも同様と思うが）、人件費総額が一定枠内に抑えられていることである。事業予算は民間からの寄付で賄えても、人件費までは及ばない。「絵屋」での活動で培った「やりたい気持ち」と、筆者なりの発想で設定した公的文化施設としての果たすべき役割を、自主事業という形に具体化していくためには、もとより理念だけでは不可能であり、事業の意義の理解とそれを実現していく能力と経験ある職員の存在が欠かせない。事業は筆者一人で考案してきたと書いたが、実際にはこの 14 年間、企画の実現に尽力してくれた職員の存在に大きく助けられてきた。その職員は当初はパート勤務であったが、のち常勤職員となり、副館長として管理運営全般と自主事業に関わる仕事を担うことになった。勤務当初から数えて 12 年半

図3　「異人池の会」の5施設で連携して
　　　開催した「スウェーデン現代美術
　　　家展」2013年（撮影：村井勇）

図4　「ロシアから即興の風が吹く」
　　　電子音楽ライブ、2017年

働いてもらったが、常勤となって以降ほとんど昇給のない状態だった。給与面で将来性の閉ざされた職場だったことが、残念ながら離職の一因となった。その後任職員も仕事自体にやりがいと意義は認めてくれたものの、同じ理由で1年余りで退職した。現在は2人が担った仕事をパート職員で分担する形に変更した。当然ながら、これまでと同じような事業展開は困難になっている。

　砂丘館はこと自主事業（特に企画展）に関しては、新潟市の近似の予算規模での直営ではおそらくなしえない質と量の活動をおこなってきたと個人的には自負している。それは市がこの古い住宅を「芸術文化施設」として活用を決めたことと、NPOである「絵屋」の活動の方向の一致による「自発性」の高揚が作用していたからだった、と自らを振り返って考える。

　ただ、このような活動実績への文化行政的視点からの評価と、それを維持・推進するための人員確保や予算措置を、指定管理者の側から行政に求めることは、現実にはきわめて難しい。指定管理者選定に際しての評価の基準項目には「指定管理料の縮減」もあげられている。指定管理期間中にそれらを求める（交渉する）ことも難しいが、予算上限が提示される再公募時の提案に盛り込むことも、それが他の団体や企業とのコンペティションであることを考えるとさらに困難である。

（大倉　宏）

3. 地域の自然・人とともに歩む博物館

[高槻市立自然博物館（あくあぴあ芥川）]

　NPO が指定管理者として高槻市立自然博物館（あくあぴあ芥川）の運営を
始めたのが 2009 年。10 年が経過した現在、運営者が何を考え、どのように館
が変遷してきたのかを紹介する。

（1）施設の概要

　高槻市立自然博物館（あくあぴあ芥川）（以下、あくあぴあ）は大阪府高槻
市にある博物館相当施設である。高槻市は大阪府の北東部、JR 京都線の大阪
−京都間のちょうど中間地点に位置し、館のテーマとなっている芥川（淀川の
一次支川）が市の中央を北から南に流れ、市のシンボル軸とされている。当館
は 1994 年 7 月に、プール、テニスコート、広場、緑地などを含む、約 1 万 m^2
の芥川緑地という公園の 1 施設「芥川緑地資料館（あくあぴあ芥川）」として
オープンした。芥川東側に位置する旧集落と、館をはさんだ西側の新興住宅地
をつなぐ「動線」として、両側の住人が交流する場、というコンセプトで設計
されていて、竜宮城をイメージした外観となっている。斜面に半分埋め込まれ
た建物の 4 階がメインエントランスの展望スペース、3 階は図書コーナー、事
務所等、2 階は水族展示室、1 階
は標本展示室となっている。

　2014 年に博物館相当施設の申
請を提出したことから、4 月に博
物館設置条例が施行、名称を「高
槻市立自然博物館」と変更、6 月
には相当施設指定を受けることが
でき、名実ともに博物館として再
スタートを切った。ただし、建設

図1　あくあぴあ　外観（4 階）

表1 高槻市立自然博物館（あくあぴあ芥川）基本情報

1. 設置者	大阪府高槻市
2. 所管	建物は都市創造部公園課、運営は教育委員会事務局地域教育青少年課に事務委任
3. 指定管理以前の運営形態	1994年7月（開館）～1997年3月は直営 1997年4月～2006年3月は委託 2006年4月～現在は指定管理
4. 指定管理者団体名	あくあぴあ芥川共同活動体
5. 開館年 指定管理者制度導入開始年	1994年 2006年
6. 選定方法	市選定委員会で選定
7. 指定管理期間	現在は5年、その前は3年（随意契約は3年、入札は5年）、例外的に2006～07年は市側の都合で2年だった
8. 運営形態	共同（NPO法人芥川倶楽部と認定特定非営利活動法人大阪自然史センターで任意団体をジョイントベンチャーとして結成）
9. 指定管理料金（受託金額）	5,450万円（2019年度）
10. スタッフの数	あくあぴあ現場スタッフ 　年次雇用4名（週5日2名、週4日2名）、 　臨時雇用9名（週1～3日）、その他 自然史センタースタッフ 　事務局長1名（随時）、事務1名（週1日）、 　ワークショップスタッフ2名（月2日）、その他

時は博物館でなかったため、収蔵庫や空調、また経年劣化した設備には多くの問題を残している。

（2） 管理者の変遷

　1994年当時は芥川緑地全体を公園緑政課（当時）が管理運営し、あくあぴあだけが教育委員会に事務委任され、教育委員会の直営で管理されていた。スタッフは教育委員会から異動で配置された4名と、学芸員候補となる嘱託の魚類担当者1名、飼育担当の臨時雇用職員1名が採用されていた。その後1997年から市の外郭財団である（財）高槻市公営施設管理公社（以下、管理公社）が管理運営委託を受け、2006年からは高槻市も指定管理者制度を取り入れ、引き続き管理公社が特定（非公募）の指定管理者として選定された。スタッフは出向、雇い替えとして継続勤務しており、契約制度は変わっても内容的には

ほとんど変わらなかった。直営時代に魚類担当者が退職したため、生き物の知識のある職員がいない時期もあった。

　2009 年からは、NPO 法人芥川倶楽部と認定特定非営利活動法人大阪自然史センターが構成する「あくあぴあ芥川共同活動体」（以下、共同体）が特定（非公募）による指定管理者に選定され、現在 4 期目となっている。共同体の代表である NPO 法人芥川倶楽部（以下、芥川倶楽部）は、「芥川・ひとと魚にやさしい川づくりネットワーク〜愛称：芥川倶楽部」の事務局機能を担っており市のシンボルである芥川の川づくりに取り組むことを目的としている。このネットワークには高槻市、大阪府、芥川で活動する市民団体が加盟し、魚みちづくりや環境学習などさまざまな活動を行っている。認定特定非営利活動法人大阪自然史センター（以下、自然史センター）は、大阪市立自然史博物館の友の会を母体として設立された NPO 法人で、大阪を拠点に自然を学び、自然を見つめる楽しさを伝えるために、大阪市立自然史博物館と連携して自然科学の発展と普及を促すさまざまな事業活動を展開している。二つの NPO の役割分担は、芥川倶楽部が運営方針を決め、地元や市との連携を担い、自然史センターが雇用、経理などのバックアップを行う、としており、現場スタッフはすべて自然史センターと雇用契約を交わしている。両 NPO のあくあぴあ担当理事と現場スタッフからなる運営委員会を 2 か月ごとに開いており、博物館の実質運営は 2019 年 8 月現在、表 1 の現場スタッフが行っている。年次雇用、臨時雇用という呼称は、勤務時間によって福利厚生の規定が違うためで、臨時雇用といっても臨時的に雇っているわけではない。

（3）博物館活動

1. 活動内容の整理

　博物館相当施設に指定された後、市が施設のリニューアルを提案したことから、2016〜17 年に何度もスタッフミーティングを行い、あくあぴあの理念、活動内容を整理し、スタッフ間で共有した。それが図 2 で、ブログにも掲載している。

　あくあぴあのすべての活動は「高槻の自然がわかるみんなの博物館」という言葉に集約される。高槻の自然を調べる、標本を収集する、展示、講座などで

普及する、という博物館の基本的な活動を「みんな」と行う、と宣言している。「みんな」というのは博物館に関わるすべての人のことである。自然系博物館として、市内の自然調査をし、普及することは重大な使命である。自然はテレビの向こうのアフリカや南極などの遠い大自然だけではなく、「みんな」の周りのいたるところにあるのだが、当たり前すぎて気づかない人が多い。館の活動のほとんどすべては「身近な自然に気づく」をテーマとして企画されている。アメンボ、タンポポ、コケ、秋の味覚など、身近にありながら普段は見過ごしている生き物を再発見する企画展を開催したり、観察会や講座でもその内容を取り上げている。

2. 資料収集・調査・研究

　多くの小規模博物館では行事、展示に重点が置かれ、資料収集、調査、研究が後回しにされているのではないだろうか。共同体があくあぴあの運営を始めた当初は建物の維持補修や来館者対応、慣れない行事に手間がかかり、調査や研究に手が回らない状態に陥っていた。しかし、徐々に運営に慣れ、事務の簡素化を進められたこと、予算総額は変わらなくても人件費に配分を増やしたことなどから調査に出かけられるようになり、学会発表、論文投稿も可能になった。標本作成にも時間をかけられるようになり、国際的な生物標本のデータベースである GBIF（地球規模生物多様性情報機構）にも毎年標本データを登録している。

　2016 年からは「部活動」を開始した。それ以前にもあった地域の人たちとの活動は、館主体の活動もあれば市民グループ主体のものもあり、それぞれ参加方法や活動日がバラバラだったため、より参加しやすくなるよう「部活動」として整理した。2019 年現在では 11 部が活動している。①ハグロトンボしらべ隊、②芥川たのしみ隊、③芥川緑地クラブ、④芥川おそうじ隊、⑤芥川鳥類調査隊、⑥芥川トコロジスト調査隊、⑦ネタのタネ部、⑧チーム・ボンドガール、⑨鳥剝団、⑩あくぴ・くらぶ、⑪あくぴ・くらぶ　おてつだい隊。それぞれ活動内容、活動頻度が異なるので、館内の掲示板、ブログでの広報を行っている。部活動の特徴は、市民が主体的に館を利用して活動できること。市民側からの発意によって新しい部を作ることも可能で、あくあぴあと活動理念を同じくし、館スタッフが世話人となれば新部の誕生となる。「ボランティア」と

高槻市立自然博物館 あくあぴあ芥川（あくあぴあ）の理念

私たちは次の理念をもって活動しています。

発行年：平成30年1月
発行者：指定管理者 あくあぴあ芥川共同活動体

理念 【活動を行う上で根底となる考え方】
「高槻の自然がわかるみんなの博物館」

ビジョン 【理念をもって叶えたいこと】
高槻市は人口35万人の都市でありながら、約50％が山林・農地で多くの動植物が生息する豊かな自然に出会えるまちです。あくあぴあは身近にあるこの自然を調査・研究・記録し、その資料を保管し未来につなげる活動を行います。活動は博物館に関わる全ての人＝「みんな（※）」と一緒に行います。その活動成果をより多くの「みんな」と共有することで、自然が私たちの生活に密着していることに気づくことを願います。そして身近にある自然を認め正しく理解し、自然を通じて人と人がつながりあうことで地域を好きになり、「みんな」の毎日の生活が豊かになることを願います。その実現を手助けする場があくあぴあの目指す「博物館」です。
また、館の活動やノウハウを館内外で発表し情報発信を行うことでネットワークを作り、今後の活動を高める取り組みに努めます。
※あくあぴあの考える「みんな」とは、館スタッフ、来館者、ボランティア、自然に関する情報をくださる人、質問に来る人などを指します。

活動 【ビジョンを実現するために行っている活動】

調査・記録、資料を保存し
研究して未来につなげる活動

わかったことを
「みんな」と共有する活動

「みんな」と
一緒に行うこと

野外での調査（鳥、魚、昆虫、植物など）　ハグロトンボしらべ隊
標本作成と保管　　　　鳥剥団
研究活動　　　　　　　チーム・ボンドガール
論文投稿　　　　　　　芥川たのしみ隊
学会発表　　　　　　　芥川鳥類調査隊
　　　　　　　　　　　芥川緑地クラブ
　　　　　　　　　　　芥川おそうじ隊
　　　　　　　　　　　東北での調査や支援活動

常設展示　　企画展示　　出張展示
自然観察会　講座　　出版活動
子どもワークショップ　おはなし会
自然工作教室
質問対応（自然に関する質問、生物の飼育方法
　　　　　　夏休みの自由研究相談など）
自然史フェスなどへのブース出展
あくぴくらぶ　ネタのタネ部
学校対応　貸出キット　わくわくBOX
ブログ　広報・メディアの取材対応
　　　　ポスター・チラシ作成
　　　　ミュージアムサービス事業

あくあぴあ芥川

GBIF（地球規模生物多様性情報機構）

市教員への研修
地域との連携
図書館・公民館など他団体との連携

各種学会、各種団体への参加
他の博物館と連携
小規模ミュージアムネットワーク（事務局）
高槻ジャズストリート
職場体験（中学生向け）
博物館実習（大学生向け）
研修生受け入れ
館内スタッフ研修

ネットワークづくりと人材育成

施設管理
●建物・システム・機器類・展示の
　メンテナンス、修繕など
●事件・事故対応
●管理区域のトラブル
●飼育

図2 ホームページに掲載した「あくあぴあ」理念図

図3　あくあぴあ　展示室

も「職員」とも「友の会」とも違う部活動によって、資料収集・整理、調査・研究、教育・普及が進められている。

3. 展示室

オープン当時、あくあぴあは公園の一部であったため、都市公園条例で開館時間、利用料（特別展示のみ有料）のみが規定されており、設置目的が記載されていなかった。既設の展示物は淡水魚類の大水槽と解説パネルしかなく、「二つの住宅街をつなぐ動線」という目的に反してカフェやロビーなどのスペースもない。当時の館長は来館者のニーズに応えるため、廊下に図書スペースを作ったり、展示室の充実を図ってきた。数年をかけて徐々に哺乳類、昆虫類などの標本が展示され、偶然の出会いから鳥類の本剥製の展示数は急増して関西一となり、収蔵資料も収集されてきた。管理者が交替した今もこの資料を引き継ぎ、整理し、さらに資料を収集しながら発展させている。また、来館者層が未就学児とその家族が多いため、キッズスペースや子ども向けの解説、ハンズオン展示などを増やし、手作り感のある温かい雰囲気の施設へと変えていった。展示方針は月1回のスタッフミーティングで共有し、担当者が手作りで更新している。企画展で作った展示物を常設にすることも多いため、常設展示はコーナーごとにテーマが違い、ストーリー性がなく総花的と批判されることもあるが、手作りの温かみがあると来館者からは好評を得ているので、今後もチマチマと更新していくことになるだろう。

（4）地の利を活かす

あくあぴあは芥川緑地という残存緑地のなかにある。もともとは山地斜面だったが、尾根部に住宅団地、川べりに公園が造られたため、斜面部が公園の緑地として残された。川と緑地が隣接する博物館というのは少なく、屋外活動と室内活動を一緒にできることが利点である。また、ハイキングコースとして有

名な摂津峡から徒歩 15 分と近いため、観察会後に立ち寄ってまとめを行ったり、展示をみて確認したり、という活動にも向いている。あくあぴあには貸部屋に関する規定がないため、共同体としては館と理念を同じくする活動団体であれば、団体見学として部屋の使用ができるとした。ただ、大型車の駐車ができない、団体の更衣室、雨の日の食事場所がないなど、利用者のニーズに合わないところもあり、不便を強いられている。

（5）連携

　管理公社が委託運営していた 2004 年、筆者は臨時雇用の飼育担当として働き始めた。その当時、あくあぴあを知っている友人、知人はほとんどいなかった。共同体が運営者となってからは、とにかく知名度を上げなければと、広報紙には必ず一つ以上の行事を載せる、市役所や学校などにポスターを貼るなど、低予算でもできる広報を行ってきた。高槻市民による大イベント「高槻ジャズストリート」や「食の文化祭」に参加したり、大阪市立自然史博物館で行われる「大阪自然史フェスティバル」に参加したりと、通常の客層以外の目にとまるような大きなイベントには積極的に出展してきた。

　博物館のネットワークでは、あくあぴあの顧問である兵庫県立人と自然の博物館館長中瀬勲の発案で、2010 年に「小さいとこサミット」を開催し、40 名ほどの博物館関係者の参加があった。これを機に参加者のネットワークができ、メーリングリストをつくり、年 1 回のサミットを持ちまわることで「小規模ミュージアムネットワーク（小さいとこネット）」として参加者が増えていき、2019 年 8 月現在、350 名ほどの会員がメーリングリストに登録している。この事務局を担っているおかげで、さまざまな報告会や事例紹介に呼んでいただけるようになり、博物館関係者間での知名度もアップしてきた。多くの館園の学芸員たちと交流することで、現場スタッフのスキルも飛躍的にアップし、自館の運営に活かせている。このようなネットワーク活動は、行政直営ではさまざまな規則や制約に縛られて行えなかったのではないだろうか。NPO であるからこそ、規約も役員も会計もない「ゆるい」ネットワークをつくり、維持できているのだと考えている。

（6）課題

　あくあぴあは1994年に建設され、建物躯体、設備が経年劣化している。特に電気機器、キュービクルやエアコン、大型水槽関連設備の劣化は限界を超えている。この点検や業者発注、市への修理依頼や報告などの事務手続きにかかる時間が運営を圧迫している。また、収蔵庫がない、大型車の駐車ができない、レストランや食品を買える売店がないなども、活動上の制約となっている。しかし、最も重大な問題は、指定管理料が増加しないことである。指定管理料は契約期間内（現在は5年）は変わらない。しかし最低賃金の上昇や職員のベースアップで、人件費は毎年増加する。その分は、どこかの費目を削るしかなく、実際上は消耗品費を圧迫することになる。手作り感あふれる温かみのある展示は貧乏の裏返しでもある。新しい職員を雇うためには誰かが辞めなければならず、新人を育てる余裕があるはずもなく、即戦力を超低価格で雇うことになり、人材育成はできていない。次世代の博物館スタッフを育てられないことが、今一番の課題だと考えている。

　あくあぴあでは今後も「高槻の自然がわかるみんなの博物館」として「みんな」とともにあるために、今の活動を継続することが大切だと考えている。

（高田みちよ）

4. 古代の遺産を護って情報発信

［荒神谷博物館］

　2019 年夏、銅剣発見以来 35 年を迎えた荒神谷遺跡は、考古学や古代史に興味をもつ人以外にも広く知られた日本を代表する遺跡の一つである。また、1987 年に国指定史跡となった荒神谷遺跡と、1998 年に国宝に指定された出土青銅器 380 点を紹介する荒神谷博物館が 2005 年に開館して 14 年を経た。その間、この博物館がどのような情報発信をしてきたか紹介する。

（1）荒神谷博物館の開館

　1984 年夏、358 本の銅剣が発見された直後から地元斐川町（現・出雲市）では、この地に青銅器博物館の建設を願う住民から、建設費用の寄金が相次いだという。翌年に銅鐸・銅矛が出土したことで、その熱気はさらに膨らみ、追いかけるように 12 年後の 1996 年、直線距離でわずか 3 km しか離れていない加茂町加茂岩倉遺跡（現・雲南市）から銅鐸 39 個が出土したために、青銅器博物館建設の願いはますます強まった。そして 2000 年出雲大社境内で、3 本の柱を束ねて直径 3 m 余りの 1 本柱とした巨大柱根 3 組が発見された。弥生時代の青銅器群と神話世界を彷彿させる巨大神殿の柱根という、出雲の歴史の「生き証人」の相次いでの出現は、国内の多くの人を熱気の渦に巻き込み、人々の記憶に深く刻まれたはずである。

　この巨大柱根の発見後まもなく、建設が望まれていた県立の

図 1　荒神谷遺跡

表1 荒神谷博物館 基本情報

1. 設置者	島根県出雲市
2. 所管	出雲市文化財課
3. 指定管理以前の運営形態	なし
4. 指定管理者団体名	特定非営利法人出雲学研究所（理事長藤岡大拙）
5. 公開開始年 指定管理者制度導入開始年	2005年10月開館 開館と同時に制度導入
6. 選定方法	公募方式
7. 指定管理期間	5年
8. 運営形態	単独
9. 指定管理料金（受託金額）	28,412千円（2017年度）
10. スタッフの数	正規職員7名、非常勤職員3名

歴史博物館は出雲大社境内の東隣に建設が決まり、2003年には建設工事が開始された。

　このような県立歴史博物館建設の動きが契機となって、斐川町は町単独で博物館建設に舵を切った。その時すでに遺跡と周辺の山林を含む約28 haは史跡公園として整備されており、遺跡に隣接したその一画が博物館用地となった。町単独による博物館建設にあたり大きな基礎となったのが、先に紹介した住民をはじめ県内外の多数の方々からの寄付金であった。建設直前にはその額は3億円を超えており、町はこれと同額の起債をして建設に取り組み、2005年10月、遺跡まで約200 m余りの場所にサイトミュージアムとして荒神谷博物館が開館したのである。

　当時の逸話がある。斐川町立の施設だから、館名に「町立」があった方がよいという声があったが、「斐川町の荒神谷は全国ブランドだから、荒神谷だけでわかる」、と「町立」を付けることを拒否した町幹部がいたという。荒神谷は、住民にとってはそれだけの誇りであり、自慢でもあったのだ。

（2）指定管理者制度の導入

　2003年9月から施行された指定管理者制度の詳細は別項に譲るとして、荒神谷博物館の場合、この制度導入と同館の運営開始は同時期であった。

　指定管理者制度導入が認められるや、翌2004年に島根県では花ふれあい公

園で指定管理者制度による運営が始まった。その頃、財団法人島根県文化振興財団は、主管する県立美術館や県立八雲立つ風土記の丘などの文化施設に指定管理者制度導入の動きを始めていた。県立施設へのこの制度導入は全国に先駆けた動きであり、45〜55歳までの財団職員20余名は早期退職勧奨を受け、2005年からは給与とボーナスはそれまでの半額待遇で、再雇用者として同じ職場で職務することになった。その再雇用者の一員に筆者も含まれていた。

　そして2005年から、県立美術館では学芸部門は県職員が担当し、施設管理など庶務部門は民間企業が受託するという、後に「島根方式」と呼ばれる指定管理者制度が採用された。なお、2007年に開館した県歴博でも、「島根方式」による指定管理者制度が導入されている。

（3）荒神谷の展覧会

　荒神谷博物館は2005年10月に開館した。公募により特定非営利法人出雲学研究所（理事長藤岡大拙・以下、NPO）が指定管理者として認められ、庶務部門、学芸部門を合わせた館全体の運営が委託された。この開館にあたり筆者は主席学芸員としてNPO職員に採用され、勤務することになった。

　博物館のオープニングは、住民の誇りである青銅器を、念願の博物館で展示することで始まった。以後、銅剣が発見された7月12日は「ひかわ銅剣の日」とされており、この日を中心に開催する特別展にあわせて、荒神谷青銅器の一部が地元で公開されている。この特別展は、荒神谷青銅器に関する数々の謎の解明や、他地域との青銅器類との比較調査研究などの成果を公開する場として毎年約1か月半開催している。2014年度からは他地域の弥生時代の姿を紹介し、出雲の弥生時代と比較し考える『魏志倭人伝』シリーズと題した特別展を開催している。

　一方、荒神谷青銅器とは直接関わらない資料を扱う展示を企画展とした。最初の企画展は、地元斐川町の誘致企業である富士通のコンピューターの歴史を紹介した。その後も町内の医家の歴史を紹介するなど、各種内容の企画展を継続している。

　今は年間3回の展覧会を開催しているが、当館のような小規模館で3回も可能なのは、開館当初から藤岡理事長の強い希望で、学芸員2名体制が採用され

ているからである。当時の斐川町規模の町で、2 名の学芸員を置く博物館施設はなかったと記憶する。その後各地で学芸部門が縮小されていると仄聞するが、そうした事情があっても学芸員 2 名体制は維持され現在に至っている。

（4）荒神谷の講演会・講座他

　開館以来毎月 1 回、年 12 回の定期講演会が今も継続している。年 12 回のうち、特別展と企画展期間中は展示に関係するテーマの特別講演会で、展示資料の借用先や発掘担当者などに講師をお願いしている。それ以外の月は、広く歴史に関わるテーマの講演会を設定している。この定期講演会は開館以来、2019年 8 月現在で、第 169 回を迎える。

　またこの講演会とは別に、開館 3 年目から館長講座「出雲学談義」が 3 年間、その後「古事記談義」が 2 年間続いた。そして今は、筆者と NPO の理事の一人と二人が講師で、国内に伝わる「五風土記」とその逸文を講読していく「風土記談義」が 6 年目になった。この「談義」は、古代史に関心のある人に足を運んでもらうことを目的としており、月平均 60〜70 人の参加がある。

　このほか、自然に恵まれた史跡公園の環境を利用した自然観察や子どもを対象の中心にした田植えなどのイベントは、他館でも開催されていることであるので、ここでは特に紹介しないことにする。

（5）活動のまとめ

　ここまでに紹介した年 3 回の展覧会や年 12 回の定期講演会、そして 11 年続く「談義」の開催などは、荒神谷青銅器に関するテーマに限定せず、広く古代史にまで及んでいる。また、文化庁の補助を受けて行った出雲の石神調査や『出雲国風土記』記載の植物を中心とした薬草探求の事業（平野 2019）などは民俗学の分野でもあった。

　このような幅広い分野にまで活動の幅を広げる根底にあるのは、NPO の名称の「出雲学」にある。館長でもある藤岡理事長が唱える「出雲学」とは、「出雲」を軸に、郷土や日本の歴史、文化を幅広く考える姿勢だと考えている。考古学だけに限定せず古代史や近現代までの時間軸を設け、地元斐川だけの資料に制限せず、国内各地の多様な資料の活用を通して思考する。この姿勢で各

種活動を行うことで、荒神谷というゾーンに分野や年齢を問わない沢山の人が足を踏み入れれば、遺跡は自然頭の片隅にとどめることになる。要は、人々と遺跡の距離が遠く隔たれば、遺跡は忘れられ、再び埋没してしまうのである。人々から遺跡が忘却されることだけは、避けなければならない。

（6）課題として

　図2は、公立博物館の指定管理者の財団館とNPO館の学芸員の年収比較表である（金山 2012）。数字をあげて比較するまでもなく平均給与のラインは、一方はカーブを描いて上昇し、他方は上昇とはいえないゆるやかな直線である。NPO館の印の一つが筆者である。よって他の職員の給与レベルも想像していただけるだろう。金山も指摘するように、この実態では後継者育成を含む人材確保は難しい。ことに若手職員の採用は、非常に困難である。

　本節で先に、県立の美術館、歴史博物館において「島根方式」による指定管理者制度が導入されていることを紹介した。自らの組織を苦境に陥れるようで

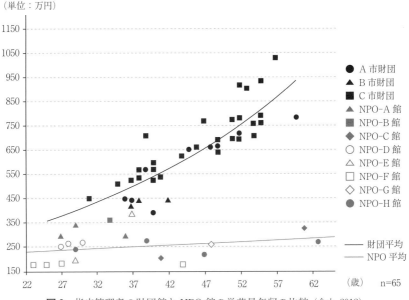

図2　指定管理者の財団館とNPO館の学芸員年収の比較（金山 2012）

あるが、筆者はこの方式によれば少なくとも学芸員の人材確保はできると思う。

　国宝青銅器を取り扱うのは、最低限その施設の設置者である自治体に属する専門知識をもつ学芸員であるべきである。学芸活動の補助や普及活動を含む施設の管理事務は NPO 職員が十分にその任を負う。実際県立の両施設では、この体制で運営が継続しているのである。その体制に入ってみないとわからない問題点もあるだろうが、少なくとも問題とする声は筆者には伝わってこない。

　その他、現行指定管理者制度で課題とすることを箇条書きで記して終わることにする。

　1）短期間契約の弊害——長期的立場に立った職員の雇用や博物館運営の立案が困難である。また、給与アップなどが難しい。

　2）専門職員の人材確保の困難——研修参加の困難。キャリア形成が不利。

　3）主管課と運営者側の現場意識の乖離——主管課職員による現場体験などで、問題点把握に努めることが必要であろう。

参考文献

金山喜昭　2012「指定管理者制度の現状と課題〜NPO が運営する公立博物館の事例から〜①学芸員の給与について」『Journal Musée』

平野芳英　2019「文化庁の美術館・博物館支援事業と博物館活動の一例」『先史学・考古学論究』VII、龍田考古会

（平野芳英）

第 3 章

企業指定管理館の事例

1. 市民・地域・企業と協働する科学館

［多摩六都科学館］

　平成最後の年となった2019年、筆者は25年間運営に携わってきた多摩六都科学館を定年で退職した。開館当初はプラネタリウム運営を委託された企業に籍を置き、途中から多摩六都科学館組合の職員として設置者側に身を置いてきた。直営時期には事業の企画運営を担当して管理運営全般に関わってきたが、最も大きな運営体制の変革に直面したのが指定管理者制度を導入したときであった。本節では、官民二つの立場を経験してきた筆者が、指定管理者制度によって科学館にどのような革新的変化がもたらされたかを、地域（市民）との関わりを含めた三つの視座を基軸に考えてみたい。

（1）広域行政による科学館の設置と管理運営

　多摩六都科学館組合（以下「組合」という）とは、東京都の多摩北部地域の5市（小平市、東村山市、清瀬市、東久留米市及び西東京市。以下「構成市」という）が科学館の設置管理を行うために設立した一部事務組合（特別地方公共団体）である。1993年度の開館当初は組合の直営で、展示・受付・学習室とプラネタリウムの教育普及業務を民間事業者に委託しており、事業の企画立案から業務運営は官民の二人三脚で進めていた。組合にはプロパーの職員のほかに構成市からの派遣職員がおり、各市とは当初から緊密な関係を保っていた。組合は「多摩北部都市広域行政圏協議会」が母体となっており、「平成の大合併」の時代の広域行政の枠組みとして東京都に現存する二つの協議会の一つである。「多摩六都」とは広域行政圏の愛称で、田無市と保谷市が合併して西東京市になる以前は6市であったことに由来する。科学館の設立に際しては、広域行政圏を通して東京都の手厚い支援を受けており、建設費の約9割と用地費の大半が都の財政支援によって賄われている。管理運営費についても設立以来、毎年構成市に交付金が出ていた。しかし開館後10年を経た頃から、

表1　多摩六都科学館　基本情報

1. 設置者	多摩六都科学館組合（同組合を構成する小平市、東村山市、清瀬市、東久留米市、西東京市の5市）
2. 所管	多摩六都科学館組合（上記5市の企画担当課）
3. 指定管理以前の運営形態	多摩六都科学館組合による直営
4. 指定管理者団体名	株式会社乃村工藝社
5. 開館年 　　指定管理者制度導入開始年	1994年 2012年度
6. 選定方法	一般公募・指定管理者選定委員会の審議による選定
7. 指定管理期間	第1期5年間、第2期7年間
8. 運営形態	単独
9. 指定管理料金（受託金額）	272,254千円（2018年度）
10. スタッフの数	正規職員39名、非常勤職員18名

当初16万人ほどあった利用者数が4割ほど減少して科学館事業が低迷するのと時期を同じくして構成市の財政状況も厳しさを増し、科学館に対して新たな官民連携の運営手法として指定管理者制度の導入が迫られたのである。

　このような経緯を振り返ってみると、多摩六都科学館の場合は広域行政の枠組みで各市が共同で管理運営している特殊性が改めて想起される。組合の意思決定には5市の首長による理事会と構成市議会から選出された10人の議員からなる組合議会があるが、各市によって指定管理者制度への捉え方や取り組み方針も異なり、考え方や意見もまちまちである。そのなかで所管である5市の企画担当課長会議（事務連絡協議会）が調整役として深くコミットしており、当時は検討部会を設けて科学館の経営状況や圏域の将来への議論を深め、有識者による運営協議会を設置して基本理念やとるべき戦略の策定などの多層的な検討を粘り強く行った。構成市が課題解決に向けて対等に議論を尽くし、担当

図1　多摩六都科学館　外観

部署が連携して相互の意見調整や他機関との対応にあたるうちに、協力して問題解決にあたる意識と風土が自ずと形成される。自治体の文化政策では場当たり的な方針転換の危険性が指摘されることもあるが、広域行政圏では計画の策定による理念の共有や課題に対する役割分担など独自のガバナンスが働いて、結果的にブレ幅が小さいものとなっている。半面、構成市の財政危機による科学館運営の効率化という課題については、公募により指定管理者制度を導入するという結論までに6年余りの時間を要しており、この間は組合自身が科学館の運営予算を毎年削減して急場を凌ぐ時期が続くこととなった。

（2）指定管理者制度の導入とリニューアル事業

　多摩六都科学館は、発足当初から中核事業である教育普及業務を民間事業者に委託する運営形態をとっていた。背景には1980年代から続いた行財政改革で「民活」が新しい施設の運営形態とされていたことが色濃く反映したものであるが、その後の指定管理者制度の導入と通底することにもなる。組合が主要業務を外注管理していた直営時の運営体制を、指定管理者制度に移行する転換点で議論となったことは、いわゆる「市場化テスト」の官民競争入札制度に該当するのではないかという指摘である。組合の設置目的自体が科学館の管理運営であることから、その中核業務のほとんどを指定管理者に委任する以上、組合も競争の構図に入るべきではないかという意見である。これにより他の公設民営団体（文化財団等）との比較の枠組みにおいて、組合が広域行政を基盤として持続的な施設管理権能（ガバナンス）をいかに築けるかという自らの存在意義を再考せざるを得ないきっかけとなった。

　これらの検討を経て、2011年度に組合が指定管理者を一般公募することとなったが、前提として特に留意したことを列記する。

1）指定管理者が「多摩六都」の地域性や広域行政の特性を十分に活かす
2）事業運営から施設の維持管理まで一体となったマネジメントを行う
3）科学館での世代間交流や創造活動に実績のあるボランティア会の運営を継続・発展させる
4）プラネタリウム設備更新と展示更新をあわせて行い、展示更新プランを提案に含めて運営と一体化したリニューアルとする

5）従来の委託業務に従事していたスタッフを継続雇用する

6）事業収入の増加と運営効率化により、構成市が負担する固定費（負担金及び分担金）を約1割削減する

このうち1）から3）については、後述するように基本計画の抜本的見直し（ローリング）に指定管理者のスタッフ全員、組合職員、ボランティア会のメンバーが参加する場を用意した。また、4）については展示更新プランを指定管理者公募の要件とし、採用されたプランをもとにリニューアルを行うことで展示スタッフが主導する製作チームを組む一方、プラネタリウム更新には統括マネジャーが参画した。科学館の展示は装置系・映像系の大掛かりなものが多く製作管理に大きな比重がかかるため、運営側の意見は二の次になりがちである。長期的に展示事業を管理運営していくスタッフ自らが企画から製作に一貫してコミットできた結果、個々の展示アイテムとしての完成度をめざすこと以上に運営環境（場）を造ることに重心が移り、計画目標の「地域の交流拠点」「地域の再発見・魅力発信」といった空間の新たな意味づけや学びの価値の生産に連結していく姿勢が鮮明になった。

（3）企業による公の施設の運営

　公共セクターの担い手として企業が包括的な管理運営を行うことに対しては、利益優先となり住民サービスの低下になるおそれや、恣意的な運用による不公平の助長、業績悪化による途中での撤退などの危惧があげられることが多い。折しも企業が経済価値の追求に注力していた時代から、教育や文化を通した地域への社会貢献（フィランソロピー）が掲げられるようになった時期に多摩六都科学館が誕生している。一部の科学館では、以前から産業技術を通じて「企業展示」と呼ばれる展示アイテムの提供が早くから進んでいたが、企業科学館などを除き「モノやカネの提供」がほとんどであった。欧米的な規範や倫理観からみた企業の社会貢献活動は、当時の我が国の経済規模や国際社会での立場に比して貧弱なものであったことは否めない。しかし、科学館の専門業務を民間に外注していた筆者の経験から、公共施設を運営している企業のスタッフのなかには、文化・教育事業に対する明確な理念と高い志を保持している人材が多く、職務規範（プロ意識）と豊富な実務スキルに官民の差は見られな

い。明治の実業界の創始者である渋沢栄一の『論語と算盤』の言葉には、幕藩体制以来の儒教的社会観や倫理観に基づく社会貢献の意思が明確に表れている。また、朱子学や仏教、神道を混交した二宮金次郎の報徳の理念がさまざまな形で受け継がれ、多くの小中学校の校庭の一角に尊徳像が置かれていることに我々はあまり違和感を抱かないように、現代の企業の土台は近世日本の公共福祉に端を発した独自の風土と地続きになっているのであろう。半面、「民活」の掛け声の陰に「官尊民卑」の心情が隠れていることにも留意しなければならない。役所の仕事を企業が担うことについては、曖昧で根拠の薄い批判の目が向けられがちでもある。

　自治体の財政負担の軽減と住民サービスの向上の両立という難題に対して、PPP（パブリック・プライベート・パートナーシップ：官民連携）の手法の一つである指定管理者の担い手として企業への期待は大きい。企業のもつコスト削減や経営の効率化のノウハウ、多様な専門性などを活用して中長期にわたる安定した公共サービスの維持が設置者側のねらいである。

　今世紀に入って企業が社会的責任を果たすこと（CSR）を主要な経営課題として前面に出すようになった背景には、グローバリゼーションやコンプライアンスに対する社会的圧力があるといわれているが、PPP を通しての公共セクターとの連携・協働という新たな役割と CSR のめざすところは必ずしも一致していない。官民のキャッチボールの間にはさまざまなギャップやずれが生じやすいが、両者の行動原理や価値基準を理解した上で、科学館という公共施設について管理運営目標の共有というゴールの設定から設置者と運営者の架け橋を築くことが鍵になる。多摩六都科学館では目標設定に対して次のようなロードマップを描いた。

　1）基本計画の策定・見直しの共同作業
　2）事業評価活動（モニタリング）の共有
　3）第三の力点（レバレッジ・ポイント）による変革

（4）計画策定と評価活動を通した地域へのコミットメント

　2002 年に科学館運営協議会の報告を受けて、運営の指針となる館長職の設置と共に基本計画の策定に着手した。当時、委託業務で展示・教室運営やプラ

ネタリウム解説、受付業務に携わっていたスタッフと組合職員が共同作業にあたったが、このときの経験をもとに10年後の第2次基本計画の策定時には、新たに指定管理者となった株式会社乃村工藝社のスタッフが基本計画の策定作業に加わり、組合職員やボランティア、計画策定委員と共にSWOT分析やグループディスカッションを経て理念（使命・目標）の共有を図った。このプロセスを経ることで、計画の目標設定と業績指標の明確化が図られ、ルーティンの業務の意味づけができて日々の事業会議でも共通の土台に立って検討が進められるようになった。また、継続的な事業評価活動（モニタリング）に際しても運営者が必要と認めた指標に基づくために、無用な数値に振り回されず、納得性のある自己点検として活用できるものとなっている。スタート時点で基本計画の策定とモニタリングの仕組みを一体化させ、組合と企業に加えて市民や複数の外部の視点が入っていたことが、その後の管理運営面で大いに奏功したといえよう。事業評価では指定管理者だけでなく組合も評価の対象として相対化されており、15年以上継続している外部評価機関（市民と有識者で組織する）として事業評価委員会の存在感が大きい。さらに指定管理者が導入されてから「市民モニター制度」を発足させ、圏域5市の市民10人にモニターになってもらい地域の生活者の観点で評価を行っている。評価項目は主に基本計画の業績指標のうち、「科学を学ぶ楽しさを提供しているか」「地域の価値を高めるのに貢献しているか」といった数値化しにくい定性的評価項目や、継続的に数か年をかけて観察しないとみえてこない項目に関するもので、結果を事業評価委員会の総合評価のなかに組み込んでいる。市民モニターと指定管理者、組合職員は、定例的に意見交換会を設けて直接疑問点や意見のやり取りを行い、対等なパートナーとして科学館の未来や地域への夢を共有するようにしている。市民モニター制度は、第2次基本計画のミッションステートメントに「地域に貢献する」ことを明示し、地域＝住民（市民）をレバレッジ・ポイントとして位置づけることで、官と民では補完しえない価値基準の導入を図ったことに依拠しており、ボランティア会と共にパートナーシップの第三極と位置づけられる。一般的な総合科学館で「地域」を使命・目的の前面に打ち出すことは稀であるが、「多摩のローカルな科学館」という自己認識に立って、身の回りの気づきや発見を促して世界の見方を広げていく「文化としての科学」を起点

表2　多摩六都科学館の歩み

1987 年　1 月	多摩北部の 6 市で多摩北部都市広域行政圏協議会を設置
1988 年 11 月	多摩北部都市広域行政圏協議会が子供科学博物館の建設を構想
1994 年　3 月	開館
2000 年 10 月	ボランティア制度を開始
2001 年　1 月	展示リニューアル、休憩室を増設
2003 年 12 月	第 1 次基本計画を策定
2004 年　4 月	高柳雄一館長が就任。事業評価委員会を設置
2012 年　4 月	指定管理者（株式会社乃村工藝社）による管理運営を開始。ボランティア会が発足
2012 年　7 月	プラネタリウムリニューアル（10 月に投映機「ケイロンⅡ」が世界一に認定）
2013 年　3 月	展示リニューアル
2014 年　1 月	第 2 次基本計画を策定
2015 年　7 月	市民モニター制度を導入
2017 年　3 月	年間利用者数約 25 万 4 千人（過去最高を更新）
2019 年　3 月	開館 25 周年（翌 4 月に累計利用者が 400 万人に到達）

とすることで、地域の魅力発信、地元の事業・産業・観光との連携といったテーマが次々設定され、大学・研究機関との協定締結などによる人脈やネットワークの形成が飛躍的に加速した。また、地域の特性からアクセスの改善、駐車場の確保、地元でさまざまなコラボイベントを立ち上げてきた人気カフェの館内誘致などに力を入れてきたのも、すべて地域価値の向上を目指したものである。

（5）スタッフのエンゲージメントの高さ

　企業の運営体制で最も顕著な点は、スタッフへの権限移譲が徹底していることと PR を含むマーケティング力である。前者はスタッフのエンゲージメントの高さとなって表れており、特別展示やプラネタリウムのコンテンツがすべて内部で企画製作され、他の科学館等へ巡回して好評を得ているものもある。運営者が自ら製作に携わることで、会期中も改良を重ねて利用者の使い方にあわせて進化させることができる。春休み・夏休み時期には家族連れの幼児が多いという実態を踏まえてよりユニバーサルなコンテンツを設けたり、子どもたち

の意表をつかれる使い方でも壊れにくい造りにしたりするなど、日常をつぶさに知っている運営スタッフならではの発想がある。年間 25 万人前後の利用者のうちリピーターが全体の 65％、年 10 回以上のコアなリピーターが 15％ 以上いる背景には、アテンダントのきめ細かな対応と清掃、設備、警備スタッフの「清潔で安全・快適な施設にしよう」という「想い」が隅々まで行き渡って現場に誇りと一体感が保たれていることが大きい。

　科学館の運営の転換点で、自らのアイデンティティと強みを、設置者と事業者に市民も加わって検討し評価する体制を築くことで、地域住民が気軽に何度でも足を運べるようなニッチの施設価値づくりに努めてきた。利用者が 10 万人規模で増えてきた道のりには、指定管理者と地域住民（市民）、組合の三者が対等に築いてきたパートナーとしての時間が流れているが、今後、どのように継続・発展できるかが大きな課題である。そうした三者のゆるやかなコラボレーションが広域的な地域連携のめざすものを体現しているところに、多摩六都の次代の「かたち」があると信じている。

参考文献
渋沢栄一・守屋淳　2010『現代語訳 論語と算盤』筑摩書房

（神田正彦）

2. 官民協働で取り組む博物館運営

［愛媛県歴史文化博物館］

　愛媛県歴史文化博物館（以下「当博物館」という）は、愛媛県西予市に位置する県立の歴史系博物館である。1994年に開館し、2018年度は約11万人の入館者を迎えている。筆者は、これまでも当博物館の運営について報告しており（土居 2016・2017）、前稿と重複する箇所も多いが、2018年7月の西日本豪雨後の対応も踏まえ、改めて県と民間企業との連携による当博物館運営の経緯や特徴、メリット及び課題を述べる。なお、同じ年に開館した愛媛県総合科学博物館（以下「科博」という）でもほぼ同様の運営がなされている。

（1）当博物館における指定管理者制度導入の経緯と特徴

　愛媛県では、行財政改革の一環として、2005年度から公の施設のあり方の見直しが開始された。従来直営であった当博物館及び科博もその対象となり、2007年、両博物館については、専任の学芸員が担当し、公的機関として担うべき分野を除いて指定管理者制度の導入が適当であるとの答申がなされた。両博物館を所管する県教育委員会生涯学習課では、施設のあり方の見直しに対応し、答申に沿って2008年度に関連条例の改正及び指定管理者の公募、選定を行った。適正かつ確実な管理運営、利用者サービスの向上、収入確保及び経費節減の観点による審査の結果、両博物館ともイヨテツケーターサービス株式会社（現・伊予鉄総合企画株式会社）が指定管理者に指定され、2009年度から同社による運営が開始された。1期の指定管理委託期間は5年間で、2度の更新を経て、2019年4月から3期目の管理運営が開始されている。

　博物館への指定管理者制度の導入についてはさまざまな形式があるが、長崎県のように、博物館運営を指定管理者にすべて委ね、入館料等は直接指定管理者の収入とする方式（利用料金制）や、島根県のように、県と指定管理者で業務を分割し、展示業務の企画や実施は県学芸員が行い、入館料等は県の歳入と

表1　愛媛県歴史文化博物館　基本情報

1. 設置者	愛媛県
2. 所管	愛媛県スポーツ・文化部
3. 指定管理以前の運営形態	直営
4. 指定管理者団体名	伊予鉄総合企画株式会社
5. 開館年 　指定管理者制度導入開始年	1994 年 2009 年
6. 選定方法	公募
7. 指定管理期間	5 年間
8. 運営形態	共同（指定管理者・県職員）
9. 指定管理料金（受託金額）	183,982 千円（2019 年度）
10. スタッフの数	県職員 13 名、指定管理者職員 11 名（パート及び本社担当除く）

する方式（使用料制）が一般的に知られている。

　愛媛県では、県の学芸員を配置する業務分割方式としつつ、入館料等は指定管理者の収入とする利用料金制をとっている。具体的には、博物館の業務を(1) 学芸員が関わる専門的事項かどうか (2) 利用料金が発生するかどうか、の観点から大きく4種に整理している。学芸員が関わる業務のうち、業務それ自体から収入が発生しない調査研究及び資料の収集整理保存は原則として県学芸員が県費で直接執行する。一方、学芸員が関わらない業務は、収入が発生する業務（貸館）及び発生しない業務（施設の維持管理等）ともに指定管理者が行う。学芸員が関わり収入が発生する展示と教育普及業務は、県と指定管理者で協議の上、テーマや内容を決定し、県学芸員は企画や調査、借用、原稿執筆、講座講師等の専門的事項を、指定管理者は各種契約、支出、広報、会場運営、ワークショップ等の業務をそれぞれ担当する。その経費は、県職員が司る業務も、いったん指定管理者が負担し、展示観覧料や参加料はすべて指定管理者の収入にしている。さらに指定管理者は自主事業を実施でき、物品販売や飲食の提供も行い、その料金も徴収できる。県の学芸員のもつ専門性に、民間企業の機動力を組み合わせて博物館活動の活性化を図ろうとする、いわば愛媛方式ともいうべき固有の制度設計としている。

　このような運営形態をとった要因は主に以下の2点による。第一に、愛媛県

図1 愛媛県歴史文化博物館　外観

の学芸員は資格職職員として採用され長年の経験を蓄積しており、指定管理者制度導入後も、引き続き県学芸員を活用することが長期的に安定した博物館運営を行う上で適切であることによる。第二に、愛媛県が策定しているガイドラインでは、指定管理者制度導入施設は利用料金制を原則としており、博物館についても、インセンティブの拡大と県費支出の削減の観点から、原則のとおり利用料金制を採用したことによるものである。県の人的な状況を踏まえながらガイドラインに沿う対応を検討するなかで、結果的に固有の制度設計となったものであるが、幸い現体制導入後11年目となる2019年度現在も、大きなトラブルもなく運営ができている。

　当博物館の組織構成であるが、まず県サイドでは、館長の下に学芸課長が置かれ、学芸課に県学芸員が歴史・文書と民俗・考古の2グループに分かれて所属している。一方、指定管理者サイドでは統括責任者の下に総務と企画振興のグループがあり、企画振興グループには学芸員有資格者の職員も置かれている。両者は互いの指揮命令系統には入らないが、後述する連絡調整会で相互の業務を協議、確認している。

　また、県組織の所管は、2017年度までは県教育委員会であったが、2018年度から、組織改正により新設された県スポーツ・文化部に管理運営が事務委任された。2020年度からは、第9次地方分権一括法の施行を受け、同部に移管される予定である。この所管部局と、指定管理者の本部が、それぞれ館外から博物館の管理運営に関わっている。

（2）当博物館における指定管理者制度導入の効果

　次に、当博物館における指定管理者制度導入の効果について述べてみたい。まず顕著なのは、入館者数の増加である。直営期最後の2008年度の入館者

数は 83,203 人だったのに対し、指定管理者制度導入後は、年度により変動が著しいものの、10 万人から 15 万人の入館者数で、近年は概ね 11 万人台で推移している。これには、特別展をはじめとする各種事業の規模の拡大や、参加型事業の充実が貢献している部分が大きい。

　指定管理者による利用料金制のもと、昭和の子ども文化や鉄道関連の展示、体験型展示など、多数の観覧者や関連グッズ等の収入が見込める分野の特別展は指定管理者が経費を増額させるなど、事業経費全体を弾力的に運用しており、県直営期には実施困難な規模の展覧会も開催できるようになったことは当博物館の活性化に最もつながっている要因の一つといえる。直営期には実績がなかった、昭和のキャラクターや愛媛ゆかりの歴史・民俗関係のコミック作品を取り上げた展示など、企画の幅も広げている。一方、集客一辺倒の企画展に偏ることのないよう、県が定める業務仕様書のなかで年 4 回以上の開催を定めている企画展のうち、愛媛県の歴史文化をテーマとした企画展を年 2 回程度実施することとしており、学芸員の調査研究や資料収集の成果を踏まえた、愛媛の歴史・民俗や四国遍路をテーマとした展示とバランスよく組み合わせることで、来館者層の裾野の拡大につなげている。

　また、指定管理者スタッフは参加型イベントの充実や広報にも精力的に取り組んでおり、毎週末には体験型ワークショップを実施し、小学生が愛媛の祭礼を描いた絵画展や、地域住民の方々が出展する手仕事市等も開催し、ファミリー層の来館やリピーターの確保に貢献している。特に、入館者の動向をみながら、年度途中で経費のかかるイベントや広報を追加実施することは、県の直営では困難で、機動的な展開を図りやすいのは民間企業ならではの特徴である。

　これに加え、指定管理者はミュージアムショップや軽食を提供するレストランも運営している。開館当初は、県が民間業者に依頼して運営させていたが、その後採算がとれず業者が撤退した。指定管理者は、これらのショップ等を再開させ、来館者の方々の満足度を高めるとともに、その収益を博物館運営に充当し、重要な財源の一つとしている。直営の場合、仮に民間業者が行政財産目的外使用許可を得てショップ等を運営しても、飲食・物販の販売収益は業者の収入となり、県には許可面積に応じたわずかな使用料しか入らないことが一般的なので、飲食・物販の売り上げを直接博物館の管理費に充当できることは、

博物館の運営にプラスになっている。

一方、県学芸員は、資料の調査、収集資料の整理・保存や、ボランティアとの連携等に加え、学校への出前授業や資料貸し出し、博物館資料を活用した高齢者向け地域回想法の試行、文化財レスキューの支援などさまざまな事業に取り組んでおり、県学芸員が継続的に配置されることで、公立博物館としての専門的な力量と信頼が維持され、長期的・継続的な視野に立った活動が展開できていると考えている。愛媛県においては、直営末期には予算や人員が大幅に削減され、学芸員も総合受付や展示監視に入っていた。指定管理者制度の導入に伴い、業務内容の切り分けと整理を行った結果、県学芸員は、直営末期よりは本来の学芸業務に力を注げる環境ができているように思う。

（3）安定的な博物館運営に向けて

1. 運営体制と計画・評価

愛媛県の指定管理運営方式では、博物館の現場の県職員（館長・学芸課）、指定管理者の現場スタッフ、県スポーツ・文化部、指定管理者本社の4者が、それぞれの立場から協力して博物館の運営に関わっている。当博物館が本来の学術機能や公共的な役割を果たしつつ、安定的に運営されていくためには、4者の意思や情報の共有が重要である。

現場の職員は同じ事務室で働いており、日常的にさまざまな相談をしているが、制度的にも連絡調整会を週1回開催し、概ね月1回は所管課であるスポーツ・文化部まなび推進課及び指定管理者本部の職員も集まる拡大連絡調整会を開催し、情報共有を行っている。人事の面からも、博物館から所管課に学芸員をローテーションで配置し、博物館の管理運営等を担当させており、指定管理者も正社員は本部や他施設との異動で人事交流を図っている。

とはいえ、さまざまな立場が関わる当博物館の運営では、ともすれば博物館全体の活動状況を見失いがちになりかねない。このため、期間を5年間とする博物館中期運営計画を策定しており、現在、第4次中期運営計画の計画期間が開始している。中期運営計画は、県教育委員会の定例会に報告事項として付議し、全文をホームページで公開している。

本計画に基づく事業実績と評価は博物館協議会に報告し、協議会委員の意見

をいただくとともに、指定管理者業務のモニタリングや行政事務事業評価など各種評価も行い、可能な部分は運営に反映している。各種点検・評価の事務は手間もかかるが、博物館の日々の活動を律する上で重要であろう。

2. 大規模災害時の対応

　2018年7月の西日本豪雨は、当博物館が所在する愛媛県南予地方でも甚大な被害を発生させた。豪雨発生直後、市による避難所が開設されるまでの間、近隣住民の方々が博物館に避難を求めた際、指定管理者の方では研修室を無料開放してこれに対応した。周辺では断水が続く地域もあったが、博物館は幸い開館できたので、トイレが使用できること、館内のレストランでは軽食がとれること、各種展示や安全に子どもが遊べる体験ワークショップも開催していること等もホームページやブログで積極的に情報発信を行った。また、県学芸員の方では、各種団体と連携し、地域の歴史資料のレスキュー活動支援を行ったが、被災した資料の搬入やクリーニングの際、指定管理者の方でも、本来は貸館の対象である多目的ホールや研修室等を作業場所として提供し、空調の特段の対応を行うなど、博物館が果たす社会的な役割の一翼を担ったところである。とはいえ、本来は一番の集客時期である夏季休暇期間に来館者数が半減した影響は大きく、年間入館者数は前年度を大幅に割り込んだ。

　こうした災害時の入館者数の減少、指定管理者の業務範囲、経費発生時の対応については、それぞれの施設の実情に応じた検討が望まれよう。当博物館の業務仕様書では、2019年4月から開始された第3期指定管理の管理運営にあたり、総務省通知及び県ガイドラインの改訂を受けて、県または施設所在市町が博物館を避難所、広域防災拠点等として使用する必要があると認めるとき等はその指示に従うことや、大規模災害が発生した場合における初動の対応については、県及び施設所在市町と密接に連携をとりながら原則として指定管理者が自主的に行うこと、大規模災害等の不可抗力の発生に起因して、指定管理者にあらかじめ定められた管理業務に係る経費以外の負担が発生した場合、指定管理者は県に報告すること等が新たに明記されたところである。

（4）今後の課題

　当博物館の運営に係る課題の一つは、施設の老朽化に伴う修繕箇所の増大で

ある。当博物館では、毎年度の指定管理委託料のなかに修繕費を含め積算しており、直営期に比べると遥かに効率的に修繕が行えているが、日常的に修繕を要する箇所は年々増しており、大規模修繕についても計画的な対応が必要で、今後は一層効果的、効率的な修繕が求められる。

　第二の課題は、博物館の指定管理運営を担う人材の確保と育成である。指定管理者の運営も第3期となり、優れた人材の確保やノウハウの継承発展、人件費の上昇が大きな課題となっている。昨今の雇用情勢の変化のなか、四国の一地方という限られた場において適切な人材を確保し続けることは容易ではない。両博物館の指定管理者は、統括責任者及びグループリーダーは正社員としているが、指定管理の性質上、その他の職員はほとんど契約社員である。博物館機能の維持向上のためにも、指定管理者職員への十分な研修の機会の確保が課題であろう。

　本節で述べた県と民間企業の共同運営は、幸いこれまでは大きなトラブルもなく概ね順調に推移しているが、あくまで愛媛県固有の状況に基づくもので、博物館の指定管理者制度導入の一般的なモデルとは言い難いかもしれない。しかし、我々には当博物館に集積された愛媛の歴史遺産の価値を今を生きる人々と共有し、未来に伝える社会的な責任があり、今後とも当博物館がその役割を果たし続けていくための方策を模索していきたい。

参考文献

土居聡朋　2016「愛媛県歴史文化博物館の指定管理運営について」（シンポジウム記録）『日本の博物館総合調査研究　平成27年度報告書、平成25〜27年度、日本学術振興会科学研究費補助金研究成果報告書』（研究代表者：篠原徹）264-267頁（金山喜昭編『公立博物館・美術館における指定管理者制度の調査研究』269-271頁に再録）

土居聡朋　2017「愛媛県歴史文化博物館の運営について」『日本の博物館のこれから―「対話と連携」の深化と多様化する博物館運営―平成26〜28年度日本学術振興会科学研究費補助金研究成果報告書』（研究代表者：山西良平）55-58頁

（土居聡朋）

3. 新しい観光名所の創成へ

［長崎歴史文化博物館］

2005年11月3日、晴れ渡った空の下、諏訪の杜から舞い降りた小鳥のさえずりが聞こえる。先ほどまで降っていた雨もあがり、陽光に輝く甍を冠した奉行所・立山役所の入口に人々が集まっている。新しく博物館が誕生するにはもってこいの朝だ。

「かいもーん（開門）」。

市川森一名誉館長（元・日本放送作家協会会長、長崎県諫早市出身）の掛け声で奉行所の重い扉がゆっくりと内側に開き、長崎歴史文化博物館はオープンした。

当館は黒川紀章による建築設計で、モダンデザインと和のテイストを融合させた魅力的な建物である。江戸時代にここにあった御奉行所の一部やお白洲が復元され地元にとって誇りになっており、また長崎観光をする人にとっては往時を偲ぶ史跡めぐりのポイントになる博物館である。オープン日の式典では、金子原二郎元長崎県知事の式辞のほか「龍踊り（じゃおどり）」や「長崎検番」の唄・三味線も披露され、長崎県民の期待と喜びに包まれた心温まる幕開けになった（図1）。

（1）長崎歴史文化博物館の特色

長崎歴史文化博物館の設置趣旨は、貴重な長崎の歴史及び文化に関する資料の観覧及び学習の機会を提供することを通じて、情報の交流と文化活動の活性化を図り、もって長崎の学術及び文化の発展並びに地域の振興に寄与することにある。そして博物館活動の特色は、次のように六つあげることができる。

1. 県と長崎市が一体となって取り組む博物館

建築も運営も長崎県と長崎市が一体となって進めた全国でも例がない取り組みである。施設の整備・管理運営にあたり長崎市は長崎県に事務委託した。

図1 長崎歴史文化博物館 開館日（龍踊り）

　長崎県の当時の博物館担当部署は、教育委員会ではなく知事部局の政策調整局都市再整備推進課（現在は文化観光国際部文化振興課）であり、博物館の設置をまちづくりの一環として捉え計画した経緯がある。長崎市内では路面電車やバスを乗り継ぎ名所・史跡を歩いて回る。街中をぶらぶら歩くことを長崎の方言で「さるく」というが、旅行客が博物館の発信する歴史や文化情報をもとに長崎市内をさるくとともに、県内の観光めぐりもできるよう計画したのである。指定管理者はこのことを踏まえて、当館を観光ガイダンス施設として位置づけ博物館活動を実践してきた。

2. 我が国有数の「海外交流史」の博物館

　鎖国など江戸幕府の対外政策時代、海外との交流・貿易の窓口として役割を担った近世長崎の海外交流史をテーマに、旧・長崎県立美術博物館が所蔵した歴史資料及び江戸時代以前の美術資料、長崎県立長崎図書館が所蔵した古文書を中心とする郷土資料、旧・長崎市立博物館の資料を一堂に会し展示している（収蔵資料・約81,000点）。

3. 長崎奉行所立山役所の往時の姿を復元した博物館

　江戸時代、幕府の直轄地として行政、外交、貿易、キリシタンの取り締まり

表1　長崎歴史文化博物館　基本情報

1. 設置者	長崎県、長崎市
2. 所管	長崎県文化観光国際部文化振興課（長崎市が県に事務委任）
3. 指定管理以前の運営形態	新設のため最初から指定管理者制度を導入
4. 指定管理者団体名	株式会社乃村工藝社
5. 開館年 　指定管理者制度導入開始年	2005 年 同上
6. 選定方法	公募プロポーザル方式
7. 指定管理期間	一期目 5 年間、二期目 6 年間、三期目 6 年間
8. 運営形態	共同体での応募は可能、現在は単独法人による管理運営
9. 指定管理料金（受託金額）	3 億 5 千万円を上限とする（年間）（県と市で半分ずつ拠出）
10. スタッフの数	26 名（常勤 22 名、非常勤 4 名）

など幅広い仕事をした長崎奉行所立山役所の一部を復元し整備した。奉行所内も展示室になっており、その役割や機能、奉行所をめぐる歴史的な事件、キリシタン関係資料などが展示されている。復元されたお白洲ではお裁きの場面を寸劇ボランティアによる芝居で体験できる。ボランティアの寸劇は素人の芝居だが、当初活動を始めるにあたり予算計上されていなかった衣装やかつらなどを指定管理者が用意し、本格的な仕様のものをまとめて提供したことでボランティアのモチベーションを高めた経緯がある（図 2）。

4.「長崎学」研究の拠点となる博物館

　地方史研究及び生涯学習に役立つレファレンスルームや体験学習室など、充実した施設を館内に設置している。また、地元の大学や郷土史家をはじめ国内はもとより世界の博物館や研究機関と連携を密にし、それぞれの活動の受け皿になることによって広い視野で長崎を見つめることをめざしてきた。国外の連携先は、オランダのライデン国立民族学博物館をはじめとして中

図 2　お白洲の寸劇

国福建博物院、中国武漢市3施設（辛亥革命武昌起義記念館、辛亥革命博物館、武漢市中山艦博物館）などであり、施設設置趣旨に応じた関係を構築した。

5.　長い開館時間：午前8時半〜午後7時（貸しスペース・午後9時まで）

長崎を訪れた修学旅行生の朝の時間や、県民・市民のアフターファイブの利用に配慮した開館時間を設定している。観光に来た子どもたちの朝の時間は、朝食をとると博物館などが開くまで時間を持て余すことが考えられるため開館時間を意図的に早めた。また、長崎は東京などに比べ日が長く午後7時でも明るいことから、利用できる時間を一般の博物館に比較して延長した。

6.　学芸部門も含む本格的な指定管理者制度を導入した博物館

館長や学芸員を含む全職員が指定管理者のスタッフで構成されており、設置者の研究員と連携しながら文化行政の継続性を担保している。長崎歴史文化博物館は新設博物館だったため、オープンに向けて指定管理者制度を導入し指定管理者が半年間の開設準備事業を担い運営を開始した。

指定管理者はこれらの特色を踏まえ、民間企業のノウハウを活かしながら施設価値を高める博物館活動に取り組んできた。

（2）指定管理者としての14年を振り返る

株式会社乃村工藝社が指定管理者になってからすでに14年が経過した。乃村工藝社はもともと博物館や商業施設づくりなどに携わってきた企業だが、今では長崎歴史文化博物館をはじめ全国14のミュージアムの管理運営を任されている。ここでは同社が長崎歴史文化博物館の管理運営を行うことで得られた成果について取り組みの一例をあげて振り返ってみたい。

当館への指定管理者制度導入は、制度施行後比較的早い段階で学芸部門も含んだ導入となったため当時全国から注目を集めた。それゆえ民間企業でも博物館運営ができることを立証するために、まず原則的な博物館活動を進めることに注力した。博物館の基礎となる資料（史料）の調査研究、公開、保存管理、教育普及を組織的に実施することをめざし、収蔵資料に係る知識を有する学芸員や近世海外交流史の専門性をもつ学芸員を全国から採用した。そしてそれぞれの得意分野を活かした企画展の開催を担当させ、他スタッフと互いに専門性を共有しあうことで能力開発に努めた。また、平戸市や壱岐市をはじめとする

県内の博物館の協力を得た企画展の開催や、長崎県博物館協会の会長館を経験するなどして地元と連携した博物館活動を実践した。

　とりわけ教育普及では、大堀哲（当館初代館長・前日本ミュージアム・マネージメント学会会長）の提唱した「博物館の中核は教育にある」（大堀 2016）との視点に基づき「れきぶんこどもクラブ」（作品づくりや展示室の見学を通じて、長崎の歴史や文化を身近に感じることができる継続型の子どものためのプログラム）を創設したほか、長崎学講座などの生涯学習支援事業や出張博物館を積極的に進めた。さらに市民参画に係る取り組みとして 120 余名の解説ボランティアの育成によって徐々に地域との関わりを深めることができた。これは水嶋英治（当館館長・日本ミュージアム・マネージメント学会会長）の当館運営方針にも引き継がれており、国際的な視点を強化しつつ地域の発展に博物館が寄与すべき役割を明確にしながら活動が進められている。

　一方、集客にも注力してきた。観光地にある当館では県内・県外の来館者比率が 6：4 であり、県外からの来館も多い。「くんち」（長崎の氏神「諏訪神社」の秋季大祭）やランタンフェスティバル（中国の「春節祭」を起源とする長崎の冬の行事）などの祭りに関連した企画展やイベントを開催し観光客へ来館を訴求したり、マスコミや観光ホテル、商店街等の協力を得て広報を展開したりして集客力を高める活動に努めてきた。特に 2010 年、館内に開設した NHK 大河ドラマ館「龍馬伝館」では約 46 万人を集客した。ドラマの放映と相まって長崎県における経済波及効果は 276 億円、長崎市を中心とした経済波及効果については 191 億円と試算（永山 2011）され、長崎への観光誘客に当館の運営も一役買う形となった。また、普段なかなか博物館を訪れることのない地元高校生たちのために企画を実施した。例えばオープン翌年の 2006 年の国際博物館の日には、「博物館でダンス！」と銘打ってエントランスで高校生たちにストリートダンスを披露してもらい、あわせて博物館への興味・関心を促すよう試みた。

　これらの取り組みは「イベントばかりやっている博物館」のようにみえるらしく、そう揶揄されることもたびたびあった。しかし 2013 年には「旧香港上海銀行長崎支店記念館　長崎近代交流史と孫文・梅屋庄吉ミュージアム」の管理運営も委任されることになり、指定管理者としての博物館活動実績が認めら

れた結果だと考えている。そしてオープン以来13年半を経過した2019年4月
30日、平成最後の日に通算来館者700万人を達成した。この成果は前述の例
のみならず地域における行政、企業、マスコミ各社、文化団体ほか各種団体、
大学、学校、地域の方々、公民館や青少年施設、他の博物館、地区自治会等、
多くの方々の温かなご支援ご協力があったからこそ実現できたものであり、こ
れからも博物館のもつポテンシャルを存分に活かした運営ができるよう努力し
ていかなければならない。

（3）当館が抱える課題

　当館の事業内容を説明してきたが、ここからは事業を実施する上で課題とな
る点について整理しておく。

　博物館の運営は人で決まる。当館の活動を通じてそれぞれの才能を伸ばした
職員も少なくない。当館を辞して大学の教職員や公務員になりほかのミュージ
アムの職員になった者もいる。当館がキャリアアップを積む場として活かされ
ている証でもあるが、人材の流動によって一部の活動が一定期間中断されるの
も事実である。

　当館の抱える課題は、優秀な人材が継続して活動していく場をどう確保して
いくかという点にある。それは事業の継続性に係ることでもあり博物館の発展
にとって大変重要になる。

　当館のように新設の博物館で学芸員の雇用も含めた制度導入は、新規にその
雇用を創出するという点でスムーズな制度導入になった感があった。しかし、
その後14年を経過し職員が年を重ねて専門性を高める一方で、処遇という点
で人件費を十分に上げていくことができない状況が生まれている。当館は行政
が委任する業務を負担金（指定管理料）による事業と利用料金による事業で分
け、それぞれに実施する事業を割り振っている。例えば人件費や維持管理費な
どは負担金で賄い、集客に係る展覧会や広報などの事業は利用料金収入を充て
進めることになっている。制度上で処遇を改善するには必要な人件費を行政側
で確保することも求められるだろう。しかし、制度導入の目的には住民サービ
スの向上だけでなくコスト縮減を図ることがポイントになっており、簡単には
解決し難い問題であることに相違ない。これは個別当館の問題だけでなく、多

くの博物館でも同様の状況が顕在化しているのではないだろうか。

　指定管理者制度では学芸部門を直営化して制度導入をすることも可能だが、指揮命令系統を一つにして民間活力を活かしていくことも大変重要である。博物館への制度導入には、この民間活力の導入による柔軟で新規性のある取り組みを可能にしていくねらいもある。例えば学芸部門を直営化するのであれば、指定管理者の指揮命令系統に入ってもらうことによって制度の特性を補完することもあろう。資料（史料）の調査・研究から生まれる事実に基づいた企画とそれを公開していく活動を一つの盤石な組織で担ってこそ、よい成果につながる。実績を積んだ職員がコスト縮減の一環として人件費を抑制されることで博物館活動を継続できなくなってしまっては制度導入の意味がない。

　地元の歴史や文化に精通した学芸員は、その調査・研究、公開、保存などの活動を通じて住民の誇りとなり地域に受け入れられる。地域にとって欠かせない役割になり、継続した研究に評価を得ることもできる。まちのなかで市民とともに生き続けるミュージアムとは、そうした人材を有している場である。

　制度を導入した博物館では、指定管理者の事業の成功イコール博物館の事業の成功といっても過言ではない。制度施行後15年を経た現在、制度自体のねらいであるコスト縮減と人件費コストの向上は別の要素として整理する必要がある。そしてその上で施設本来の設置趣旨を実現していきたい。

　時代の移り変わりにあわせて制度は改善されるべきであり、当初から長崎歴史文化博物館がミュージアムへの制度導入の一つの事例になっていた意味も踏まえて、これからも現実に即した制度になるよう実地で挑戦を重ねていきたい。また、こうしたことも含め大堀哲が唱えた「進化するミュージアム」（大堀 2016）の姿を体現していければと考える。

参考文献

大堀　哲　2016「ごあいさつ」『長崎歴史文化博物館年報平成27年度』長崎歴史文化博物館 3

永山　真　2011「『龍馬伝』放映に伴う長崎県内での経済効果の試算」『ながさき経済』株式会社長崎経済研究所、28-29頁

　　　　　　　　　　　　　　　　　　　　　　　　　　　（中島秀男）

第4章

財団法人（公設）指定管理館の事例

1. 北の大地の歴史と生活文化を未来へ

［野外博物館北海道開拓の村］

　2006年、北海道は旧自治法の管理委託制度によって管理運営委託団体に委託していたおよそ40の施設に対して、一斉に指定管理者制度を導入した。

　北海道が設置した公の施設に指定管理者制度が導入されたとき、博物館美術館等施設は、北海道開拓の村（以下、「開拓の村」という）をはじめ、北方民族博物館（網走市）、オホーツク流氷科学センター（紋別市）、埋蔵文化財センター（江別市）、文学館（札幌市）、釧路芸術館（釧路市）の六つの施設で、他は体育館、公園、道営住宅等であった。このうち、北海道教育庁所管の北方民族博物館、文学館、釧路芸術館の3館は、いわゆる「島根方式」を採用して、専門性が高い学芸業務を指定管理業務とはせずに北海道直営とし、北海道職員の学芸員を施設に駐在させることにした。一方、開拓の村をはじめとする知事部局所管の施設は業務一括方式である。

　北海道が導入した指定管理者制度の特徴は、施設の特性に関係なく原則公募で、指定管理期間を4年と定めていることである。北海道によれば、指定期間はこれまでの単年度契約ではなく、サービスの継続性の確保、指定管理者のリスク軽減、長期固定化による弊害の排除、利用料金の見直し周期（4年）に連動した計画的な管理運営を総合的に判断し、中期（4年）としている。

　しかし、入札（プロポーザル）が指定管理運営の初年度の前年12月から1月に行われ、2月の道議会で提案されるため、初年度の運営に向けた準備期間が1か月と非常に短い。

　政令都市の札幌市でも、北海道と同じ2006年、406の施設に指定管理者制度を導入したが、第2期となる2010年度からは札幌芸術の森、青少年科学館等文化教育施設116の施設の選定方式を非公募とするガイドラインを策定したことが北海道とは異なる。その理由は、長期的視野に立った継続運営の必要性、事業の企画立案など市と一体的に行う必要性、収入の大半が市の委託料で

表1 野外博物館北海道開拓の村　基本情報

1. 設置者	北海道
2. 所管	北海道環境生活部
3. 指定管理以前の運営形態	管理委託方式
4. 指定管理者団体名	一般財団法人北海道歴史文化財団
5. 開館年 　指定管理者制度導入開始年	1983 年 4 月 2006 年 4 月
6. 選定方法	公募
7. 指定管理期間	4 年
8. 運営形態	単独
9. 指定管理料金（受託金額）	1,384,214 千円（1 期 4 年：2015〜18 年度）
10. スタッフの数	全 50 名：内訳（正職員（役員含む）21 名、臨時 9 名、パート 17 名、嘱託 3 名）

経費節減による住民サービスや安全性が低下することが懸念されることによる。そのため、事業運営や人材育成が必要で管理者の変更がなじまない施設、管理する団体と施設の関係が密接不可分な施設を非公募とした。

（1）指定管理者制度導入前夜

　1983 年に開拓の村がオープンして以来、当村を管理運営するために北海道が設立した財団法人北海道開拓の村（以下「法人」、現・一般財団法人北海道歴史文化財団）が当村を管理委託方式で運営してきた。

　しかし、2004 年から利用料金制度、2006 年から指定管理者制度が導入されると、法人の施設運営に対する取り組みにも大きな変化が予想されたため、財団法人日本博物館協会（現・公益財団法人日本博物館協会）の主催の自己点検調査を実施し、指定管理者の選定に向けた戦略を構築することにした。

1. 利用料金制度の導入

　2004 年度より、利用料金制度が開拓の村をはじめとする北海道立の 19 の施設に導入された。このとき、開拓の村ではこれまでの管理委託時代の受託金からおよそ 7,840 万円減額された。この額は北海道が算定した利用料金つまり入場料金収入であったが、実際の利用料金収入は 7,180 万円でおよそ 700 万円の差額が生じ、赤字分は法人が負担することになった。さらに同年、利用料金が

図1　北海道開拓の村　市街地群

北海道の条例により、これまでの 620 円から 830 円に値上げされたことで、翌年の 2005 年度の入場者数がおよそ 26,000 人、前年比 13% 減少した。

2. 自己点検ワークショップの実施

　入場者減少による利用料金収入の減少、指定管理者制度の導入に危機感を抱いた法人は、2005 年 3 月、設置者の北海道、ボランティア、有識者、職員が参加した自己点検ワークショップを実施し、開拓の村の今後の運営に向けた戦略を導出した。そして、この場で必要性を叫ばれた次のような取り組みが、その後の指定管理期間に実現させ、利用者のサービス向上に寄与することになった。

　①年間パスポートの発売　2007 年 4 月より販売。現在では北海道博物館（旧・北海道開拓記念館）との共通パスポート、入場券を発売。

　②各種割引制度の導入　旅行会社と連携し、各種割引制度を導入。

　③新商品の開発　オリジナルのミュージアムグッズを開発、販売。

　④住民がいる野外博物館　解説演示活動で利用者サービスにあたっているボランティア約 200 名が主体となり、開拓の村の建造物に住民登録してあたかもそ

の家の住人のようにたたずみ、文化財保存と活用に対する理解を一般利用者にも促す取り組み。

⑤**食堂の経営**　開拓の村内の食堂（レストラン）を法人が経営し、事業と一体化した運営。

（2）指定管理者制度導入後の効果と課題

2009年度、北海道が本制度を導入している施設を対象に実施した行政監査「公の施設における指定管理者制度について」では、次のような所見を導出している。

1. 経費

制度導入前の2005年度の管理委託料と2006年度から2009年度までの負担金の年平均額で比較すると総体で11億5千万円削減され、削減率21.4%との一定の効果が認められる。

2. サービスの向上

開館時間の延長や休館日削減などによる年間稼働率の向上、各種回数券や定期券、年間パスポートの導入等による利用料金の割引、施設の特性や地域性を発揮した各種企画事業の充実等、指定管理者ならではの創意工夫による新たな取り組みが随所に認められる。一方、施設の老朽に対応した作業に遅れがみられることから、サービスの利便性の向上策と並行して、公の施設としての設置目的が効果に発揮されているか、利用者安全確保が徹底されているか、不断に検証していく必要がある。

3. 職員の雇用

指定管理期間が原則4年の取り扱いとなっていることから長期雇用ができず、短期雇用を含めた人員配置を行っているものがあり、安定的な雇用の確保や施設運営の専門性等が課題となっている。そのため効果的な指定期間について、さらに施設の維持管理のみならず、設備投資を含めた施設の魅力向上のための指定管理者のさまざまな自主的な取り組み、経営努力が活かされるような仕組みづくりの検討が求められる。

4. 今後の期待

今後とも、北海道と指定管理者は、それぞれの役割分担を踏まえながら、

各々の公の施設のよりよい管理運営を通じて、道民全体の福祉の増進に一層寄与するよう、指定管理者制度の適切な運用にあたっていくことを期待するものである。

　では、実態はどうか。

（3）北海道開拓の村における指定管理者制度導入後の運営現況

　2005年12月末に行われた入札（プロポーザル）を経て、指定管理第1期となる2006年から4か年にわたる開拓の村の指定管理者として、法人は選定を受けた。このとき、北海道の予算額（負担金）は前年対比24％減少している。2004年に適用された利用料金制度は指定管理者制度の下でも組み込まれたが、北海道が算出する入場料収入が実態とは隔たりがあり、その不足分は法人が負担することになり、この状況は現在まで常態化することになる。

1. 運営施設の拡大

　開拓の村の指定管理者として新たに運営を開始して以降、翌年には同じ北海道立自然公園野幌森林公園内に位置する「自然ふれあい交流館」を一括、さらに2010年には北海道開拓記念館（現・北海道博物館）の管理部門の指定管理を受け、以来、2013年、2014年、2018年の3回の入札を経て、法人は三つの施設を指定管理者として運営している。

2. サービスの向上

　利用料金確保とサービスの向上を図るため、法人ではこれまでの法人と事業両本部に加え、新たに営業本部を設置し、先にあげた方策のほかにも管理委託期にはない積極的な営業・広報活動に取り組み、利用者数の確保と有料入場者の増加を達成させている。利用者数は指定管理期間で一時期11万人台まで落ち込んだが、2018年度には14万人台まで回復し、有料入場者の割合も指定管理期間初期の40％台前半から2018年度には49％まで増加している。

3. 増大、増加する修繕

　各施設の老朽化に伴う修繕費の負担割や区分が曖昧なことから、修繕費用が法人の経営に重くのしかかっている。指定管理者公募要項では、修繕は1件100万円未満の工事については指定管理者の負担とする、と明記されている。しかし、1件100万円未満といってもそれが複数件発生すれば法人の負担は多

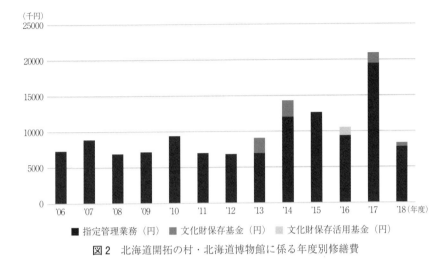

（千円）

図2　北海道開拓の村・北海道博物館に係る年度別修繕費

大になる。特に開拓の村はオープンから36年が経過し、露出展示による資料、上下水道や電気設備等インフラ設備が老朽化し、毎年さまざまな場所で修繕が繰り返し行われている。その結果、2006年から2018年までの13年間で、計122,000千円の修繕費を拠出している。

　なぜ、法人がそこまでやるのか。それは、1983年の開村当初から当村を運営してきた自負と責任感とともに、当村がもつ歴史資源に価値を見出し、北海道近代化の過程を物語る貴重な資産を末長く後世に伝えていこうとする使命感をおいて他にはないからである。

4. 文化財保存基金と文化財保存活用基金

　法人では、当村の建造物の維持管理、修繕に利用者の協力を得るため、2013年から「文化財保存基金」と称する寄付を募っている。この寄付金によって、これまで8棟の建造物の修繕を行っている。さらに、2015年から、入場料金収入の10％を建造物の保全費に充てる「文化財保存活用基金」を立ち上げ、現在2棟の建造物の修繕を行っている。

5. 停滞する人件費

　毎年、相当額の修繕費を確保するためには人件費を抑制せざるを得ない。法人職員の2006年度の人件費単価は3,870千円、2017年度は3,637千円で、給

与のベースアップを行っていないこともあり、人件費単価が上がっていないのが現状である。

（4）課題

1. 減少し続ける道の負担金

　2015年度から2018年度までの第3期指定管理期間では、北海道の負担金が開拓の村、博物館、交流館の3施設で1,410,523千円、利用料金収入見込み額が392,385千円、計1,802,908千円であった。そして、2019年度からの第4期期間では、利用料金収入見込み額が463,392千円と過大に見積もられ、北海道負担金は逆に1,374,586千円と減額された。差引き35,070千円の損失分を法人が負担することになる。2006年度の制度導入から、道の負担金が減ることはあれど、増額や現状維持であったことはこれまで一度もない。

　さらに、指定管理者の裁量で施設内に設置していた飲料水の自動販売機が2015年以降北海道の直営とされ、自動販売機の販売収入がゼロになった。

2. 短い指定管理期間

　指定管理期間が4年間では、事業を評価することや人材育成もままならない。

　特に学芸員の育成は難しく、業務水準を達成することに注力され調査研究活動が滞っている。イベントの実施も一朝一夕にはいかない。関係機関とのネットワークや信頼を構築していくためには相応の時間を要する。常に4年ごとの指定管理切り替えのリスクが発生し、人材の確保も容易ではない。

　事業や管理運営に対する評価を行ったとしても、分析、改善、実施、評価といった一連の作業サイクルの時間がない。

　したがって、開拓の村のような博物館施設では、指定管理者制度を導入したとしても、指定管理期間の拡大と選定にあたっては非公募制が望ましい。また、指定管理期間の最終年度となる切り替え時はすべてがリセットされ、指定管理者として選定される3月まで新年度以降の利用予約を受けることができないことは、利用者サービスの低下をもたらしている。

　指定管理者制度とは本当に利用者サービスを主目的にしているのか、運営コストのカットありきなのか、疑問が残る。

（中島宏一）

2. 国際港湾都市・横浜の美術振興と美術館
──その過去・現在・未来──

［横浜美術館］

　横浜美術館（図1）は、横浜市制100周年、横浜開港130周年を記念して1989年に開催された横浜博覧会（会期：3月25日から10月1日）のパビリオンとして開設され、同年11月3日、横浜美術館条例の施行をもって正式に開館した。「みなとみらい21地区」の中心部に建設された最初の恒久施設であり、横浜市が市制百周年記念施設として設立した初の美術館であった。所管部局は、教育委員会ではなく市民局市民文化室（現・文化観光局文化芸術創造都市推進部）で、博物館法の「博物館相当施設」に分類される。

　平成年間に運営の基盤を築き活動の方向性を定めて各種の事業を展開し、2019年に開館30周年を迎えた。開館以来、芸術文化に触れる三つの様態「観る」「創る」「学ぶ」を事業設計のキーワードとし、それぞれ「展覧会事業（観る：鑑賞）」「アトリエ事業（創る：創作）」「美術情報センターの事業（学ぶ：調査・研究）」の各領域で活動を具現化してきた。この三つの様態が三位一体となり、文化活動の総体が市民やアーティストの積極的な参画をもって構築されていくことを期して運営されてきた。2021年度から、およそ2か年余り館を閉じ、収蔵庫の増設、空調システムの更新、バリアフリー化への対応等を主な目的とする改修工事に入る。そして2023年度（予定）のリニューアル・オープンの時点から、指定管理者制度導入の第3期目を迎える。

図1 横浜美術館　外観

　本節では、平成年間の美術

表1 横浜美術館 基本情報

1. 設置者	横浜市
2. 所管	横浜市文化観光局
3. 指定管理以前の運営形態	横浜市の外郭団体（財団法人）による受託運営
4. 指定管理者団体名	公益財団法人横浜市芸術文化振興財団
5. 開館年 　　指定管理者制度導入開始年	1989年 2006年
6. 選定方法	2006〜07年度（制度試行期間）：特命 2008〜12年度（第1期 5年）：公募 2013〜22年度（第2期 10年）：特命（政策協働）
7. 指定管理期間	10年
8. 運営形態	2006〜07年度：単独 2008〜12年度：財団法人横浜市芸術文化振興財団・ 　相鉄エージェンシー・三菱地所ビルマネジメント共同事業体 2013〜22年度：単独
9. 指定管理料金（受託金額）	7億59,971千円（2018年度）
10. スタッフの数	54名

館運営をめぐる社会的、文化政策的な背景を振り返り、その間の経営課題を確認し向後の展望をまとめたい。

（1）横浜における美術館の構想

　横浜市政が初めて美術館に言及したのは、おそらく、第4代横浜市長の市原盛宏が、1903年7月7日に行った所信表明においてであった。この施政方針演説に「市の装飾事業にして、例へば商品陳列場・美術館・公園・水族館・神社仏閣等の設置改善等なりとす。商品陳列場・美術館は、市民の目を楽ましむると共に、商工業上の意匠を開発するの一助となり、公園・水族館・神社仏閣等、市民一般の心身保全発育に裨補するもの少々ならざるなり」（『横浜市史第4巻 下』1968）という言及がある。ここでは、美術館が、市民の鑑賞体験の場であると共に、市の商工業の意匠開発に資する施設とされている。つまり社会教育と殖産興業（経済振興）が交錯する政策領域に美術館は位置づけられていた。

　民間の動きとしては、1936年に、横浜を拠点とする実業家・原富太郎（号：

三溪）の膨大な所蔵美術品による美術館の建設運動が、三溪に私淑した美術史家・矢代幸雄の主導でおこった（（財）三溪園保勝会編 2006）。原三溪は、社会貢献的な自覚に基づき、美術館の建設を期していたと伝えられる（矢代 1958）が、実現にはいたらなかった。

　戦後の展開としては、1963 年に第 17 代横浜市長に就任した飛鳥田一雄が横浜市立の「現代美術館構想」を示した。この構想に基づき、美術評論家の針生一郎、東野芳明、瀧口修造、中原佑介、瀬木慎一が横浜現代美術館開設準備委員会の委員に就任した。しかし、このとき美術館建設は具体化せず、結果として日本初の公立ギャラリーである横浜市民ギャラリーが開設され、そこで「今日の作家展」と題する現代美術の先鋭なシリーズ展が組織開催されることとなった（今日の作家展編集委員会ほか編 1990）。

（2）横浜美術館建設をめぐる動き

　戦前戦後における自治体と民間の美術館構想を経て、横浜市が美術館の建設に向けて具体的に動きだしたのは、1981 年であった。同年 1 月、横浜市文化問題懇談会による「横浜市の文化行政を進めるにあたって」という答申で、「美術館は市民生活に不可欠な施設」という提言がなされ、6 月に横浜市美術館基本構想委員会（委員長：山田智三郎）が設置され、翌年（1982）3 月に「横浜市美術館の基本構想のあり方について」という答申が同委員会によって示された。この答申を踏まえ、美術館の理念が「国際性を持った近・現代美術館」「美術資料の収集・保存・展示とともに美術の教育・普及と美術情報センターの機能を備えた美術館」「写真を収集する美術館」「市民・芸術家に鑑賞と創造の場を提供する美術館」と定められた。この理念に基づく大規模美術館の開館に向けて、同年 6 月、市長直属の市民局に市民文化室が置かれ、1986 年同室内に美術館開設準備室が設置された。

　美術館の建設地は、ウォーターフロントの再開発が計画されていた三菱重工業横浜造船所跡地「みなとみらい 21 地区」の中心部に決まった。建築家丹下健三の都市・建築設計事務所による基本設計が、1985 年秋にまとまり、同年 12 月 25 日に着工（1988 年建物竣工）した。そして冒頭に記した経緯をもって 1989 年に開館し、美術館として活動を開始した。

表 2　横浜美術館・横浜市政・国政変遷

西暦	横浜美術館	横浜市政	国政	画期
1963		飛鳥田一雄が市長当選。	経済白書「先進国への道」発表。	(1) 経済発展を背景とする美術館開設準備と開館初期
1965		「都市づくりの将来計画の構想」（六大事業）発表。①都心部強化、②金沢地先埋め立て、③港北ニュータウン、④高速道路、⑤高速鉄道：地下鉄、⑥ベイブリッジ		
1968		飛鳥田一雄が市長再選。		
1978		西郷道一が市長当選。「六大事業」の継承と完成に尽力。		
1982	美術品の収集を開始（横浜市）。			
1987	財団法人横浜市美術振興財団設立。市の外郭団体として横浜美術館を管理運営。			
1988	建物竣工。横浜美術館条例制定。			
1989	11/3、横浜美術館条例施行。横浜美術館開館。	ヨコハマ博覧会（YES '89）		
1990		高秀秀信が市長に当選。	バブル経済の崩壊。	
1991		財団法人横浜市文化振興財団設立。		
1995			阪神淡路大震災発災。	(2) 景気後退を背景とする制度改革期
1999			独立行政法人通則法、独立行政法人国立美術館法、PFI 法制定。	
2001		ヨコハマトリエンナーレ 2001 開催	小泉内閣の「骨太方針」。文化芸術振興基本法制定。	
2002	財団法人横浜市芸術文化振興財団設立。横浜美術館など市設の主要な文化施設を管理。	中田宏が市長に当選。		
2003		「クリエイティブシティ・ヨコハマ」事業に着手。①想像界隈形成／②映像文化都市／③ナショナルアートパーク（仮称）構想	指定管理者制度：地方自治法244条の2の改正。	
2004		文化芸術都市創造事業本部設置。		
2006	指定管理者制度導入。			(3) 指定管理制度導入の第1期：政権交代と事業仕分け
2008	第1期指定管理者（横浜市芸術文化振興財団・相鉄エージェンシー・三菱地所ビルマネジメント共同事業体）。		公益法人制度改革関連3法完全施行。	
2009	財団法人横浜市芸術文化振興財団が公益財団法人に移行。	林文子が市長に当選。	民主党政権（鳩山内閣）。事業仕分け（行政刷新会議）導入。	
2011	ヨコハマトリエンナーレ 2011 開催、定点会場となる。	文化観光局設置。	「文化芸術の振興に関する基本的な方針」閣議決定。東日本大震災発災。	
2012			自民党政権（安倍内閣）。	
2013	第2期指定管理者（公益財団法人横浜市芸術文化振興財団）。	林文子が市長に再選。		(4) 指定管理者制度導入の第2期：観光資源や地域振興のための文化芸術振興
2014	ヨコハマトリエンナーレ 2014 開催。			
2017	ヨコハマトリエンナーレ 2017 開催。		文化芸術基本法制定。	
2019	開館 30 周年。			

（3）横浜美術館の沿革

　横浜美術館の建設は、高度経済成長期の飛鳥田市政における六大事業計画を発端とする。美術館の建設と開館後の運営に関する経過を、市政と国政の動向、経済状況の変動を踏まえて一覧（表2）にすると、概ね四期に画期できる。

1. 経済発展を背景とする美術館開設準備と開館初期（1963-95）

　横浜美術館は、1960年代後半から相次いで建設された地方自治体の美術館としては後発であった。バブル時代に建設計画が推進されて竣工し、バブル崩壊に伴う景気後退期に、開館直後の5か年を経験した。この間、運営にあたった財団法人横浜市美術振興財団は、横浜市からの補助金のシーリングと減額はあったが比較的潤沢な予算に恵まれ、在京の大手マスメディア等と共催する大規模な企画展（収益事業）を適時開催して、赤字事業や非収益部門の経費を補完し、館全体の経営状況は概ね健全であった。

2. 景気後退を背景とする制度改革期（1996-2005）

　バブル経済が崩壊し地方財政が逼迫する状況下、横浜市も外郭団体の統廃合を推進した。横浜美術館を運営してきた財団法人横浜市美術振興財団も、財団法人横浜市文化振興財団と統合されて財団法人横浜市芸術文化振興財団に改編された。横浜美術館や横浜市民ギャラリーを拠点にファイン・アートの振興に努めてきた組織と、横浜みなとみらいホールや横浜能楽堂などにおけるパフォーミング・アーツの振興と区民文化センターなどの運営に従事してきた組織の統合においては、その異なる専門性から特に専門人材の人事交流が難しく、事業・運営形態の多様化と経営規模の拡大に伴い繊細な経営戦略の立案が求められた。こうした動向は、地方行革におけるNPM（New Public Management）やPPP（Public Private Partnership）といった理念を背景としており、この考え方に基づく一連の制度改革のなかで、2003年の地方自治法第244条の改正に伴う2006年の指定管理者制度の導入は、美術館の経営に最も深刻な影響を及ぼした。

3. 指定管理制者度導入の第1期：政権交代と事業仕分け（2006-12）

　2003年度から2か年度の制度試験導入期を経て、2006年度から公募によって指定管理者が選定された。財団法人横浜市芸術文化振興財団は、相鉄エージェンシー及び三菱地所ビルマネージメントと共同事業体を組織し指定管理者と

なった。指定管理期間は5か年である。この期の課題としては、横浜市の所管部局が示した「業務の基準」に対して、指定管理者が提案した事業内容が過大であり、それに対して運営体制と予算案が貧弱であった点があげられる。公募による競争原理を意識し、端的にいえば、組織的体力を超えた提案書となっていた。指定管理者制度導入の第1期は、採択されたこの提案書に基づき、受益者負担の増額や外部資金に依存する事業設計などが画策されるも、経営状況は逼迫した。

　さらに、この期においては、自由民主党を中心とする政権から民主党による政権へ交代し、国政が大きく動いた。「文化芸術創造都市」政策を推進する横浜市が、その基幹事業の一つに位置づける国際展「横浜トリエンナーレ」は、外務省が所管する特殊法人（のちに独立行政法人）国際交流基金が主催組織の一員として事務局を担っていたが、新政権による事業仕分けの結果、これが主催から外れた。そして2011年から横浜市芸術文化振興財団が共催（のちに主催）組織となり、横浜美術館は同年の第4回ヨコハマトリエンナーレから主会場に位置づけられた。施設の管理運営を担う指定管理者が、「文化芸術創造都市」政策のもと施設の枠を越えて「まちにひろがる」ことを旨とするトリエンナーレ事業の実施に深く関わることになり、指定管理者制度の本旨と横浜市の政策目標のあいだで、矛盾を自覚しながら目前の事業に取り組む状況が続いてきた。横浜トリエンナーレは新しい価値の発信という観点で横浜美術館の国際的な認知度を高めている。その一方で、3年に一度、国費と市費が投下されるナショナルプロジェクトを安定的に継続開催していくための実施体制の再編、必要人材の確保による組織強化が未解決の課題となっている。

4. 指定管理者制度導入の第2期：観光資源や地域振興のための文化芸術振興 (2013-)

　横浜市は「横浜美術館の指定管理者の候補者の選定等に関する要綱」を2012年4月1日付で施行し、「政策協働による指定管理」という手法を先駆けて導入した。翌年度から始まった指定管理者制度導入の第2期においては、この手法によって公益財団法人横浜市芸術文化振興財団が指定管理者に指名された。指定管理期間は10か年となった。この期においては、2001年に制定された文化芸術振興基本法が、2017年に文化芸術基本法に改正されたことを国政における大きな動きとして特筆しなければならない。改正の趣旨は、文化芸術

の振興にとどまらず、観光、まちづくり、国際交流、福祉、教育、産業その他の各関連分野における施策が法律の範囲に取り込まれ、文化芸術によって生み出される諸価値を、その継承、発展及び創造に活用するという点に集約できる。この法改正によって、文化芸術は、文教政策だけではなく、観光・地域振興、産業振興などの経済政策を支える要素にも位置づけられた。さらに、地域の特性に応じた施策の策定と実施が地方公共団体の責務とされ、法の基本理念を実現するために国、独法、地方公共団体、文化芸術団体、民間事業者などの関係者が連携協働することが記されている。横浜市は、「文化芸術の振興」「創造都市（まちづくり）」「観光 MICE 誘致」の三つの施策連携とそのシナジーによる「経済の活性化（賑わい）」の実現を政策目標としている。横浜美術館は「政策協働による指定管理」の手法が導入されている施設であれば、直接・間接にこの政策の実現に向けて協働し目標達成に寄与することを強く求められている。

（4）今後の展望と課題

　表3は、指定管理制者度導入の第1期（初年度、最終年度）、指定管理者制度導入の第2期（前期最終年度）の決算である。指定管理料は使途が特定されているわけではないものの、その相当額が義務的経費（人件費、事務費、管理費、公租公課その他）でほぼ消尽され、収益・非収益を問わず事業費は、自主財源（事業収入、利用料収入、協賛・助成金等）によって概ね賄われる収支構造となっている。指定管理者の経営努力によって収支改善が図られ、投下される市費が抑えられたという点は、制度目的にかなった結果といえるだろう。

　一方で、地方公共団体の美術館、博物館において、そこで実施される自主事業（収益、非収益）に公費がほとんど投入されないという事例は、おそらく稀であろう。横浜美術館がそのような経営を継続できている要因は、一つには館の立地条件に求められる。首都圏に位置し、公共交通機関の便がよく、メディア等と共に出資し共催する予算規模の大きな展覧会を開催しても、集客によるさまざまな収益によって概ね経費を回収できてきた。しかし、こうした大規模な展覧会の開催が、費用対効果の観点から、上野公園や六本木の施設に集中する傾向がますます顕著になる状況下、これまでと同じ事業と予算のあり方を踏

表3　指定管理者制度下の収支決算

【収入】

単位：千円

費目	H20（2008）	H24（2012）	H27（2015）
芸術文化事業収入（ア）	228,882	231,841	189,654
指定管理料（a）	550,000	637,500	759,971
利用料収入	81,643	68,289	60,929
施設利用料	3,446	4,528	4,019
コレクション展収入（イ）	42,231	33,252	25,168
駐車場収入	35,966	30,509	31,742
美術館店舗	70,288	319,450	62,149
負担金収入	3,095	8,140	5,742
うち事業収入（ウ）	2,595	6,303	3,668
協賛金/助成金/寄附金収入（エ）	80,367	15,318	15,999
雑収入	1,962	1,467	1,492
合計①	1,046,237	1,282,005	1,095,936

【支出】

費目	H20（2008）	H24（2012）	H27（2015）
人件費（b）	309,036	345,259	329,104
職員人件費	294,738	329,231	312,215
アルバイト	14,298	15,654	16,859
非常勤職員		374	30
事務費（c）	271,244	190,271	240,732
管理費（修繕・光熱水）（d）	143,088	101,237	100,840
店舗等事業費	48,459	217,665	46,635
事業費（オ）	276,775	285,168	363,279
合計②	1,048,602	1,139,600	1,080,590

【収支差額】

収支差額	H20（2008）	H24（2012）	H27（2015）
①－②	▲2,365	142,405	15,346

事業収支差額	H20（2008）	H24（2012）	H27（2015）
（ア＋イ＋ウ＋エ）－オ	77,300	1,546	128,790

義務的経費収支差額	H20（2008）	H24（2012）	H27（2015）
a－（b＋c＋d）	▲173,368	733	89,295

襲していたのでは、横浜美術館の経営は破綻する。こうした展望を設置者である横浜市と共有し、「文化芸術の振興」施策が具体化される現場である美術館が、誰のために、そもそもどのような設置理念に基づいて活動を展開してきたのか、そして、いくべきなのか、改めて問い直す必要がある。さらに「文化芸術の振興」施策と他の施策との連携によるシナジーに着目すると同時に、むしろ等閑視されがちなアナジーの分析とその回避の重要性にも目を向けなければならない。閉館改修後のリニューアル・オープン時（2023年）から指定管理者制度導入の第3期に入る。このタイミングは、その再検証の好機である。

参考文献

今日の作家展編集委員会・横浜市民ギャラリー編　1964-1989『今日の作家展 1964-1989』横浜市教育委員会

（財）三溪園保勝会編　2006『三溪園100周年　原三溪の描いた風景』神奈川新聞社

矢代幸雄　1958『藝術のパトロン』新潮社

横浜市編　1968『横浜市史　第4巻　下』有隣堂

（柏木智雄）

3. 多彩な文化・社会教育施設を運営する

［大垣市文化事業団］

（1）指定管理と直営、文化・歴史施設の混在：相互の特性を活かす運営

　岐阜県西濃地方に位置する大垣市は、県庁所在地の岐阜市に次いで、県内第2位の人口約16万人を擁する産業文化都市である。古くから交通の要衝として栄え、江戸時代には譜代大名戸田氏が大垣藩十万石の藩主として、明治維新に至るまで11代にわたる治世を築いた。藩主による学問奨励から、現在に至るまで文教都市を掲げると共に、近年は「子育て日本一」の街づくりをめざしている。

　また、平成の大合併では旧市域より広い上石津町と、墨俣町の2町と飛地合併を行った。大垣市には合併以前より、市内各地の風土と歴史に根ざした小規模博物館施設が点在しており、合併後さらに増加した施設は、市による直営と指定管理施設による運営が混在している（表1）。

　従来、博物館施設をはじめとした文化施設の運営の中核を担ってきたのが、公益財団法人大垣市文化事業団である。大垣市文化事業団（以下、当財団）は、1994年に全額大垣市出捐による財団法人として設立され、大垣市における文化施設、博物館施設の運営を担ってきた。2006年に大垣市が指定管理者制度を導入すると、指定管理者となり、第1期（4年）は特定指定、第2期（4年）、第3期（5年）は公募による指定を受けている。しかし、2019年4月からの第4期指定管理に際し、大垣市は方針を変更し、指定管理者制度を導入していた博物館等の文化施設のうち、7つすべての郷土歴史施設を市直営に戻した。一方で、公募による指定管理施設の大垣市文化会館・学習館と市民会館については、非公募による特定指定となった（表2）。

　大垣市における郷土歴史施設は、いずれも分類上は、博物館類似施設である。どの施設にも共通することは、施設の所在地域と展示内容が密接に関わっていることと、常設展示を中心とした小規模施設であることの2点である。

表1　大垣市における文化施設の管理状況（2018 年）

郷土歴史施設		そのほか文化施設	
指定管理（7 施設）	市直営（4 施設）	指定管理（2 施設）	市直営（4 施設）
大垣城 歴史民俗資料館 郷土館 輪中館 輪中生活館 金生山化石館 赤坂港会館	墨俣一夜城 　（墨俣歴史資料館）＊ 上石津郷土資料館＊ 奥の細道むすびの地記念館 　（芭蕉館・先賢館）＊＊ 旧清水家住宅＊＊	文化会館・学習館 市民会館	守屋多々志美術館 日本昭和音楽村＊ 時山文化伝承館＊＊ 墨俣さくら会館＊

＊合併により増加した施設。　　＊＊合併後に新設された施設

表2　大垣市文化事業団に係る市指定管理者制度運用

期	期　間	年	文化会館・学習館	市民会館	郷土歴史施設
1 期	2006 年 4 月 1 日～2010 年 3 月 31 日	4 年	特定指定		
2 期	2010 年 4 月 1 日～2014 年 3 月 31 日	4 年	公　募		
3 期	2014 年 4 月 1 日～2019 年 3 月 31 日	5 年	公　募		
4 期	2019 年 4 月 1 日～2024 年 3 月 31 日	5 年	特定指定		直　営

　施設と所在地域の密接な関わりでは、大垣城は、戦災で焼失した旧国宝の天守を跡地に復元したものである。藩主を顕彰する郷土館は、最後の家老屋敷跡にある。水防の歴史をたどる輪中館は、輪中地帯にある。日本古生物学発祥の地ともいわれる金生山の化石を紹介する金生山化石館は、その名のとおり金生山麓にあるといった具合である。地域や風土と密接に結びつく一方、集約された総合博物館ではないため、内容を特化した小型施設となっている。また、大垣城を除いた施設は1982 年からの約 10 年に設置が集中しており、まもなく開館から 40 年を迎えようとしている。いずれの施設も、展示内容等を見直してはいるが、根本的な大改修及びリニューアルは行われていない。

　施設の館長は、退職した教職員であり、専属の学芸員は配置していなかったため、大垣市文化会館・学習館に勤務する学芸員が集中管理していた。経理等についても同様である。また、職員は館長を含め嘱託、臨時の期間雇用職員（一部、正職員配置あり）が中心であり、施設における配置人数は平均して 3～4 名程度であった。

表 3 大垣市文化会館・学習館（大垣市文化事業団）基本情報

1. 設置者	岐阜県大垣市
2. 所管	大垣市教育委員会
3. 指定管理以前の運営形態	財団法人大垣市文化事業団への運営委託（1994 年〜）
4. 指定管理者団体名	公益財団法人大垣市文化事業団
5. 開館年	文化会館：1975 年　学習館：1992 年 学習館こどもサイエンスプラザ：1995 年
指定管理者制度導入開始年	2006 年
6. 選定方法	第 1 期　2006〜09（4 年）非公募 第 2 期　2010〜13（4 年）公募 第 3 期　2014〜18（5 年）公募 第 4 期　2019〜23（5 年）非公募（特定指定）
7. 指定管理期間	5 年
8. 運営形態	単独
9. 指定管理料金（受託金額）	1,329,795 千円（2019〜23 年度）
10. スタッフの数	正規職員 16 名、 非正規職員（再任用、嘱託、臨時雇用）17 名（うち非常勤 0 名）

　また、郷土歴史施設 7 施設中、企画展示室を有するのは郷土館のみであり、その他の施設では、常設展示室の一角を活用したり、会議室を利用して、企画展示を実施していた。

　こうした小規模施設では、展示スペースの制約があり、できることに限りがある。そのため、企画展示の準備や、広報、経理等を財団事務局と分担して行うことで、効率的な運営に努めていた。

　次に、引き続き第 4 期指定管理館となった大垣市文化会館・学習館について述べたい。同施設は複合施設となっており、音楽専用ホールや多目的ホール、貸展示室などの文化会館機能のほかに、市所蔵美術品の展示や企画展を開催する専用美術展示施設「アートギャラリー」、水の都大垣にちなんだ水の科学館「水のパビリオン」、SL の保存展示や天体観測室を備えた科学館「こどもサイエンスプラザ」、150 席を擁するプラネタリウムドーム「コスモドーム」といった科学博物館機能を有しており、複合施設としての特性を活かし、アートとサイエンスの領域を横断する事業展開を可能にしている。

　当財団では、事業の指針として、地域の魅力を発信し、次世代の育成に取り

組む「創造都市事業」と、文化による人のつながりを構築し、社会のセーフティネットとなる「社会包摂事業」を掲げている。舞台芸術をはじめとした事業の実施にあたっては、郷土の風土や歴史に関連したプログラムを実施するだけではなく、遠方からの来場者に大垣市のことを知っていただくため、チケット提示で市内の博物館施設に無料入館できるサービスを提供してきた。これらは、文化施設と郷土歴史施設を双方運営しているからこそ、取り組めたことである。また、郷土歴史施設は、アンケート結果から、市内在住の来館者が少ないことがわかっていた。各種企画展示や、地域住民の作品発表展示など、社会教育施設的なイベント等を多数開催していたものの、小規模施設のため、市民に変わり映えがしない施設といったイメージが定着していたと思われる。こうした分析を踏まえ、無料入館のサービスは、市民が郷土歴史施設に足を運び、ふるさとを見つめ直してほしいとの考えから実施したものである。さまざまな取り組みの結果、13 年間にわたる指定管理期間を通して、郷土歴史施設のなかには大垣城や郷土館のように大きく来館者数を伸ばした施設もあり、成果をあげることができた（図 1）。

（2）指定管理者制度の運用変更：その目的と新たな課題

　次に、大垣市による指定管理者制度の運用変更についてみてみることにする。大垣市は、指定管理者制度の運用方針の変更には、二つの目的があると述べている。一つ目は、市の文化振興計画に、地域に点在する文化遺産や地域資産、文化財、史跡と博物館施設をネットワーク化し、市全体を大きな野外博物館として捉える「大垣まるごとミュージアム構想」を掲げていること（図 2）。これを実現するために、市直営施設と、指定管理施設の混在を解消し、事業と広報の一元化を実施することで、より効率的・効果的に構想を実現させたいというものである。二つ目は、施設の設置目的が公益法人の設立目的と密接不可分である場合に特定指定とすることで、公益法人にその使命を効果的かつ効率的に果たさせるというものである。

　こうした背景により、当財団による郷土歴史施設の管理運営は 2019 年 3 月をもってすべて終了し、財団は大きな転機を迎えることとなった。

　郷土歴史施設の直営化は、大垣市にとっても、施設運営に大きな変化をもた

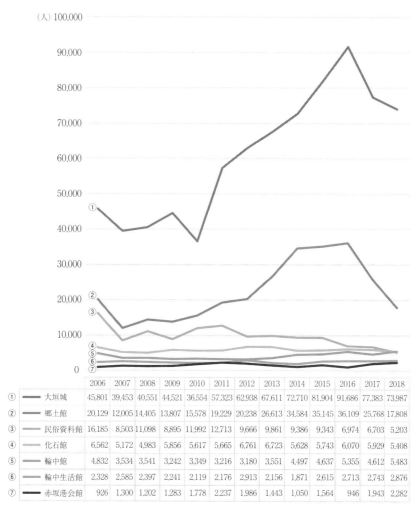

図1　郷土歴史施設入館者数推移

		2006	2007	2008	2009	2010	2011	2012	2013	2014	2015	2016	2017	2018
①	大垣城	45,801	39,453	40,551	44,521	36,554	57,323	62,938	67,611	72,710	81,904	91,686	77,383	73,987
②	郷土館	20,129	12,005	14,405	13,807	15,578	19,229	20,238	26,613	34,584	35,145	36,109	25,768	17,808
③	民俗資料館	16,185	8,503	11,098	8,895	11,992	12,713	9,666	9,861	9,386	9,343	6,974	6,703	5,203
④	化石館	6,562	5,172	4,983	5,856	5,617	5,665	6,761	6,723	5,628	5,743	6,070	5,929	5,408
⑤	輪中館	4,832	3,534	3,541	3,242	3,349	3,216	3,180	3,551	4,497	4,637	5,355	4,612	5,483
⑥	輪中生活館	2,328	2,585	2,397	2,241	2,119	2,176	2,913	2,156	1,871	2,615	2,713	2,743	2,876
⑦	赤坂港会館	926	1,300	1,202	1,283	1,778	2,237	1,986	1,443	1,050	1,564	946	1,943	2,282

らした。直営化から4か月を経た本節執筆時点では、従来、施設ごとに作成されていた案内パンフレットは集約され、郷土歴史施設全体が俯瞰できるようになった。各施設のイベント情報についても、年間を通じた情報が発信されることとなった。加えて、入館料についても、条例の見直しにより、単館ごとから、近接する施設をセットにした取り扱いに変更された。これにより施設入館

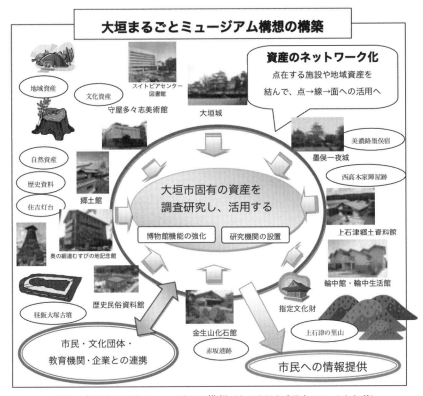

図2 大垣まるごとミュージアム構想（大垣市教育委員会 2011 より転載）

者数が増加傾向になっただけではなく、郷土の歴史を広く紹介することができ
るようになった。

　こうした改善は、決して思いつきによるものではない。指定管理時代におい
ても、各郷土歴史施設の事業は、個別に情報発信するだけではなく、財団の情
報誌やパンフレット、ウェブサイト等で包括的な情報提供に努めてきた。ま
た、条例の範囲内で施設の共通入館券を作成し、入館者数の増加を図ってき
た。市による改善の取り組みは、当財団の取り組みを踏まえた「大垣まるごと
ミュージアム構想」を実現するための施策である。

　当財団も、科学博物館施設含む指定管理施設の運営においては、利用者への
案内サインの改善や、プラネタリウムの番組リニューアルなど、創意工夫を凝

らし、利用者の満足度を高めることに努めている。

　大垣市における文化施設と郷土歴史施設は、それぞれ新たな運営体制で歩み始めたところだが、課題もある。

　郷土歴史施設の運営は、当財団の事業指針の一つ「創造都市事業」の一角を担うものであった。従来は、文化施設と郷土歴史施設の双方を運営する立場から、郷土の歴史を文化事業の題材に取り込んだり、施設の無料入館サービスを提供することで、展示施設と文化事業をリンクさせた街の情報発信を試みてきた。今後は、歴史文化資源だけではなく、地域の風土や環境などを題材に、地域活性化への取り組みを積極的に展開していくことが求められるだろう。

　また、郷土歴史施設では、指定管理館だったころは、事業と施設管理のどちらも、新たな取り組みにスピード感をもって対応することが可能であった。一例として、SNSの活用があげられる。SNSは、広報・情報発信ツールとしての役割を確立しており、当財団による指定管理時代も、情報発信等に活用していた。また、ホームページでもイベントや展覧会の様子、コラムなど随時記事の発信に取り組んできた。こうしたSNS等の取り組みは、即時性や自由度が高い一方、情報の発信管理には難しい問題がある。直営化後は、4か月を経て、一部施設での運用が徐々に再開されつつあるものの、多くの施設はSNSやホームページによる随時情報の発信を休止している。電子情報発信の重要性がますます高まるなか、どのように運用していくかが、課題の一つといえるだろう。

　大垣市における郷土歴史施設の直営化という動きは、指定管理者による管理運営の限界ということではない。自治体が郷土歴史資源を積極的に活用していくという方針のもとに、新たな取り組みを始めたのである。また当財団にとっても、舞台芸術・美術・科学の3分野にリソースを集中できる。市と当財団とが、それぞれの役割をもち、地域の文化力向上をめざそうとするものである。

　大垣市の挑戦は、まだ始まったばかりである。

参考文献
　大垣市教育員会　2011『大垣市文化振興計画』

（村瀬　健）

4. 城郭と考古をテーマとするフィールドミュージアムの拠点

［滋賀県立安土城考古博物館］

　滋賀県立安土城考古博物館は、1970年に設置された「近江風土記の丘（特別史跡安土城跡・史跡観音寺城跡・同大中の湖南遺跡・同瓢箪山古墳で構成）」の中核施設として同年に開館した滋賀県立近江風土記の丘資料館（1987年閉館）の機能を継承し、風土記の丘を活性化させ、魅力的な歴史公園として再整備するため、1992年11月に同地に新たな建物と名称を得て開館した。その主なテーマは「城郭と考古」で、基本となる4史跡に関わる資料を収集・研究・展示し、関係する時代の歴史や文化の理解を深めることを使命とする。開館以来、近江に基盤を置きつつも、テーマである弥生・古墳時代や城郭、戦国・安土桃山時代について、全国を視野に入れた特別展を開催してきた。その回数は、指定管理者制度導入以前は、年間に特別展2回・企画展2回。また年間に、展覧会や館のテーマに関連した講演会や講座を12本前後、勾玉づくりなどの体験講座6回程度と2日連続の「子供考古学教室」を1回、コンサートやお茶会などのイベントを5回程度実施していた。1996年に文化財保護法第53条に定められた重要文化財公開承認施設に承認され、2000年には博物館法による登録博物館となった。

　指定管理を受ける滋賀県文化財保護協会（以後「協会」とする）は、やはり1970年に設立され、同資料館等の施設の管理運営と、文化財保護・保存事業に対する資金の貸付、埋蔵文化財発掘及び整理調査受託、文化財に関する講演会等の開催や出版物の発行事業を担ってきた。

図1　滋賀県立安土城考古博物館　外観

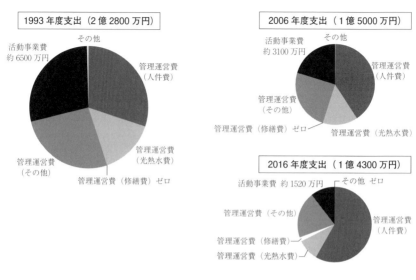

図2 滋賀県立安土城考古博物館支出内訳比較（円の大きさは予算規模を反映）

当館の運営は、当初は県直営も検討されたが、最終的に協会の管理委託とな
る。資料館から博物館への規模拡大に伴い、1992年には、筆者を含む新規職
員（学芸員2・事務職員1）も採用された。

　開館後の入館者数の変遷と経営状況を、3〜4年おきにデータを抽出した表2
をもとにみてみよう。入館者数は、1994年度の約8万5000人をピークに減少
するが、1997年度以後は5万人を標準値として、その前後で比較的安定した
数値を保っていた。しかし2013年度以降は減少の一途をたどり、2018年度に
は3万3838人を記録する。これに対して県からの管理委託料（＝年間支出）
は、2億2000〜3000万円だったものが開館5年目（1997年）頃から減少し始
め、指定管理者制度導入前年（2005年）には1億6000万円となる。導入以降
は、概ね1億3000万円前後が、利用料金も含めた予算規模となった。

　2006年4月より、滋賀県が指定管理者制度を導入したため、協会が指定管
理者として当館の管理運営を代行することとなる（髙木 2007）。初回更新時
（2011年）には公募制導入の動きもあったが、導入されることなく、現在3期
目に入っている（髙木 2019）。

表1　滋賀県立安土城考古博物館　基本情報

1. 設置者	滋賀県
2. 所管	滋賀県文化スポーツ部文化財保護課（2020年4月より）
3. 指定管理以前の運営形態	財団法人滋賀県文化財保護協会（当時）による管理委託
4. 指定管理者団体名	公益財団法人滋賀県文化財保護協会（現在）
5. 開館年 　 指定管理者制度導入開始年	1992年 2006年
6. 選定方法	非公募
7. 指定管理期間	5年
8. 運営形態	単独
9. 指定管理料金（受託金額）	132,794千円（2016年度）
10. スタッフの数	館長1名・管理課長1名・管理課員2名（うち嘱託1名）・学芸課長1名・学芸課員5名（うち嘱託1名）　以上全員が常勤職員

　導入前後で変化した点は、1）予算の組み方、2）修繕費の負担方法、3）経費節減と運営努力、4）職員の採用と補充、である。

　1）については、指定管理者制度導入前は入館料や図録販売などの収入はすべて県に納め、その額にかかわらず運営にかかる費用は全額、県の管理委託料で賄われていた。導入後は利用料金制が取り入れられ、管理委託料の一定額を館の入館料及び図録等の販売収入で賄うこととなる。その「一定額」は導入前3年間の収入額の2割増と設定され、その残りが県から指定管理料として支給される。利用料金が目標額に達しなくても、利用料金と指定管理料の合計金額で、館の運営を行っていかなければならないシステムだ。館としては、さまざまな努力で利用料金を増加させなければ、充実した活動ができなくなる。

　2）すなわち博物館建物等の維持については、導入前は必要に応じて県に要求して実施してきた。とはいえ、新築の建物で15年未満では、さほど目立った故障や破損・機器更新の必要は生じていない。指定管理者制度導入時に県と協会で交わされた協定書では、100万円未満の修繕費は指定管理者が負い、それ以上の場合は県が負うことになっている。竣工から20年程は大きな問題はなく修繕費も必要なかったが、2012年以降、建物や機器の各所に問題が生じ始める。表2で、それまで見られなかった「修繕費」が2013年度以後計上されているが、始まりは2012年度（約280万円）であった。常識的にみて、築

表 2　滋賀県立安土城考古博物館の運営経費

		管 理 委 託				
		1993（平 5）	1996（平 8）	1999（平 11）	2002（平 14）	2005（平 17）
入館者数（人）		77,918	64,477	54,117	59,019	43,922
収入	入館料					
	図録等					
	合計					
	管理委託料／指定管理料	228,556,951	231,964,862	215,276,033	203,249,223	161,108,322
支出	管理運営費 人件費	68,623,614	73,362,341	85,416,533	87,856,332	73,135,463
	光熱水費	33,997,906	34,881,949	27,848,000	25,610,458	23,524,031
	修繕費	0	0	0	0	0
	その他	59,677,783	63,010,090	57,369,875	49,533,557	31,984,293
	活動事業費	64,932,106	59,085,774	44,641,625	40,248,876	32,464,535
	その他	1,116,485	139,935	178,716	31,590	11,823
合　　計		228,347,894	230,480,089	215,454,749	203,280,813	161,120,145
活動事業費の割合（%）		28.4	25.6	20.7	19.8	20.1
収支比率（%）		—	—	—	—	—
資料購入費		20,000,000	10,000,000	8,000,000	8,000,000	6,000,000

20 年を経た建物や機器の更新は必至であるが、県予算の獲得は時間がかかる上に難しく、指定管理料の中から捻出して応急処置を繰り返すこととなる。2016 年から、ようやく県予算で屋根・外壁・一般空調機の更新が始まるが十分ではなく、博物館の中枢たるべき収蔵庫の空調機に至っては、2019 年時点で 4 機のうち 2 機しか更新できていない。また、これらの修繕費の負担は、指定管理の運営費を圧迫する一因となっている。

　常設展示室のリニューアルは、開館 10 年目の 2001 年に、滋賀県教育委員会及び協会と共同で行った大規模な企画展「湖国 21 世紀特別企画　20 世紀近江発掘ベスト 10 展」にあわせた常設展示の一部改訂という形で、若干の追加予算で展示ケースの増設や造作物・模型の配置替えを行ったが、それ以後は実現できていない。なお、当館の 5 年後（1997 年）に開館した県直営の滋賀県立琵琶湖博物館は、2012 年より大規模なリニューアル事業に着手し、2016 年度に第 1 期リニューアルのオープンを遂げている（現在は第 2 期着手中）。

　3）は、指定管理者制度導入後の取り組みである。削減された運営費で十分な活動を続けるためには、経費節減と増収への取り組みが不可欠となる。

　経費節減は、管理委託料縮減のなか以前より取り組んできたが、指定管理者

指　　定　　管　　理			
2006(平18)	2010(平22)	2013(平25)	2016(平28)
58,107	55,884	44,343	43,710
18,538,755	15,797,282	15,495,570	14,642,460
5,564,229	5,967,314	5,904,126	5,968,137
24,102,984	21,764,596	21,399,696	20,610,597
139,399,048	127,725,715	128,692,000	132,794,000
62,276,295	66,171,080	79,268,383	83,509,635
21,498,755	22,505,023	15,154,284	13,592,168
0	0	2,179,311	2,241,247
37,548,167	32,450,290	32,275,269	28,864,332
31,170,568	25,213,429	19,134,521	15,267,648
32,796	4,790	0	0
152,526,581	146,344,612	148,011,768	143,475,030
20.4	17.2	12.9	10.6
15.8	14.9	14.5	14.4
6,000,000	0	0	0

※本表は当館管理課長（当時）木津忠伺が作成した毎年のデータを筆者が抽出・統合・加筆して作成した。

　制度導入後はさらに工夫を重ねた。警備・メンテナンス・清掃それぞれの外部委託を単年度契約から複数年度契約に改めて入札を行い、光熱水費は電力会社を入札で決めることで、それぞれコストダウンを図る。印刷物も、ポスター・チラシ・チケット等は、完全原稿を内部で作成してスピード印刷を活用することで経費を削減。特別展・企画展ごとに作成していたチケットを、共通デザインで大量印刷して単価を落とす。外注していた展示パネルやキャプションも、大型プリンターでデザインから印刷・貼込・裁断まで内部で製作するよう変更した。ただし、印刷物やパネルの作成で職員の仕事量は増え、チケットの共通化による展覧会ごとのアピール力低下も否定できず、手放しで評価できるものではない。それでも、減少する運営費の歯止めには、十分貢献している。
　増収については、入館料収入増すなわち来館者増が最も効果的なのだが、展覧会をはじめとした学芸活動の資金である「活動事業費」は、図2・表2にみえるように指定管理者制度導入時点で開館頃の半分、2016年度でさらに半分と、当初の4分の1以下に激減しており、広告費どころか資料輸送や謝礼にすら十分な費用を割けない状況に陥っている。資料購入費も2007年度でなくなり新規収蔵もままならず、立地条件の悪さのなか、入館者数の劇的な増加は難

しい。それでも努力の甲斐あって、指定管理者制度導入から5年ほどは、ある
程度の回復傾向はみられた。

　展示内容は、一定のレベルは保持していると自負しているが、当館の入館者
数はその内容よりも、世間の話題（テレビ番組や映画等による安土の注目度）
や、安土町全体の観光的盛り上がりなどの外的要因に左右される傾向が強い。
ホームページの工夫やフェイスブックなどを利用しての広報に努めるととも
に、2期目の2011年度以降は、講演会・講座を増やして来館を促している。
講座回数は最も多い年で47回を実施し、導入以前の実に3倍以上になる。一
連のテーマを設定する「連続講座」も始め、特に戦国物は人気が高い。その他
にも館の知名度を上げるため、京都や大阪のカルチャーセンター等への講師派
遣も行っている。また、学芸員は館内外での講演活動も公務として行い、講演
料を館の収入に充てるようにしている。これらは一応の効果は認められる反面
で、職員の負担が増すという課題も残る。また、講座への参加者が入館に結び
ついていないというジレンマも、工夫は続けているが改善できていない。

　図録をはじめとする物品の売り上げも利用料金となるため、これにも力を入
れ、オリジナルグッズを開発・作成するとともに、外部委託販売（当館図録を
外部で販売、他館図録や一般書籍を館内で販売）にも着手。図録については、
特に1期目に増刷で収入増を図り売り上げを倍近くに伸ばした（ただしそのた
めに2期目の利用料金目標額が8割増となった）が、協会が公益法人化に直面
した2011年度以降は積極的な刊行は自粛を余儀なくされ、販売価格もより公
益性に鑑み、ほぼ製作原価に依拠して定めることになった上、発行より一定期
間を経過した図録は値引きを実施。増刷もなくなり、近年は売れ筋の図録から
次々と在庫切れになり、主力商品不足に頭を悩ませている。

　4）の職員の採用と補充は、まだ表面化していない。というよりも、そこに
問題がある。現在の協会は、「埋蔵文化財発掘および整理調査受託」事業のた
めの技師が大多数で、そのための考古専攻の技師を採用する名分はあるが、歴
史や美術の人員は博物館配属の学芸員枠しかないため、現職に加えての採用は
以前から難しかった。指定管理者制度導入後は、指定管理期間を越える採用に
慎重になる傾向も出てきた。現在の学芸員の年齢構成は、30歳台1人のほか
は50歳台で、高齢化が甚だしい。収蔵する指定文化財や寄託資料には個別の

配慮を要するものもあり、既存の建物や機器に即して環境を維持するノウハウ
も、引き継ぐ必要がある。世代交代の時期を目前にして、収蔵品の保管管理業
務を十全に引き継げるのか、不安を感じるところである。また、職員の高齢化
による人件費の増加も切実である。運営費支出全体に占める人件費の割合は、
1993 年に 30％ であったものが、2006 年（指定管理者制度導入年）には 40
％、2016 年には 58％ と増加した（図 2 参照）。

　以上、当館の指定管理者制度導入前後の変化を紹介した。制度導入のメリッ
トは、以前に比して館職員の経費節減や運営への責任感が増し、努力や工夫の
成果も認められること。各学芸員が展示や普及啓発活動などで研究成果をより
わかりやすく一般に還元し、社会的ニーズに応える意識も向上した。一方、デ
メリットとして、委託者側に第一義的責任のある施設・設備のメンテナンスに
対する切実感が薄くなったように感じられる。毎年の予算要求を通して委託側
の担当職員に館運営の実情を説明し、訴える機会がなくなったことは、双方に
とって事務的省力化になってはいるが、委託者の予算確保が困難さを増すなか
で、受託者が実態の切実さや修繕・更新の優先順位などを的確に伝え、互いに
知恵を出しあう余地も失っているように思われる。この点は検証が必要であろ
うし、指定管理者制度だけに原因を帰することはできないかもしれない。

　経費節約の努力ばかりを進めなければならない現状では、学芸員は蓄えた知
識を消費する一方、収蔵品は活用する一方で、将来はみえない。この状況をい
かに好転させられるのか、数年後に控えた職員の交代を前に、将来を見据えた
後継を育成することができるのかが、当館の今後の課題である。

参考文献
髙木叙子　2007「管理委託方式の博物館が指定管理者制度を導入するとき」『歴史学
　と博物館』3、29-40 頁
髙木叙子　2019「公開承認施設における指定管理者制度導入の実態とその分析」『歴
　史学と博物館』12、14-28 頁

　　　　　　　　　　　　　　　　　　　　　　　　　　　　　　（髙木叙子）

5. 大名家資料の調査研究・公開と地域連携

［高知県立高知城歴史博物館］

　高知県の場合、県立文化施設の運営には、原則指定管理者制度が導入されている。高知城管理事務所（教育委員会所管。他は文化生活スポーツ部所管）や県民文化ホールは、公募によって民間団体が指定管理者になっているが、歴史民俗資料館・美術館・坂本龍馬記念館・文学館・埋蔵文化財センターなどは、一括高知県文化財団が直指定で指定管理者となっている。

　当館の場合も、設置者である高知県と指定管理者である公益財団法人土佐山内記念財団の関係は、県と文化財団との関係とほぼ同様である。ただ、文化財団が複数施設を管理する事務局的団体であるのに対し、当館の場合は、事務局と施設現場が一致し、それが直接県と関係をもつという点が大きく異なる。財団設立の経緯から話を始めよう。

（1）土佐山内家宝物資料館の設置

　旧土佐藩主山内家には、古文書・和書漢籍・古写真などの歴史資料6万2千点、美術工芸資料約5千点、都合約6万7千点の資料が伝来した。この膨大な大名家資料群を、1点残らず土佐において後世に残したいというのが、山内家先代豊秋氏の念願であった。

　このことは山内家から高知県に伝えられ、協議が開始された。1994年のことである。結果、山内家資料は県が一部購入、残りはすべて県に寄贈されることでまとまり、大名家資料が一括して地方公共団体に移管されるという、希有な事業が始まったのである。

　しかし、山内家と協議するための資料リストを作成、あるいは、移管後の資料管理と活用についての基本方針を検討するという作業は、専門家集団を必要とする。

　当時、その調査にあたる組織として、県立歴史民俗資料館も想定され、山内

表1　高知県立高知城歴史博物館　基本情報

1. 設置者	高知県
2. 所管	高知県文化生活スポーツ部（文化振興課）
3. 指定管理以前の運営形態	新規建設
4. 指定管理者団体名	公益財団法人土佐山内記念財団
5. 開館年 　　指定管理者制度導入開始年	2017 年 3 月 2016 年 4 月
6. 選定方法	直指定
7. 指定管理期間	5 年
8. 運営形態	単独
9. 指定管理料金（受託金額）	1,246,381 千円（2016〜20 年度）
10. スタッフの数	正規職員 16 名（1 名県からの出向）、契約職員 16 名

　家資料も同館で保管するという案もあったとも聞くが、結局、山内家資料は独立させた形で移管、活用が検討されることになった。そのために設置されたのが、「財団法人土佐山内家宝物資料館」（現・公益財団法人土佐山内記念財団。以下、財団という）である。

　山内家では、1970 年に山内神社境内に山内神社宝物資料館を建設し、資料の保管と展示を行ってきた。新しく設立された財団は、同館を借用して、資料の移管作業と展示活動を行うことになった。

　財団の出捐金は、高知県が 7 千万円、高知市が 3 千万円の都合 1 億円、理事長は高知県副知事、理事には県の教育長・部長と高知市の助役・教育長等が就任し、評議員会は県の副部長クラスと高知市の部長クラスによって構成された。

　事務局職員は、館長、事務局長、経理職員、学芸員各 1 名で始まり、学芸員は非常勤職であった。運営費は県の補助金によって賄われ、入館料収入を県へ戻入する方式であった。

　このような成立事情が、その後の県と財団の関係を大きく規定した。つまり、県からすれば財団は、独立した民間団体であるものの、実質は県が進める文化事業の実務の一部を担当しているという捉え方であり、財団職員もまた、県の政策の一部を担当しているという意識をもっていた。

（2）博物館の建設

　山内家資料の移管事業は10年をかけて2004年に完了した。これをうけて、県は県立施設の建設に着手する。新施設は既存施設改装の方針で開始したが、最終的には新規の施設建設が決定した。場所は高知城追手門前であり、山内家資料を基幹収蔵資料とする施設として最適地といえる場所である。

　県は、山内家資料保存等検討委員会、基本構想検討委員会等を順次立ち上げ、施設建設を具体化していったが、財団は、委員となるには県と近すぎ、一方で、民間団体が事務局の一員となることも不自然であり、オブザーバーとして諸委員会に関与することになった。結果的には、基幹資料である山内家資料の具体を把握している財団の意見・提案は、事業計画のなかに多く採用されていき、新施設は県と財団の共同建設という雰囲気であった。

　施設運営は、他の県立文化施設と同様に指定管理者制度を導入することとなったが、県立文化施設のほとんどを運営する「高知県文化財団」とは別に、これまで山内家資料の調査と公開にあたってきた土佐山内記念財団を直指定することとなった。膨大な資料の全貌を把握し、それに携わる歴史・美術・保存の学芸員をそろえた財団が、直指定で管理団体になることは当然といえば当然のことであり、県は財団からの職員加配要求を受け、徐々に補助金を増額してきた経緯があった。

　新館開館にあたり、施設名称や事業内容、予算や人員配置などの検討が開始されたが、時に激しい議論を繰り返しながら、両者が納得（もちろん妥協も）する形で案が練られ、諸委員会や県議会へ上程されていった。

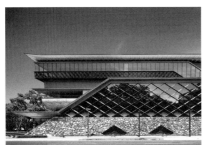

図1　高知城歴史博物館　外観（左：2016年3月開館の新館　右：山内神社から借用の旧館）

　その過程で、県と財団の間で交わされた県立施設の存在意義についての議論は、きわめて重要な意味をもった。諸検討委員会や県議会でも、新しい博物館像が論じられていたが、現場の議論の中から、ある新しい方向性が導き出された。

　新施設の一つの核は、もちろん、山内家資料を基幹資料とした諸活動であるが、職員構成に注目すると、例えば保存担当学芸員は県内唯一の配置であり、前近代美術を専門とする学芸員も数少ない存在であった。つまり、市町村が単独では配置できない専門職をもつ県立組織は、自館の事業だけではなく、特に市町村文化施設との連携・支援までを視野に入れる必要があるということがそれである。この発想は、さらに文化施設という単位を越えて、県庁の他分野（主に観光部局）や県内の地域問題との連携という考えに進んでいった。いわば、現実問題に積極的に関わる博物館像の模索である。

　地域問題を例にとれば、過疎高齢化が急速に進む高知県では、集落の衰退が課題となっており、それは、経済に限ったことでなく、地域の寺社や公民館所蔵の文化財の盗難や散逸、祭の消滅による伝承の断絶等々、文化面での課題も山積している。かかる現状に対して、何らかの対応を考えなければならないというのは、文化政策所管課と文化施設の共通認識であり、その結果、博物館に地域連携事業が組み込まれることになった。これをうけて、財団は地域連携を主要業務とする企画課を設置し、学芸員とは別に企画員を配置した。

　また、財団は従前から、県内文化施設の連携組織である「こうちミュージアムネットワーク」の事務局を担当しており、県は指定管理料にネットワーク予算を組み込んだ。さらに、本年度からは県の委託事業として、博物館内に「地域歴史文化調査支援室」を設置して、4名の職員が市町村施設の資料整理支援や「地域学芸員養成講座」等を実施し始めている。

　このように、県と財団は、高知県全域の文化活動に寄与せんと、いわば二人三脚で歩んでいるといっても過言でない。「高知城歴史博物館」という名称には、高知城の前に位置し、歴史を中心とした博物館という意味が込められ、「山内」の文字が入っていないのは、土佐国全域の資料を視野にいれた活動を推進するという姿勢の現れである。

（3）指定管理者として──事業と予算──

　指定管理の委託事業については、元来は設置者たる県が立案するものであろうが、これまで述べてきた経緯と考え方が前提にあり、かつ、直指定ということもあって、以下のような段取りで策定される。

　設置管理条例等で示された五つの使命（資料の保存、調査研究、展示公開、教育普及、地域振興と観光振興への寄与）を果たすべく、まずは県が基本方針を財団に説明、協議を経て財団が個別事業を練り、予算を積算する。この案は、県の所管課の担当から始まり、順次部局内で検討が加えられ、一定の方針や意見がまとまった段階で、財団と担当部局との間で最終調整が図られる。それが、所管課から財政部局に提出されるという仕組みである。もちろん、部局内での検討の途中にも、適宜財団に意見が求められ、財団も自らの計画を実現化するために、資料作成と説明を重ねていく。

　財団の事業は、公1「高知県立博物館を活用した文化振興事業」、公2「学術研究及び文化学術振興活動への助成事業」、公3「土佐藩主山内家墓所管理事業」の3つからなっている。公2は山内家からの寄付金と出捐金1億円の利子よって賄われる自主事業、公3は国と県からの助成事業、事業のほとんどを占める公1が管理代行料による事業である。

　財団の主な収入は展示観覧料であり、その他貸し会場料やグッズ販売収入もある。これらの収入は、県に戻入されることなく積み立てられ、指定管理期間（5か年）の最終年度に精算される。その際、必要があれば、積立金を使用することもできる仕組みである。

　人員についても、事業の円滑な執行のために必要な人員は、適宜財団から要望案が提出され、所管部局と人事・予算関係部局が協議していく。もちろん、人員については財団の希望がそのまま認められることはまずないが、事業の現状に応じ、あるいは県主催事業による業務増加が惹起した際には、その都度検討が行われ、指定管理期間内でも改正（増員）が行われる場合がある。

　事業内容や予算計上の際には、当然ながら意見の相違をみることもあるが、県と財団の間で方向性は共有できているが故に、最終的にはその範囲において両者の意見は調整され、即座に実現できない事項については課題として保留、折に触れ検討が重ねられる。

　財団給与は県の行政職給与表が適応され、非正規職員の賃金も県のそれと同様である。また、職務に関する諸規程（給与規程・就業規程等）や労使協定なども、県及び高知県文化財団と連動しているため、実質上、高知県職員と大差ない。むしろ、県から独立した団体である故に、現場の自由度は大きく、行政に比し機動力・即効性などで有利な点が多いと感じることがある。

（4）指定管理者制度の課題

　公立文化施設の場合、黒字経営は現実上至難のことであり、それゆえに、経費節減が強く求められ、事業執行が危ぶまれる程の予算削減、入館者数と収入に固執する博物館評価、さらに給与体系や労働条件の「改悪」等、文化事業に指定管理者制度を導入したことによる弊害もよく耳にする。

　しかし、元来は住民サービスの向上こそが重要なのであり、サービスの最低線を探すがごとき議論は、本末転倒したものである。文化活動の成果はすぐさまは現れない、あるいは目にみえないことが多いという特性があることを、設置者と現場で理解しあわなければならない。文化施設の歩みの前提に、「文化」をめぐる真摯な議論が必須なのである。

　高知城歴史博物館の場合、県と財団には、博物館建設までの20年の歴史が生み出した主張しあえる適度な緊張関係と、そこから生まれる信頼関係があり、それを前提に運用されている指定管理者制度のあり方に、（今のところ）特段の不便さは感じていない。

　職員は、次長1名が県からの出向で、残りはすべて財団職員である点も、財団の独立性確保と県との密な連絡を実現するために、適当な配置ともいえる。

　財団の指定管理第I期目は、博物館が県主催の「志国高知　幕末維新博」のメイン会場に指定されたこともあって、やや手厚い予算措置が施された。これがそのまま継続するとは思っていないが、指定管理第II期目に向けた事業計画を策定するにあたり、博物館評価が入館者数等の目にみえる数字だけで進むことを危惧している。現在、収支のバランス＋努力目標を検討した結果、年間目標観覧者（入館者ではない）が10万6千人とされている。しかし、この数字を通常ベース予算で恒常的に確保することは、決して容易なことではない。

　ここに、「博物館評価方法」という、検討課題が登場してくるのである。事

業と収支のバランスをとりつつ、博物館を健全に育てていく評価方法とは何なのか。

　土佐藩 15 代藩主容堂こと山内豊信は、次のような改革論を述べている。「枝葉末節にこだわる改革は失敗する。経費を削り人を減らせば金が集まるというような改革は改革とはいえない。課題の本質を見極めれば、改革は自ずとあるべき所へ向かう。それが改革である」と。

　ともあれ、（公立）文化施設は何のためにあるのか、目的と手段は逆転していないか、我々はこれらを常に点検しながら進むしかないと思うのである。

（渡部　淳）

第5章

独立行政法人による博物館経営

1.　東京国立博物館

東京国立博物館（以下、東博）は、2001 年 4 月に、国が直営する博物館から独立行政法人国立博物館が設置する博物館に移行した。2007 年 4 月に、独立行政法人国立文化財機構（以下、文化財機構）が設置されたことにより、東博は同法人が設置する博物館となった。本節の I では独立行政法人（以下、独法）制度を概括し、II では独法化後の東博の状況を検証し、III では東博の課題を踏まえて、今後の東博を展望する。

I.　独立行政法人制度とは

（1）独法及び中期目標管理法人

独法は、「国民生活及び社会経済の安定等の公共上の見地から確実に実施されることが必要な事務及び事業であって、国が自ら主体となって直接に実施する必要のないもののうち、民間の主体に委ねた場合には必ずしも実施されないおそれがあるもの又は一の主体に独占して行わせることが必要であるものを効果的かつ効率的に行わせるため、中期目標管理法人、国立研究開発法人又は行政執行法人として、この法律及び個別法の定めるところにより設立される法人」（独立行政法人通則法第 2 条第 1 項）と定義されている。文化財機構は、独立行政法人国立文化財機構法第 3 条の 2 により、中期目標管理法人とされている。

（2）主務大臣が指示する中期目標と文化財機構の中期目標

1.　主務大臣の権限

中期目標管理法人は、公共上の事務・事業を中期的な目標・計画に基づき行うことにより、多様で良質なサービスの提供を通じて公共の利益を増進することを目的としている。主務大臣は、中期目標管理法人に対し、①中期目標期間

（文化財機構は5年間）に達成すべき中期目標を指示し、②中期目標の指示を受けて独法が定めた中期計画を認可し、③独法が定める事業年度の業務運営に関する計画（年度計画）を受理し、④毎年度及び中期目標期間の独法の業務の実績を評価する。主務大臣は、中期目標の指示、資源の配分と評価により、独法の業務の工程管理を行う。中期目標の効率的な達成と国が投入する資源を削減する上では、独法制度は有効なシステムである。

2. 行政改革により誕生した独法制度

①行政改革による経費の削減等　独法制度は、行政改革により誕生したことを忘れてはならない。文化財機構の中期目標には、"業務運営の効率化"という項目で経費の削減が盛り込まれている。第2期（2006-10年度）までは、原則一般管理費の15%以上、業務経費の5%以上、人件費の5%以上の削減が盛り込まれていた。第3期（2011-15年度）と現在の第4期（2016-20年度）では、人件費の削減はなくなったが、一般管理費の15%以上、業務経費の5%以上の削減は、引き続き盛り込まれている。

②独法と国の関与　独法制度は、"官から民へ"をスローガンにする新自由主義的な政策として位置づけられ、政府の独法への関与を極力なくすとされてきたが、中期目標・中期計画等による独法の管理システムは、社会主義の計画経済を彷彿させる。中期目標による指示と中期計画の認可、評価の実施、財政措置による制御、職員の独法への出向人事により、国の関与は、直営時よりも強くなっているともいえる。2004年4月に発足した国立大学法人は、国の関与が法人化前よりも強化されたとの声もあるが、独法も同様である。

3. 文化財機構の中期目標と第4期の中期目標にみられる新たな傾向

文化財機構の中期目標は、二兎［①成果達成（事業量の増大と質の向上）と②経費の削減］を追うものになっている。現場の努力により、経費を削減しながら成果を達成するという離れ業が行われてきた。成果達成に重点を置くのであれば、積極的な投資が必要になる。二兎を追い続けることには限界がある。A4版20頁に及ぶ文化財機構の第4期（2016-20年度）の中期目標には、入館者数から展示の来館者のアンケートに記載される満足度に至るまで多数の項目について、第3期（2011-15年度）の実績値を上回ることが指標として示されている。"前中期目標の期間の実績以上"という文言が21か所みられる。第

4 期になり、中期目標の分量が大幅に増えた。第 3 期の中期目標は、運営方針の骨格を簡潔に示したもので、A 4 版 6 頁の分量であった。第 4 期の目標は、右肩上がりを続けることを前提に策定され、それまで記載のなかった指標と関連指標が記載されている。2015 年 4 月から中期目標管理法人に移行したことが影響しているものと推測するが、中期目標の妥当性を検証する仕組みがないことが拍車をかけている。博物館の業務には、努力をしても右肩上がりにならないものもある。主務大臣は、中期目標を、大局的な観点から博物館を方向づけるものに大綱化し、博物館が自主性を発揮しやすいようにすることが望まれる。

（3）評価制度と文化財機構の評価結果

1. 評価制度の概要と問題点

　中期目標管理法人は、事業年度ごとの業務の実績について主務大臣の評価を受ける。また、中期目標期間の最終事業年度には、中期目標期間の業務の実績について評価を受ける。主務大臣は、評価結果に基づき、独法に必要な措置を講ずることを命ずることができる。とりわけ、中期目標期間における業務の実績について評価を行ったときは、評価結果に基づいて所要の措置（業務の廃止、移管、組織の廃止等）を講ずるものとされている。独法にとっては、自らの組織や業務の存亡に関わることから、評価業務に労力をかけざるを得ない。評価資料は膨大な量になっており、評価に関する事務量の軽減、評価の簡素化を考えないと、博物館の業務運営に支障が生じる。

2. 文化財機構の評価

　文化財機構及び東博の評価のうち、2020 年 3 月時点で参照できる最新のものは 2018 年度のものである。主務大臣の評価、独法の自己評価とも、S〜Dの 5 段階評定で実施されている。主務大臣の評価は、総合評定（全体の評定）は B（概ね着実に業務が実施された）で、項目別評定は A（目標を上回る成果）が 1、B が 5 になっている。独法の自己評価は、総合評定（全体の評定）は B、項目別評定は 42 に及ぶ項目で行われ、A が 12、B が 30 になっている。

　独法の中期目標と評価制度は、博物館の業務の底上げと平準化には効果を発揮するが、既成概念を壊す、イノベーティブな博物館運営に効果を発揮するものではない。官僚主導の中期目標や評価制度には限界があることを踏まえて、

制度が運用されることが重要である。また、評価が低い場合には、さまざまな措置が用意されているが、高い評価を受けた場合の予算面等でのインセンティブは乏しいなど、評価制度には問題点や改善すべき点がある。

II. 独法化後の東博の状況

（1）業務の実施状況

　独法化後の東博の各種の業務は、関係者の努力もあって右肩上がりが基調になっている（表1参照）。年度によって変動はあるが、業務の実績は右肩上がりのものが多い。独法化後は、多様な展示が行われ、教育普及事業が本格的に実施され、観客サービスも向上した。また、最近公開されなくなった情報（例えば有料・無料入館者数）があるが、基本情報の公開が進んでいることは評価できる。

（2）財務データからみる東博の変化

1. 事業費用、事業収益及び事業損益の状況（2018年度）

　東博がどれ位の費用を使って、どれ位の収益をあげ、どれ位の利益をあげているかをみるために、2018年度の損益計算書のデータをもとに、2018年度の事業費用、事業収益、事業損益の状況を、表2に示した。2018年度は、2,992百万円の費用を使用して3,030百万円の事業収益をあげ、38百万円の利益をあ

表1　東博の業務の実績状況（指数は基準年度を100にして算出）

項目名	基準年度		最新年度		指数 B/A
	年度等	実績値A	年度等	実績値B	
入館者数（平均人数）	1997-2000	1,115,085	2016-2018	2,206,731	198
収蔵品の件数	2002	108,841		119,064	109
寄託品の件数	2002	2,389		3,130	131
維持・賛助会員数	2002	42		621	1,479
友の会・パスポートの加入者数	2002	9,646	2018	21,293	221
講演会の実施回数	2005	83		93	112
講演会の参加者数	2002	10,712		12,206	114
音声ガイドの貸出数	2002	10,689		200,637	1,877
ウェブサイトアクセス件数	2001	1,093,196		7,679,851	703
保有資産（百万円）	2004.3.31	92,158	2019.3.31	96,327	105

表2 東博の事業費用、事業収益及び事業損益の状況 2018年度

事業費用　　　　　　　金額　単位百万円				
区分			金額	比率
一般管理費	人件費		171	5.7
	一般管理経費		272	9.1
	減価償却		29	1.0
業務費	人件費		1,048	35.0
	業務経費	展覧（業務費）	910	30.4
		収集保管研究支援 収集保管業務費	141	4.7
		博物館研究業務費	135	4.5
		博物館支援業務費	54	1.8
		教育普及（業務費）	105	3.5
		その他・受託業務	33	1.1
	減価償却		93	3.1
その他	財務費用・雑損		1	0.0
事業費用　計（A）			2,992	100.0

事業収益　　　　金額　単位百万円			
区分		金額	比率
運営費交付金収益		1,753	57.9
入場料収入		590	19.5
寄付金収益		57	1.9
その他	展示事業等付帯収入	267	8.8
	財産利用収入	178	5.9
	資産見返負債戻入	121	4.0
	受託収入	36	1.2
	その他補助金収益	27	0.9
雑役・財務収益		1	0.0
事業収益　計（B）		3,030	100.0

事業損益（B）-（A）	38

げている。事業費用の内訳は、一般管理費が471百万円（15.8％）、業務費が2,520百万円（84.2％）、その他が1百万円（0.0％）となっている。また、事業収益は、運営費交付金収益（運営費交付金のうち2018年度に利益として認識した額）の1,753百万円（57.9％）が最大であるが、自己収入（入場料収入、寄付金収益、展示事業等付帯収入、財産利用収入等）が約4割を占めている。組織名に国立という文言が入っているが、国による経費は約6割に抑えられている。

2. 事業費用の状況（2003-18年度）

東博の事業費用は、30億円近くになる年度もみられるなど、近年事業費用の規模が拡大している。年度別の事業費用の最高額は2018年度の2,992百万円である。損益計算書のデータを使用し、2003年度以降の東博の事業費用のうち三つの区分（人件費、業務費、一般管理費）の金額の推移を、図1に示した。人件費は、業務費と一般管理費に計上されている人件費をとりだして集計したものである。三つの区分の他に「その他（財務費用・雑損）」があるが、金額が少額のため、図1では割愛している。文化財機構に所属する各博物館の科目別のデータは、2003年度分から公開されているため、2003年度以降のデータで作成している。

人件費は、最高額は2003年度の1,256百万円、最低額は2012年度の981百

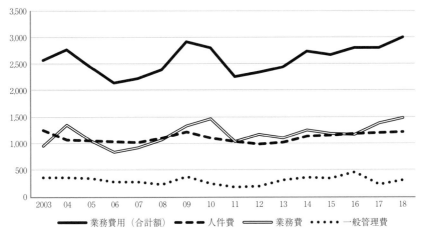

図1　東博の事業費用の状況　2003-18 年度（単位：百万円）

万で、ほぼ横ばいで推移している。業務費は、2004 年度、2010 年度、2018 年度の三つの山がある。最高額は 2018 年度の 1,472 百万円で、最低額は 2006 年度の 830 百万円である。一般管理費は、2003 年度から 2008 年度まで減少が続き、その後は、多少の増減がある。最高額は 2016 年度の 460 百万円（仮設収蔵庫建設に伴う埋蔵文化財調査等による増）で、最低額は 2011 年度の 175 百万円である。

3.　業務費のうち業務経費の状況（2003-18 年度）

2003 年度以降の「業務経費」（業務費から人件費・減価償却費を控除したもの）について、図 2 に、四つの区分別の金額の推移を示した。

四つに区分した業務経費の金額をみると、展覧業務費は、2011 年度までは 4 億円台が最高であったが、2012 年度以降は 6〜9 億円台になり、展覧業務の比率が高くなっている（2003 年度 22.2%、2012 年度以降 6 割、7 割台）。第 3 期の中期目標以降、展覧業務に力点を置いた運営が行われている。

4.　事業収益の状況（2003-18 年度）

独法化後の東博では、自己収入が確保されなければ、事業の実施に支障が生じるため、自己収入の確保が重要課題になっている。独法化により、自由度の低い国の会計制度の適用を受けなくなったことは、自己収入を確保する上では

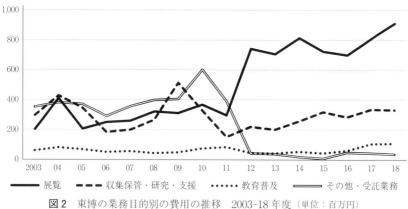

図2 東博の業務目的別の費用の推移 2003-18年度（単位：百万円）

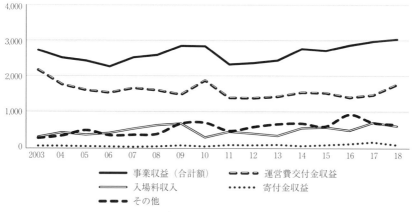

図3 東博の事業収益の推移 2003-18年度（単位：百万円）

プラス要因となっている。図3に、損益計算書のデータをもとに、東博の事業収益の合計額と四つの区分別の金額の推移を示した（2018年度の状況は、表2の事業収益を参照）。

①**運営費交付金収益** 運営費交付金収益は、2003年度の2,161百万円（79.4％）が最高額で、2012年度の1,375百万円（58.3％）が最低額である。括弧内の数字は、事業収益に占める割合である（以下、同様）。割合が最も高かったのは2003年度、最も低かったのは2016年度（48.6％）である。独法化後、運営費交付金は減少し、割合は20ポイントも低下している。国費の削減と自己

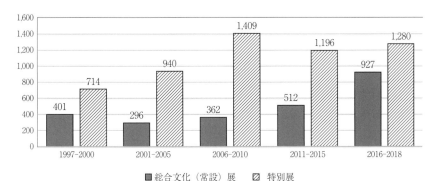

図4　東博の時期別平均入館者数（単位：千人）

収入の増加は、独法化による"最大の変化"といってよい。

②**入場料収入**　入場料収入は、2017年度の687百万円（23.1%）が最高額で、2010年度の269百万円（9.5%）が最低額である。2014年度以降は4億円を超えている。割合が最も高かったのは2008年度（23.7%）、最も低かったのは2010年度である。マスコミと共催する特別展の開催回数を増やすことが入場料収入の確保につながっているが、展覧会の内容等によって入館者数が増減することから、収入の額は大きく変動している。収入を確保する上で集客力のあるブロックバスター展の開催が不可欠になっている。図4は、独法化以前の時期（1997-2000）と4期にわたる中期目標期間ごとの平均入館者数を総合文化（常設）展と特別展別に示したものである。特別展は、すでにほぼ限界に達していることが見て取れる。

③**寄付金収益**　寄付金収益は、2007年度の3百万円（0.1%）を底に、2017年度の138百万円（4.6%）が最高額である。2015年度以降は50百万円を超えるなど、一定額が確保されているが、欧米の代表的な博物館のように寄付金で基金を作り、その運用益で経営を安定化させる途はみえていない。

④**その他の収益**　その他の収益は、最高額は2016年度の915百万円（32.0%）で、最低額は2003年度の247百万円（9.1%）である。2012年度以降は5億円を超えている。事業収益に占める割合は、2003年度以降増加し、2012年度以降は20%を超えている。その他の収益のうち主なものは、展示事業等付帯収入（年間パスポート販売、ミュージアムショップ等の販売手数料、科研費間接

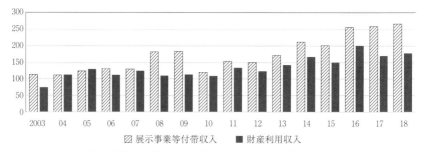

図 5　展示事業等付帯収入及び財産利用収入の推移（単位：百万円）

費等の収入）と財産利用収入（建物貸付料、版権・特許権使用料等の収入）である。2013 年度以降、二つの合計額は 3 億円を超えている（図 5 参照）。独法化後に本格的に開拓された収益であるが、入場料収入を上回る年度が、16 年度中 9 年度あるなど順調に増えている。一方、ミュージアムショップやレストランは直営ではないことから、販売収入は業者のものである。リスクがない分、販売収入は館の収入にはならない。その他の収益は順調に増えたが、さらに拡大することは難しい状況にある。

III.　今後の東博の展望

（1）独法化の光と影

　独法化後の東博の収益構造は、①経常収益の半分以上のシェアをもつ運営費交付金の減少に対応するため、収益構造の多様・多角化を図る、②集客力のある特別展をマスコミとの共催により数多く開催し、入場料収入と展示事業等付帯収入を増加させ、寄付金収益や財産利用収入等を増加させるものである。独法化後の東博は、"みたい展覧会が増えたが、混雑する展覧会が多くなった"といってよい。独法化後のビジネスモデルは成功したといってよいが、このビジネスモデルは次第に飽和し、限界がみえてきた。

　収入の源泉である特別展は、すでに年間を通して数多く開催（2018 年度 9 回）され、専用施設の平成館はフル稼働している。独法化前には 800 円台であった特別展の入場料は、すでに 1,600 円程度になっている。また、入館者数の

増加と特別展の入場料の値上げに見合った収入が確保できていない状況もみられる。背景には、有料入館者率の低下（2000年80.8%→2016年69.4%）や展覧会の共催者との収入の配分問題がある。2003年度から2016年度の各年度の入場料収入と当該年度の有料入館者数により算出した1人あたりの収入額は、330円から396円の間で推移している。マスコミとの共催による特別展は、主に共催者の出資する経費で賄われており、館の収益をこれ以上確保することは難しい状況にある。賛助会員による寄付金や財産利用収入は、今後もある程度の増加は期待できるが、飛躍的な増加は難しい。

　入場料収入をさらに増やすのであれば、リスクをとって特別展を自力で開催することや総合文化展に力点を置いた運営に転換するなど、経営戦略を見直す必要があろう。

　総合文化展の料金（一般）は、2006年度の改定（420円→620円）以降据え置かれてきたが、2020年度から1,000円に改定される。改定による収入増分が、これまでのように国から交付される運営費交付金の減少となるのであれば、利用者の理解は得られないであろう。増加した収入が博物館の充実に資することを目にみえるかたちで示すことが求められている。総合文化展は、2017年度には103万人の入場者があったが、2018年度には99万人で足踏みした。2020年の東京五輪・パラリンピックに向けて観光客の増加が期待されているが、観光客の増大が入館者の増加に直結するものではない。中長期的な視点もって総合文化展の充実を図り、入館者の確保に取り組む必要がある。

（2）今後の東博と国の文化政策

　日本を代表する博物館である東博の将来像は、主務大臣が指示する中期目標の記載内容からはみえてこない。中期目標に記載されている"ナショナルセンター"というキーワードも、具体的な内容は明確ではない。将来像と目標を明確にし、現在どの位置にあるのかがわかるように、国の博物館政策を再構築する必要がある。国は、"稼ぐ文化"をキーワードにした文化政策を推進しているが、独法になった博物館では20年近く実践されてきた。運営費交付金の削減に稼ぐことで対処することは必要であるが、その限界もみえてきた。

（杉長敬治）

2. 国立科学博物館

(1) 国立科学博物館の特性

　博物館とは、「歴史、芸術、民俗、産業、自然科学等に関する資料を収集し、保管（育成を含む。以下同じ）し、展示して教育的配慮の下に一般公衆の利用に供し、その教養、調査研究、レクリエーション等に資するために必要な事業を行い、あわせてこれらの資料に関する調査研究をすること」を目的とする機関である（博物館法第二条）。一方、国立科学博物館は、「博物館を設置して、自然史に関する科学その他の自然科学及びその応用に関する調査及び研究並びにこれらに関する資料の収集、保管（育成を含む）及び公衆への供覧等を行うことにより、自然科学及び社会教育の振興を図ること」を目的としている（独立行政法人国立科学博物館法第三条）。国立科学博物館は、博物館法第二条に比較し、自然科学等に関する調査・研究事業を目的の最初に位置づけ、それに重点を置いて博物館を運営している。

　これには歴史的経緯があり、国立科学博物館の前身は、教育博物館として、1877（明治 10）年に設立され、学校教育の支援を主な目的として運営された。その後社会教育の振興を担う博物館として役割を果たした。初期の学校教育の支援に特化した教育博物館、大正期の社会教育を中心とした博物館運営に比較し、関東大震災後、東京帝室博物館の保管していた自然史資料を受け継ぎ、昭和期は次第に社会教育施設から学術研究の施設としての色合いが強くなってきた。第二次世界大戦後の国立科学博物館の設置に続き、1958 年の日本学術会議の自然史科学研究センターの設立の要望を受け、国立科学博物館に自然史科学研究センターの機能が付与され、自然史研究部門の体制の充実が図られた。そのため、国立科学博物館は自然史に関する科学その他の自然科学及びその応用に関する調査及び研究に重点を置く研究型の博物館の特徴をもっている。

（2）独立行政法人の改革

　国立科学博物館は 2001 年（平成 13）年に独立行政法人になった。独立行政法人は、2001 年以降、先行して独立行政法人になった機関「先行独法」に加え、特殊法人等から移行した「移行独法」が並存する状況になり、多様な業務をもつ法人が一律の運用にはめ込むことなり、制度的な課題をはらむようになった。政府は独立行政法人の多種多様な事務・事業の特性を踏まえた制度運用に改善することを目的に、「独立行政法人改革等に関する基本的な方針」（2013 年）を策定した。その結果、目標管理の期間、法人の裁量、国の関与の度合い等に応じて、独立行政法人は中期目標管理法人、国立研究開発法人、行政執行法人に類型化された。

　国立科学博物館をはじめ国立美術館、国立文化財機構、日本芸術文化振興会の 4 法人は文化振興・普及業務を目的とする中期目標管理法人に類型され、開館時間の延長、会員制度の拡充、などの努力、共同調達、他の博物館等との連携による各機関の機能強化を図る、のほか、展覧会による利益を経営努力認定の対象として認め、目的積立金の拡充などの措置を講ずべきとしている。

（3）独立行政法人の中期目標と評価

1. 概要

　国立科学博物館の場合、文部科学大臣から指示された 5 年間の中期目標に対し、中期計画を作成し、大臣に認可を求め、公表する。さらに 5 年間の中期計画を 1 年ごとに具体化した年度計画を作成し大臣に届け出をする。国立科学博物館は、年度ごとの自己評価書を大臣に提出し、大臣による評価を受ける。さらに中期目標期間 5 年間における業務実績に関する自己評価書を提出し、評価を受ける。これらの評価結果は国立科学博物館及び文部科学省のホームページに公開されている。

2. 国立科学博物館の中期目標・中期計画の変遷

　国立科学博物館の場合、第 1 期（2001〜05 年度）、第 2 期（2006〜10 年度）、第 3 期（2011〜15 年度）、第 4 期（2016〜20 年度）の中期目標期間となっている。中期目標の構造は、「中期目標の期間」「国民に対して提供するサービスその他の業務の質の向上に関する事項」「業務運営の効率化に関する事項」「財務

内容の改善に関する事項」「その他業務運営に関する重要事項」からなる。独立行政法人の特徴が最もよく現れるのが「国民に対して提供するサービスその他の業務の質の向上に関する事項」であり、これが、独立行政法人の中核的な事務・事業に相当する。

　「国民に対して提供するサービスその他の業務の質の向上に関する事項」の目標は、第 2 期中期目標において大きく変化し、第 2 期から現在までその構造は変わっていない。ここでは第 1 期と第 2 期の中期目標を中心に紹介する。

　第 1 期中期目標（2001〜05 年度）の「国民に対して提供するサービスその他の業務の質の向上に関する事項」は以下の六つの目標として指示された。

1) 博物館の整備・公開
2) 自然科学等に関する資料の収集、保管（育成を含む）、公衆への供覧
3) 自然科学等の研究の推進
4) 教育及び普及
5) 研修事業の充実
6) 科学系博物館のナショナルセンター機能の充実

　これらの目標は、独法以前の取り組みの成果を踏まえ、国立科学博物館が実際に行っている事業の内容を整理し積み上げて策定されたと考えられる。「業務運営の効率化に関する事項」では、毎事業年度について 1% の業務効率化を図ることが指示されている。

　第 2 期中期目標では、新たにミッション「自然史科学等の中核的研究機関として、また国内の主導的な博物館として、自然科学と社会教育の振興を通じ、人々が、地球や生命、科学技術に対する認識を深め、人類と自然、科学技術の望ましい関係について考察することに貢献する」を策定し、ミッションを実現するために、「国民に対して提供するサービスその他の業務の質の向上に関する事項」では以下の三つの目標に集約された。

1) 地球と生命の歴史、科学技術の歴史の解明を通じた社会的有用性の高い自然史体系・科学技術史体系の構築
2) ナショナルコレクションの体系的構築及び人類共有の財産としての将来にわたる継承
3) 科学博物館の資源と社会のさまざまなセクターとの協働による、人々の

　科学リテラシーの向上

　これらは、国内外の博物館の組織を比較し、博物館の基本的機能である「資料の収集保管」「調査研究」及び「展示・教育」を前提に、国立科学博物館の特性を考慮して構造化されたものである。

　「業務運営の効率化に関する事項」では、「一般管理費は、平成17年度と比して5年間で15%以上、業務経費は平成17年度と比して5年間で5%以上の削減を図ること」と指示され、中期計画では管理費5年間で15%以上、業務経費5年間で5%以上の削減、人件費5年間で5%以上の削減としている。管理費、業務経費は第2期中期計画以降も現在まで同様な効率化が続いている。

　評価の大前提となる中期目標と中期計画とそれを細分化した年度計画さらに、それらの成果を測る主要業績評価指標の構造化にあたっては、ロジックツリーの考え方が必要である。これは問題解決の論理的展開であり、物事を構成要素に分解し問題の原因や解決策を導く際に、体系的に比較できるようにブレイクダウンしていく方法論である。ミッションから導き出される目標、目標を達成するために必要な計画、さらに詳細な計画、その目標が達成された際の成果（業績評価指標）と、木の枝のように分岐し、要素を分解し、論理的に展開していく。第2期中期目標ではミッションが策定されたことを踏まえ、まずはミッションから導出される三つの目標がなぜ必要なのかという問いに応える必要がある。そこから具体化して中期計画や年度計画を策定していくことになる。ミッション、目標、計画をつなぐ線が論理となるが、つなぐ線に合理的理由を見出せるようにそれぞれを策定する必要がある。

　第1期中期目標では、主に現状の事業の実績を積み上げ、中期計画、中期目標を策定していったと考えられる。その時点における国立科学博物館の実績を分析して、事務・事業現場からのフィードバック、利用者や国民のニーズなどを踏まえ、ロジックツリーを現状からミッションへ検証していく作業も必要である。以上ミッションから目標・計画へ、実績から計画・目標への両方向の考え方を勘案し、合理的でより妥当性のある目標・計画・評価指標が作成されてきた。

　第1期中期目標期間から第2期中期目標への移行において、第1期中期目標の1）博物館の整備・公開から5）研修事業の充実までは、第2期中期目標の

三つの目標のなかに収められたが、6）の科学系博物館のナショナルセンター
機能の充実については、すべての事業がナショナルセンター機能の充実に寄与
するとして整理された。したがってミッションの前半部分に「自然史科学等の
中核的研究機関として、また国内の主導的な博物館として……」と明記され
た。しかし、東京都にある自然史及び科学技術史の博物館として期待もあり、
近隣の人々が楽しめる展示も重要である。来館する人々が楽しめる展示と教育
活動を展開し、かつその成果が全国の博物館のモデルとなるという事業の二面
性を抱えて取り組む必要がある。

3. 主なインプットと評価指標

　組織の運営を支えるインプットとして財源と人員がある。独立行政法人にお
いて最も大きな財源は、政府からの運営費交付金である。国立科学博物館の場
合、第 1 期中期目標期間において 2004 年度に地球館が全館オープンし、関連
する管理費が一時的に増えたが、基本的に運営費交付金は、管理費 5 年間で
15％ 以上、業務経費 5 年間で 5％ 以上の削減、人件費 5 年間で 5％ 以上の削
減などにより、着実に減ってきている。削減する運営費交付金に対し、自己収
入が増えていることがわかる（図 1）。また人員については、運営費交付金に
人件費が含まれており、管理費、事業費とともに削減があり、常勤の役職員数
は減ってきており、2018 年度は独立行政法人化した 2001 年度に比較し 24 人
減となっている（図 2）。

　調査研究については、第 2 期〜第 3 期中期目標（2006 年度から 2015 年度）
では、科研費の新規採択率や 1 人あたりの論文数が数値目標とされていた。第
4 期中期目標（2016 年度から 2020 年度）においては、基盤研究と総合研究等
の実施状況を評価指標としている。その実施状況を把握するためのモニタリン
グ指標として、論文等の執筆、学会発表、新種記載、科研費の新規採択率、分
野横断的な研究者の参加の状況が導入されている。これらのモニタリング指標
に加え、法人独自で調査研究の開始前、中間、終了時の外部評価を実施し、そ
の評価結果を自己評価に活用している。外部評価委員会による評価は、国立科
学博物館の法人情報サイトに詳細が公開されているので参照していただきたい。

　標本点数に関する評価指標は、第 1 期中期期間は、年率 5％ 以上の増加であ
ったが、達成されていない年度があった。標本資料の収集登録業務にかけるコ

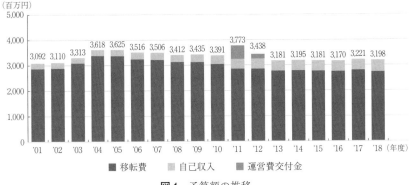

（百万円）

図 1　予算額の推移

凡例：■ 移転費　■ 自己収入　■ 運営費交付金

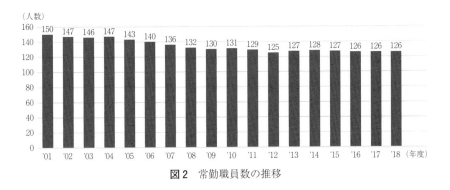

（人数）

図 2　常勤職員数の推移

ストは増えないため、年率で考えることは矛盾がある。また独法化以前の標本
資料の増加数の実績をもとに策定された評価指標であり、大規模なコレクショ
ンの寄贈等の特殊要因があったために高めの評価指標となっていた。第2期中
期目標期間からは、評価指標として標本点数の増加点数が導入された。具体的
には、5年間で20万点（第2期中期目標）、5年間で30万点（第3期中期目
標）、5年間で30万点を上回る（第4期中期目標）となっている。第2期中期
目標の5年間で54万点程度の増加、第3期中期目標の5年間で38万点程度の
増加があった。数値目標に沿って増加している（図3）。

　入館者数については、第1期中期目標から設定されている評価指標である。
現在の国立科学博物館の上野地区には、約2000 m^{2}の展示面積を有する日本館

点数（万点）

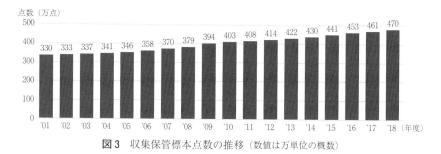

図 3　収集保管標本点数の推移（数値は万単位の概数）

人数（万人）

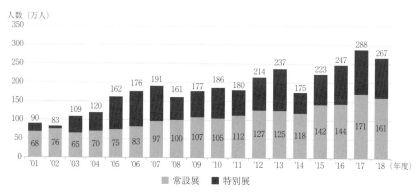

■ 常設展　■ 特別展

図 4　入館者数の推移（数値は万単位の概数）

と約 9000 m² の展示面積を有する地球館がある。第 1 期中期目標期間の 2004
年 11 月に現在の地球館の建物全体と展示が完成し、常設展示の展示面積が増
えるとともに、特別展示会場（約 1000 m²）が確保できた。2005 年度には 160
万人の入館者数（入館者数については万単位の概数、以下同様）があり、数値
目標である年間 100 万人以上の入館者数を上回った。2007 年度には日本館の
改修が終わり、上野地区における展示改修が完成した。その結果、第 2 期中期
計画期間の 5 年間は、600 万人の数値目標に対し、約 892 万人の入館者があっ
た。第 3 期中期計画期間の 5 年間は、約 1000 万人となり、数値目標（650 万
人）を上回った。図 4 では、全体及び常設展示の入館者数の数値を示してい
る。2015 年度に上野地区の地球館リニューアル整備が完成してから、2016 年
度は全体として約 247 万人の入館者数があり、そのうち常設展示の入館者数が

約 144 万人、特別展示の入館者数が約 103 万人、2017 年度は全体約 288 万人のうち常設展示が約 171 万人、特別展示が約 117 万人、2018 年度は全体約 266 万人、常設展示が約 161 万人、特別展示が約 105 万人であった。さらに過去にさかのぼって年度ごとの入館者数をみても、特別展示の入館者数はテーマによって増減があるが、展示リニューアル工事等による閉鎖の年度を除けば常設展示の入館者数は安定的に増えてきており、特別展示の入館者数を上回っている。このような常設展示の充実は、国立科学博物館の特徴であり、展示改修による効果と関係者の努力によるところが大きいが、その基盤となる収集保管された豊富な標本資料と標本資料に基づく調査研究の成果を効果的に展示と教育活動へ反映してきた結果と考えられる。

なお図 1〜4 は国立科学博物館発行の概要、年報及び以下の法人情報の中期目標、中期計画、自己評価書、業務実績報告書、決算報告書等をもとに作成している。

http://www.kahaku.go.jp/disclosure/duties/index.html

http://www.kahaku.go.jp/disclosure/financial/index.html

（4）今後に向けて

1. 独立行政法人制度運用上の課題

　一般的に、経営資源の投入（インプット）、戦略的な組織、資源投下、計画等のマネージメントにより、効果的な結果（アウトプット）が導出され、それを利用者が享受して、成果となる。例えば、社会における博物館の影響力を、資源投入→経営→出力→成果の順で考えてみる（図5）。まず、博物館に財源、人材、知的資源（ものと情報）等の経営資源を投入する。次に、使命・計画に基づき、組織を構成し、資料の収集保管、調査研究、そして展示・教育等の機能に効果的に資源を配分投下する。その結果、標本資料、展示、教育活動、論文、データベース等がアウトプットとして出力される。それが利用者や社会に影響を与えることになる。博物館側からみれば、博物館経営における「調査研究」「資料収集保存」「展示・教育」機能を基盤にアウトプットを想定することができる。

　独立行政法人は限られたインプットで、最大限のアウトプット（アウトカ

ム）を生み出すこと前提にしている。さらに、管理費 5 年間で 15% 以上、業
務経費 5 年間で 5% 以上の削減、人件費 5 年間で 5% 以上の削減という、人件
費を含めた運営費交付金の削減など、国からのインプットを減らしアウトプッ
トを右肩上がりにしていくことも期待されている。これまで国立科学博物館は
運営費交付金、人員の削減などのインプットが減っていくなかで、一定の成果
をあげてきた。しかし実際の運用においてはいくつか課題がある。

　第一に、限られたインプットのなかで、アウトプット（アウトカム）を最大
限にするためには戦略的なマネージメントが重要である。つまり、戦略的な資
源投下である。組織マネージメントでは、独立行政法人は柔軟な組織改編は可
能となった。一方、管理費、業務経費、人件費という費目を特定して削減目標
が設定されているので、財源の戦略的資源投下について必ずしも柔軟なマネー
ジメンが発揮できない状態にある。費目を特定しないで全体として同様な削減
を図ることであれば、法人の特性を活かした、より柔軟なマネージメントが展
開できる可能性がある。

　第二に、インプットを増やさない限り、アウトプットの増大は望めない。日
本が膨大な財政赤字を抱えているなかで、運営費交付金の増大は期待できな
い。法人としては、経営の合理化とそれに伴う経費の削減のほか、自己収入や
寄付金の増加などの財源の多様化を考える必要がある。自己収入を増やし、そ
れを新たな事業への展開に活用するなど、これらの経営努力認定は 2018 年か
ら柔軟に認められるようになってきている（2018 年総務省行政管理局「独立

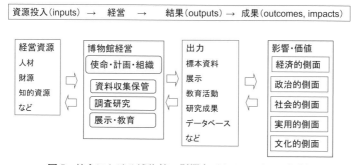

図 5　社会における博物館の影響力（小川 2015 を元に作成）

行政法人における経営努力の促進とマネージメントの強化について」）が、自己収入が増えることが運営費交付金の削減につながる可能性があり、インプットが減ることへの懸念もある。これは自己収入の増加や経費の削減の経営努力が必ずしも法人にとってインセンティブになっていない。

　第三に、業績評価指標が、具体的な数字で国民に対しわかりやすく提示することが前提となっており、例えば「科学博物館の資源と社会のさまざまなセクターとの協働による、人々の科学リテラシーの向上」の目標に対し、入館者数や参加者数といった、館内外にわかりやすい数値目標が主要業績評価指標になっている。現状では博物館のアウトカムを測る評価指標が少なく、また入館者数に比肩するわかりやすい数値目標はない。さらに数値目標を達成することで5年間の業績が上がったこととなるが、それが長期的な博物館事業の充実につながっているのかどうか検証は難しい。利用者に対する長期的な影響による科学リテラシーの向上を10〜30年ぐらいのスパンで捉えるなど、質的な充実をめざした事業と事業の質的な向上を測る評価指標を開発する必要がある。そのための組織体制の見直しも必要になるであろう。

　第四に、独立行政法人では、中期目標期間での事務・事業の展開を前提としており、5年以上の長期にわたる成長を前提とした制度運用ではない。標本資料の収集保管と調査研究事業は、長期的な目標管理が必要である。継続的な標本資料の収集保管と調査研究事業の成果による文化振興を行う法人では長期的な目標管理に基づく制度運用を検討する必要がある。現在の制度でできることは、法人内部で5年を越える長期的なビジョンを独自に策定しておき、5年ごとの中期目標・計画の策定時に、成果と内外の経営環境の変化を踏まえて、法人のミッションと長期的なビジョンを見直していくことが現実的な対応である。

2. 「博物館文化」の発信

　国立科学博物館は、独立行政法人になって19年が経ち、短い期間であるが、調査研究と標本資料の収集保管の成果を主に常設展示や教育活動に反映している科学博物館ならではのモデルとして成果をあげてきている。このような資料の収集保管とそれに基づく調査研究事業が長期的に、継続的に展開していくことが、展示・教育活動として一般の人々に対し最大限のサービスを提供できている源泉と考えられる。これは、博物館の基本的機能である資料の収集保

管、調査研究、展示・教育の各機能が相互連関をもって展開していくことを示している。「博物館文化」ともいえるこの理念は、博物館関係者にはごく当たり前のこととして理解されているが、必ずしも社会に対し、その相互連関の価値と意義を明確に強調されてこなかった。これからの博物館は、長期にわたる資料の収集保管と調査研究の成果が展示と教育活動の充実に結びつく「博物館文化」をわかりやすく人々に提示し、多くの人々がその意義を理解、共有できるようすることが重要である。そのための方略、工夫が必要である。

　Wellington（1989）は、来館者に提供できる知識を「事実そのものの知識（Knowledge that）」「方法に関する知識（Knowledge how）」「理由に関する知識（Knowledge why）」として、科学館では事実そのものの知識がほとんどであるとしている。この指摘は、科学館に関することであるが、博物館においても傾聴に値する。博物館では研究成果が展示の中心であり、調査研究と資料収集保管のプロセスや調査研究と資料収集保管の意義に関する展示は少ないだろう。ただ学芸員が自分の専門の展示や資料を解説する場合は、自ずと研究成果に関する情報だけでなく、どのような道具で資料を集めたり、研究したりしているのかという情報も提供するだろう。より多くの人が調査研究と資料の収集保管のプロセスとその意義について理解、共感できるように、展示内容・手法、教育活動、情報発信方法等を工夫することが重要である。

3. 博物館の社会的役割

　今後の博物館経営において、二つの方向性を勘案する必要がある。第一は、社会の要請を踏まえ、博物館経営を考えるという対応型のマネージメントである。これは、博物館側からみた資料の収集保管、調査研究、展示・教育といった基本的機能のあり方を議論することである。文化芸術基本法、文化経済戦略、文化財保護法の改正による地域における文化財の計画的な保存・活用の促進など、博物館に対する期待が高まっている。このような社会的要請に対し、博物館は資料の収集保管と調査研究の意義を発信するために、資料の社会的価値などを見出し、地域社会の中で活用していくことなどが考えられる。第二は、将来の社会を見据え、博物館が社会に働きかけるという創造型のマネージメントである。つまり、図5の資源投入→経営→出力→成果の順を逆にたどり、将来の博物館の社会的役割を想定して、出力→経営→資源投入を考えてい

くプロセスである。これは将来の社会から求められる博物館の役割とミッションを想定し、基本機能のアウトプットの総体が利用者と社会に与える影響と価値を議論することである。

　博物館が地域に存在し、事業を実施することで雇用を生み、人々が来館することによる経済的影響がある。博物館の展示、教育、標本資料や研究成果のみならず、博物館の空間、ショップの商品、さらに来館者が持込む経験や知見が人々の科学リテラシーの向上に寄与し、文化的側面に影響を与えるであろう。時には、スミソニアン航空宇宙館の「エノラ・ゲイ」展示や水族館のイルカの入手方法をめぐっての論争など、博物館の展示が意図せず政治的、社会的な影響を及ぼす場合がある。博物館は、来館者との対話、満足度調査、マーケティング等を通じて、人々の要望を把握し、活動の改善を図っている。かつて東京教育博物館（国立科学博物館の前身）は、「コレラ病予防」や「時」の展覧会を開催し、公衆衛生の科学的知識と時間の重要性を普及するなど、当時の日本の社会的要請と日本人の実用面の両者に意義があった。しかし人々の要望と社会の要請は一致するとは限らない。対象とすべき人々の要望は多様化しており、高度化する社会の要請は多岐にわたる。博物館の社会的役割を考えるとき、これからの社会の方向性を見据えて、社会に働きかけることが重要になってくるであろう。

参考文献

小川義和　2015「多様化する社会におけるミュージアムを考える」『日本ミュージアムマネージメント学会会報』20-1、10頁

Wellington, J. 1989 Attitude before understanding: the contribution of interactive centres in science education. In M. Quin (Ed.), *Sharing science: Issues in the development of interactive science centres* London: Nuffield Foundation on behalf of the Committee on the Public Understanding of Science. 30-32.

（小川義和）

3. 地方独立行政法人
――大阪市における地方独立行政法人化を例として――

(1) 地方独立行政法人化の経緯

1. 政令改正までの道のり

　大阪市では 2006 年に博物館施設の運営に指定管理者制度が導入されたが、直後から議会において、これが必ずしも博物館施設にふさわしい経営形態ではなく、博物館の基幹業務においては継続性の確保が不可欠であるという反省が出され、それに代わる方策として歴代市長のもと地方独立行政法人化の検討が進められてきた。しかし当時は地方独立行政法人法及び同法施行令において、博物館を設置・管理することは法人の事業の対象に含められていなかった。

　そこで大阪市は政令（施行令）に示される公共的な施設の範囲のなかに博物館を加えるよう国に求めるとともに、構造改革特区第 10 次提案募集（2006年）の機会に「博物館施設の独立法人化に向けた地方独立行政法人法に定める業務範囲の拡大」を求める提案を行った。以後、2 度にわたる特区提案の過程において総務省あるいは文部科学省との議論は深まったが、最終的には「対応困難」とされてしまった。この挑戦は頓挫したものの、改めて大阪市は 2012年に国の地方制度調査会専門小委員会に対して政令改正の要望を提出した。翌年には三重県においても同様の動きがあり、ようやく 2013 年 10 月に念願の政令改正が実現し施行令第 6 条「公共的な施設の範囲」に「三　博物館、美術館、植物園、動物園又は水族館」が加えられた。

　なお、地方公共団体からの設立申請を総務省が認可するにあたっては、「当該公共的な施設の規模及び内容に照らして、地方独立行政法人が設置及び管理することが効率的かつ効果的と認められること」（地方独立行政法人の設立、定款の変更及び解散の認可の基準）という基準が設けられている。このため地方公共団体が博物館等の地方独立行政法人化を意思決定したとしても、総務省によってそれにふさわしいと考えられる規模と事業内容を備えているかどうかが審査される点に留意しておく必要がある。

2. 大阪市における法人化の過程

　政令改正を受け、2016 年度大阪市は外部有識者による「大阪市ミュージアムビジョン推進会議」を設け、既存の 5 館及び整備予定の新美術館がめざす姿とその実現に向けた取り組みを「大阪市ミュージアムビジョン」としてとりまとめた。「推進会議」ではさらにビジョンの実現にふさわしい経営形態についても検討を行い、実現には「継続性と機動性・柔軟性・自主性を備えた地方独立行政法人による経営と運営の一元化」が最もふさわしいとの結論に至った。

　これを踏まえて 2017 年 3 月、大阪市は「博物館施設の地方独立行政法人化に向けた基本プラン」を策定した。また議会においては博物館施設の地方独立行政法人化に向けた経費を盛り込んだ平成 29 年度一般会計予算が附帯決議を付して可決され、2019 年度当初の法人設立をめざして本格的な準備作業が進められることになった。附帯決議の内容は次のとおり重要なものである。

　　博物館施設の地方独立行政法人化については、今後の制度設計にあたり、設立団体となる本市の役割と責任を十分に踏まえ、次のことに留意し、検討を進めること。
　・法人化後、学芸員をはじめとする職員が、安定的に確保できること。
　・運営費交付金は、市民サービスの向上とともに、学校教育や生涯学習の支援など社会教育施設としての役割が確実に果たせるよう、適切に措置すること。
　・館蔵品などの貴重な市民財産を引き続き確実に保全・継承すること。
　・法人化を進めるにあたり、現行の指定管理者と綿密に協議するとともに、対象施設で働く職員に対しても、十分な説明をすること。
　・新美術館の 2021 年度中の確実な開館に向け、必要な措置を講じること。

　法人の定款及び評価委員会条例は 2018 年 2 月の議会で可決され、総務省による認可を経て、2019 年 4 月に地方独立行政法人大阪市博物館機構が発足したところである。

（2）地方独立行政法人の組織と運営

1. 行政からの「独立」が意味するところ

　総務省は独立行政法人を次のように解説している（総務省のウェブサイト

「独立行政法人」の頁)。

　　独立行政法人制度とは、各府省の行政活動から政策の実施部門のうち一定の事務・事業を分離し、これを担当する機関に独立の法人格を与えて、業務の質の向上や活性化、効率性の向上、自律的な運営、透明性の向上を図ることを目的とする制度です。

　　独立行政法人の業務運営は、主務大臣が与える目標に基づき各法人の自主性・自律性の下に行われるとともに、事後に主務大臣がその業務実績について評価を行い、業務・組織の見直しを図ることとされています。

　これは国の独立行政法人を対象とした文章であるが、その地方版である地方独立行政法人についても同じ趣旨があてはまる。また、地方独立行政法人法においても次のように定められている。

　　この法律の運用にあたっては、地方独立行政法人の事務及び事業が地域社会及び地域経済の情勢を踏まえつつ適切に行われるよう、地方独立行政法人の事務及び事業の特性並びに地方独立行政法人の業務運営における自主性は、十分配慮されなければならない（第3条第3項）。

　公立博物館にとって、このような上位団体からの独立の法人格の付与、あるいは自主性・自律性に基づく運営といった行政との関係性は、直営はもちろんのこと指定管理者制度と比べても一段と独立性の高いものであると考えられる。指定管理者制度のもとでの業務は、基本的に仕様書の範囲内において管理を代行することであり、経営の責任はあくまでも行政側に属するという指定の関係である。大阪市の場合、博物館群が指定管理者制度の下で運営されていた時代には、経済戦略局文化部のなかに「博物館担当」のセクションが設けられ、指定管理者を通じて博物館を日常的に管理・監督していた。しかし、地方独立行政法人化されて以降はこれに代わって「博物館支援担当」のセクションが設置されて法人との窓口となっている。その業務内容は①大阪市博物館機構の支援、②大阪市博物館機構評価委員会の運営、③大阪市博物館機構との連絡調整とされている。このことからも行政側の関与が支援中心になっていることが見て取れる。独立行政法人による運営のメリットとして予算面（交付金の自主的な運用、単年度予算主義からの解放など）や人事面における自由度の高まりがよく指摘されるが、ここでは別の側面を指摘しておきたい。

　もともと公立博物館を直営または指定管理者制度によって経営するには、行政組織のどこかに博物館を所属させなければならないが、博物館界の現状をみると、博物館法に則って教育委員会事務局とする場合もあれば、あえて文化、公園、観光、環境などを担当する首長部局を定めている場合もある。その結果、個々の博物館においては所管の行政組織との関係が特段に強くなり、そのミッションによる性格づけが濃厚にならざるを得なくなる。所管が教育委員会の場合は社会教育施設、また首長部局の場合は文化施設あるいは公園施設、観光施設、環境学習施設などといった具合である。逆にいえば他の行政部門との関係は希薄になってしまう傾向が強い。しかし、本来的に博物館はさまざまな公共施設としての顔を兼ね備えていることから、特定の行政組織の指揮命令系統のみに委ねることは健全な経営手法といえない。

　これに対して地方独立行政法人による経営の場合は、行政からの関与が支援中心となり、担当の行政組織との関係も緩やかになるため、法人の判断によって博物館の特性に応じたさまざまな行政分野との連携を、適切な距離感のもとに多角的に進めていくことが可能になる。このような意味で公立施設としては従来なかった経営形態であると評価することができる。このメリットを活かして、博物館群が行政のなかにおいても存在感を高めていくことを期待したい。

2. 設立団体と設置者

　公立博物館の地方独立行政法人化によって、従来博物館の「設置者」であった地方公共団体は法人組織の「設立団体」に立場を変え、設立された法人が博物館の設置・管理の責任を担う「設置者」になるという新たな枠組みが生じることになる。

・この法律において「地方独立行政法人」とは（中略）この法律の定めるところにより地方公共団体が設立する法人をいう（地方独立行政法人法第2条）。
・地方独立行政法人は、次に掲げる業務のうち定款で定めるものを行う。六　公共的な施設で政令で定めるものの設置及び管理を行うこと（同第21条）。

　設立団体は、地方独立行政法人に建物などを出資して定款を定めた上で、理事長らを任命し、中期目標を定め、交付金を措置し、評価を実施し、必要に応じて業務・組織を見直すことを業務とする。大阪市の場合、第1期の中期目標はあらかじめ有識者を交えて練り上げた「大阪市ミュージアムビジョン」を基

礎としたものとなっており、これに基づいた評価が今後、評価委員会を介して実施されることになる。また施設の大規模な増改築、展示更新といった支援策については大阪市が自ら定めた「博物館施設の地方独立行政法人化に向けた基本プラン」及び定款制定時の議会による附帯決議などを踏まえて講じられることになる。ただし今後の法人の成長と発展の持続のためには、文書による担保だけでなく、博物館行政に精通した人材を庁内に確保するとともに評価委員会の機能を充実させることを通じて設立団体としての責任を全うしていくことが重要である。

　一方、博物館の管理・運営自体を目的とした法人が設置者となったことは、日本の公立博物館においてかつてなかった画期的なことである。大阪市博物館機構の定款には目的が次のように掲げられている。

　この地方独立行政法人は、地方独立行政法人法に基づき、博物館及び美術館を設置して、歴史、美術、自然、科学及び科学技術に関する資料等を収集し、保管して公衆の観覧に供するとともに、当該資料等に関する調査研究及び普及活動を通じて、市民の文化と教養の向上を図るとともに、学術の発展に寄与することを目的とする（定款第1条）。

　指定管理の時代においても、大阪市では博物館の管理・運営に概ね特化した公設財団法人が指定管理者となっていたが、設置者はあくまでも行政側であり、また管理代行という制度的限界及び大阪市の「監理団体」という位置づけによる予算執行や人事面でのさまざまな制約のために、自主性・自律性を発揮するには程遠い状態にあった。このたびは法人自らが設置者となることによって、大阪市が定めたミュージアムビジョンや中期目標、そして法人が定めた中期計画等に則って自発的に事業を展開するとともに、博物館法などの博物館界における基準に基づいて自律的に活動できる条件が整えられたといってよいであろう。一言でいえば、「博物館のロジック」に基づく運営が可能になったということではないだろうか。

3. 多様な館種を包含する大阪市の博物館群

　このたび設立された地方独立行政法人大阪市博物館機構は、多様な館種の博物館を包含していることが特徴である。

　国立の博物館の場合、対象とする館種ごとに独立行政法人が設立され、それ

ぞれの施設は館種に即した目的に基づいて設置・管理されている。
・独立行政法人国立文化財機構は有形文化財の収集、保管、展示等を目的として東京、京都、奈良・九州の各国立博物館を設置。
・独立行政法人国立美術館は美術に関する作品その他の資料の収集、保管、展示等を目的として国立東京近代美術館・国立京都近代美術館・国立映画アーカイブ・国立西洋美術館・国立国際美術館・国立新美術館を設置。
・独立行政法人国立科学博物館は自然史に関する科学その他の自然科学及びその応用を目的として国立科学博物館を設置。
　これに対して大阪市では長期にわたって多様な館種の博物館の整備が進められてきた。1977 年には教育長名による「大阪市における博物館整備充実の方向」を公開している。その経過は、大阪市ミュージアムビジョンの冒頭において次のように総括されている。

　　大阪市は、昭和 11（1936）年の市立美術館の開設以来、長年にわたり市民をはじめさまざまな人々の支援を得ながら、歴史・美術から自然・科学に至るまで多様な博物館を設置し、充実を図ることで、伝統の都市にふさわしい傑出した博物館「群」を築き上げて来た。

　結果として大阪市博物館機構は、国立の博物館の場合とは異なり、次のように多様な分野・館種の博物館を一つの法人に包含するものとなっている。館種の多様性・網羅性は大阪市の博物館群の大きな特徴であり、魅力でもある。
・美術系：大阪市立美術館、大阪市立東洋陶磁美術館、大阪中之島美術館（開設準備中）
・歴史系：大阪歴史博物館
・理工系：大阪市立科学館
・自然史系：大阪市立自然史博物館
　そもそも館種とは対象とする資料の相違に由来するものであり、一口に博物館資料といっても、美術館では「作品」と呼ばれ、自然史系博物館では「標本」と呼ばれることからわかるように、その特質と取り扱い方は館種によって大きく異なっている。この違いは学芸員の専門性のみならずそれぞれの館における展示や教育活動のスタイル、施設・設備のありようにまで及ぶものである。そこに設立の経緯・沿革やコアを成すコレクションの特性なども加わっ

て、大阪市の博物館群におけるそれぞれの館の独自性、個性が形づくられている。このような博物館群を単一の法人によって経営しようとするには、国の場合とは事情が異なり、館種の多様性に対する理解とそれを踏まえた個々の館の独自性の尊重が経営の大前提となる。経営のポリシーは中期目標として与えられるが、法人の経営陣には博物館というものに対する運営上のリテラシーと現場の声に耳を傾けるデリカシーが求められる。

4. 法人経営陣と博物館との関係

　設立団体と設置者との関係だけでなく、設置者における法人経営陣と個々の博物館との関係も重要である。大阪市による「博物館施設の地方独立行政法人化に向けた基本プラン」には次のように記述がなされている（地方独立行政法人の概要～基本事項～）。

・法人は、日常的な施設運営と中期計画等に基づく経営を一体的に行うことで、本市博物館施策の充実をめざす。

・法人経営については、理事長のマネージメントの下、個々の館の自主性や独自性が十分発揮できるよう配慮する。

　これによって法人が「日常的な施設運営」を担う博物館現場と「中期計画等に基づく経営」を行う経営陣によって構成されていることが明示され、また「個々の館の自主性や独自性」の尊重が現場に対する経営側の配慮事項とされていることがわかる。また法人の組織図においても、法人の事務局と各館とは対等の関係に置かれている。

　言うまでもなく法人が実施する事業の担い手（単位）は個々の博物館であり、前述のように大阪市の場合は多様な館種を包含しているのでなおさらのこと、日常的な施設運営における権限と責任がそれぞれの博物館に付与されていなければ、それぞれの特質に応じた博物館運営は困難である。博物館法第4条第2項において「館長は、館務を掌理し、所属職員を監督して、博物館の任務の達成に努める」と定められている。この点について上記「基本プラン」では「法人は理事長や館長等を中心にガバナンスの効いた運営や事業実施を行い、施策実現の責任を負う」との考え方のもとに、各館館長には「館の運営方針の決定、館の中期及び年度計画の策定、館の予算確保と管理、館内業務の進捗管理と評価、他の館や機関との組織間の交渉、館職員の評価等」に関する権限と

責任を付与し、費用を措置するとしている（組織と職員～①設置者・法人・館等の関係～）。大阪市博物館機構の場合、このような形で法人経営陣と博物館現場との基本的な枠組みが設定されている。

　実際に博物館現場にどの程度の権限を委譲すべきかについては一律に論じられるものではないが、機動力を発揮して活動できるようにするには、より高いレベルでの委譲が望ましいことは当然である。一方、そのためには個々の博物館において自己のマネージメントを完結させるために十分な責任能力を備えていることが要件となる。

　経営側と博物館現場との間に軋轢を生じさせないために、経営側は目線を低く保って現場を理解し、現場は目線を高くして法人の全体状況を共有し、互いに風通しをよくしていくことが重要であろう。

5. ロジックの融合

　博物館の経営に特化した地方独立行政法人に何よりも期待されるのは、前述の博物館のロジックに基づく自律的な運営である。それを実現するためには、博物館法をはじめ「博物館の設置及び運営に関する望ましい基準」（文部科学省告示）、日本博物館協会が策定した「博物館の原則」と「博物館関係者の行動規範」、ICOM（国際博物館会議）による職業倫理規定などの博物館界における諸基準を法人の活動指針として導入し、経営陣も現場も、学芸も総務も、これらを共有しておくことが重要である。その上で法人として博物館関係団体や博物館学関連学会などの事業に参画し、日常的に国内外の博物館界の動向や先進事例について目を配り、業務の向上につなげていくことが望まれる。大阪市博物館機構の場合、置かれている立場からすれば日本の博物館界における有力な博物館組織となることから、その方面における貢献が求められることを承知しておかなければならない。

　一方で、法人は設立団体（大阪市）の支援措置を受けることから行政のロジックを踏まえた運営も当然ながら求められ、また地方独立行政法人法に基づく「業務の適正を確保するための体制の整備」（第22条第2項）といった独立行政法人に特有のロジックも運営の要件となる。したがって、地方独立行政法人という新しい経営形態による博物館の運営には、このような各種ロジックを融合し、博物館のあり方と照らし合わせ、館種の多様性にも配慮した独自の基準

が必要となると考えられる。

6. 法人を担うプロパー職員の確保と人材育成

　期間を定められる指定管理者制度のもとでは、職員の安定的な確保と人材育成が困難であり、大阪市ではこのことが博物館群の独立行政法人化に踏み切る一つの要因ともなっていた。また直営博物館においても学芸員の継続性は担保されるものの、事務系職員は庁内の定期的な人事異動により数年程度で交代するのが常である。これらに対して地方独立行政法人による経営の場合は、職種を問わず法人のプロパー職員を継続的に雇用できるという大きなメリットがある。博物館経営に特化した法人という環境のもとで、専門職だけでなく事務系の分野においても博物館の業務に精通した人材を輩出することが期待される。

　大阪市が定めた中期目標には「法人の活動の中核を担う専門的な人材の安定的確保及び育成」という課題が「中長期的発展を見据えて取り組む事項」の一つとして提示されている。それに対して法人は中期計画において

・業務の中核を担う職員を安定的に確保するために、中長期的な採用計画及び育成計画を立案し、運用する。

としている。新しい経営形態に基づく円滑な運営を実現するには、法令や経理、労務などに明るい事務系職員が法人事務局に、また現場にも各館の総務の中核となる職員がそれぞれ配置されていなければならない。そのための即戦力の人材確保と、系統的な研修等による将来に向けての人材育成は、法人設立段階における最重要課題であると思われる。

　また、中期計画には

・館蔵品保存管理、広報、教育、資金調達等に特化した専門人材の安定的確保と充実をめざす。

とも記載されている。博物館現場にこのような専門性を備えた人員を配置することが望ましいのはいうまでもないが、日本の公立博物館の現状では、限られた員数のなかで学術分野の専門職の確保が優先されることもあり、単館での実現はなかなか困難である。法人として、個々の館を超えた形でこのようなスペシャリストを確保し、それぞれの分野における最新の情報やノウハウを各館に注入することができれば、博物館群としての業務の向上に大きく寄与することが期待される。

（3）恒久的施設としての存続根拠

　地方独立行政法人法第2条によれば法人が実施するのは「公共上の見地から
その地域において確実に実施されることが必要な事務及び事業」ではあるが、
法人は、5年程度の中期目標期間における評価とそれによる存続判定、という
サイクルに基づいて事業を継続していかなければならない。しかし、博物館の
ような恒久的施設を設置・管理する法人としては、中期ではなく長期の、期間
を限定しない施設存続の根拠を必要とするところである。

　「大阪市ミュージアムビジョン」は設立団体の立場から大阪市の博物館群の
存在意義と今後のあり方を示した基本文書であり、そのような根拠の一つとし
て重要なものである。市民にとってわかりやすく表現されていることも高く評
価される。ただし「今後、おおむね10年でめざす姿とその実現に適した運営
のあり方（ビジョン）を示すもの」であることから、大阪市には適宜これに改
訂を加えつつ博物館行政を主導していくことが求められる。博物館を設置して
いる地方公共団体においても、地方独立行政法人化を進めるかどうかにかかわ
らず、このような形で博物館のあり方や博物館行政の方向性を明文化しておく
ことが、住民に対する説明責任という意味においても望ましいと考えられる。

　また、地方独立行政法人が設置・管理する博物館は、地方独立行政法人法第
21条第6号における「公共的な施設で政令で定めるもの」としての「博物
館、美術館、植物園、動物園又は水族館」（同法施行令第6条第3号）に該当
する。ここから、博物館法の適用を受ける施設であるという意味で、もう一つ
の施設存続根拠が導き出されるところであるが、実は地方独立行政法人が設置
する博物館は、博物館法における登録の対象外とされているために、大阪市博
物館機構を構成するそれぞれの博物館はこのたびの地方独立行政法人化によっ
て登録博物館から除外されてしまった。このような措置はミュージアムビジョ
ンや地方独立行政法人化の趣旨に逆行するものである。その原因と責任は旧態
依然とした博物館法、すなわち国の博物館行政の側にある。長らく日本の博物
館界は博物館登録制度における設置者や所管に基づく制限の撤廃を求めている
が、これを含めた一刻も早い博物館法の抜本改正が待たれるところである。

（山西良平）

第6章

博物館経営各論

1. 博物館行政と博物館経営

　我が国の近代博物館制度は、社会教育法の特別法として、1951 年に制定された博物館法を中核とするシステム——本節では、このシステムを"51 年システム"と呼ぶ——として誕生した。"グローバル化とネット社会化、少子高齢化のなかで戦後日本社会が作り上げてきたものが挫折していく時代"（吉見 2019）であった平成に、博物館の外部環境は大きく変化し、51 年システムは、機能不全に陥りつつある。機能不全とは、現実を変えていく手段の喪失・弱体化により、理念と現実が大きく乖離することを意味する。

　伊藤寿朗は、博物館と社会との関係と博物館法によって誕生した近代博物館が現代博物館へ転換するための方策を問い続けた。彼は、「日本博物館発達史」（伊藤 1978）と題した論考を、「博物館は社会のなかで生まれ、育ち、あるいは死んでいく。博物館のあり方は同時に社会のあり方の反映でもある。現実の博物館は決して時と所とを超えたものではありえず、博物館活動という、博物館の組織体に共通した固有の存在形態もまた、それを規定する時代とともに大きく変化してきた」という文で始めている。この文は、ポスト 51 年システムを考える上で博物館と社会との関係を基本に据えることの重要性を示唆している。

　本節の（1）では、51 年システムの中核である博物館法について、その骨子ごとに、博物館法の効果を検証する。（2）では、1990 年代後半以降の博物館行政の動向を検証する。この検証を踏まえて、（3）では、今後の博物館行政と博物館経営のあり方を探っていく。

（1）51 年システムとしての博物館法の検証

1. 博物館法の骨子

　博物館法が国会で審議された 1951 年当時、我が国の博物館は、200 館余、うち約 140 館が私立博物館という状態であった。戦争により運営が難しくなった私立博物館を、発展的に存続させるための措置が求められるなか、博物館法

が制定された。

　同法は、①博物館の事業内容の明確化、登録制度の創設、公立博物館の所管を教育委員会とすること、②学芸員制度の創設、③博物館協議会の設置、④博物館への財政的支援の4点を骨子としている。

2. 博物館法の効果についての検証

　博物館法の制定により、博物館がどのように変化したか、博物館法の効果を、前項で整理した骨子ごとに検証する。

　①**登録制度**　博物館法では、登録博物館のみを同法の博物館とし、その設置者を、地方公共団体、一般社団法人・一般財団法人、宗教法人等に限定している。社会教育調査（2018年度中間報告）によると、登録博物館は914館で、相当施設373館及び類似施設4,457館を含む全施設（5,744館）に占める比率は15.9%に過ぎない。公立館4,332館のうち登録博物館は606館（14.0%）に過ぎず、博物館法に位置づけのない類似施設が3,546館（81.9%）に及ぶ。このことは、登録制度の機能不全を象徴している。登録制度と財政支援により、登録博物館を中核にした博物館政策が意図されたが、その意図と現実は大きく乖離している。

　類似施設は、初めて社会教育調査で調査された1987年度に1,574館であったが、1999年度に4,064館になる。12年間に2,490館、特に公立館が1,155館から2,973館へと爆発的に増加した。1980年代後半から90年代は、日米構造協議により実施が決まった公共投資10か年計画の時期と重なる。1991年度にスタートした同計画の総額は430兆円（最終的には630兆円）という巨大なものであった。バブル崩壊後の景気対策が実施されたこともあり、競うように公共施設が建設されたが、運営費は十分措置されず、ハコモノ化が進む。宮崎雅人は金澤史男の説に依拠して、公共施設の建設が、"国の補助金中心の誘導方式"から"地方の単独事業を主体とし、地方債とそれを補完する地方交付税でファイナンスする事業実施に誘導する方式"へ変わったと指摘している（宮崎2013）。2003年度予算から、小泉内閣による三位一体の改革（国庫補助金の廃止・縮減、税財源の移譲、地方交付税の一体的な見直し）が進められ、不況による税収の落ち込み、社会保障関連費の増大もあり、地方公共団体は、財政と職員の不足に陥る。ちなみに、文科省の地方教育費調査で1988年度から2016

年度（いずれも会計年度）の博物館教育費（都道府県・市町村の合計額）をみ
ると、ピークは1994年度の3,202億円で2016年度は1,439億円（94年度の約
45％）になっている。施設の急激な拡大と財政の逼迫は、正規職員の減少と非
常勤職員の増加、民間委託の推進、事業費の縮減をもたらし、博物館の運営に
深刻な影響を及ぼす。財政と職員の不足への対応策として、指定管理者制度を
導入する地方公共団体が増加していく。

　②学芸員制度　学芸員制度が創設されたことは、博物館の人的体制を確立す
る上で画期的なことであった。2018年現在、登録博物館・相当施設、類似施
設には、8,406人の学芸員（内訳　雇用形態別：専任4,449人、兼任1,191人、
非常勤1,206人、指定管理者1,560人、博物館法の区分別：登録・相当5,035
人、類似3,371人）が配置されている〔出所：社会教育調査（2018年度中間報
告）〕。

　博物館法の区分別に、専任の学芸員の配置状況をみると、配置人数が1人か
ら3人までの施設の施設総数に占める比率は、登録48.3％、相当39.9％、類似
11.2％で、配置人数が4人以上の施設の比率は、登録26.6％、相当15.5％、類
似1.4％である。専任の学芸員は、登録博物館に多く配置されており、博物館
法の効果を確認できる。専任の学芸員がいない施設の比率をみると、登録25.1
％、相当44.6％、類似87.4％で、登録博物館においても博物館法の効果が十
分発揮されているとは言い難い状況がみられる〔出所：社会教育調査（2015
年度）〕。

　博物館法では、学芸員資格を、大卒者（学位保有者）で博物館に関する科目
を修得したものを基本にしている。大学等への進学率が飛躍的に高まった現在
も、法制定時の資格制度が継承されている。2008年の博物館法の改正の際
に、学芸員制度の見直しが検討されたが、法改正は見送られた。2009年に博
物館に関する科目の変更（8科目・12単位から9科目・19単位）が行われた
が、学芸員制度の骨格を改革するものではなかった。調査研究を担う人材は大
学院修了者を基本とする社会通念は、専門的人材を適切に処遇する人事制度の
不備もあり、我が国の博物館制度には定着しておらず、学芸員は、相対的に
"低学歴"状態にある。博物館法を改正せず、対症療法的に科目変更で対応す
る博物館政策は限界に達している。

③**博物館協議会**　博物館法には、公立博物館の運営を民主的にするために、館長の諮問機関として博物館協議会を置くことができる規定（第 20 条から第 22 条）が設けられている。協議会は、市民と施設をつなぐ機関として、博物館法その他の社会教育関連法では重要な位置を占めている。戦前の反省を踏まえ、社会教育関連法の基本理念として施設運営における市民参画を重視していることは大いに評価できる。公立博物館では、登録博物館・相当施設の 68.0％、類似施設の 23.6％ に協議会が設置されている〔出所：社会教育調査（2015 年度）〕が、形骸化しているとの指摘もある。地方創生が政策課題になるなか、地域社会において公立博物館が果たすべき役割を博物館法に明確に定義することが期待される。また、博物館の公共ガバナンスを強化する観点から、各博物館が、市民参画や市民との連携を図る仕組みを整備していくことが必要である。

④**国の財政的支援**　制定時の博物館法には、博物館資料の国鉄による輸送料の減免に関する規定（第 9 条）と公立博物館に対する補助金の交付その他の援助に関する規定（第 24 条・第 25 条）が設けられた。第 24 条は「国は、博物館の健全な発展を奨励するために必要があると認めるときは、博物館を設置する地方公共団体に対し、予算の範囲内で、その維持運営に要する経費について補助金を交付し、その他必要な援助を行う」、第 25 条は「前条の規定による補助金の交付は、博物館を設置する地方公共団体の各年度における博物館の維持運営に要する経費等の前年度における精算額を勘案して行うものとする」という規定であった。その後、これらの規定は改正されていく。1954 年に制定された補助金等の臨時特例に関する法律により、補助金の対象経費の範囲が、施設費と博物館資料その他の設備費に縮小された。さらに、1959 年の法改正（社会教育法等の一部を改正する法律）により、第 24 条は「国は、博物館を設置する地方公共団体に対し、予算の範囲内において、博物館の施設、設備に要する経費その他必要な経費の一部を補助することができる」と改正され、第 25 条は削除された。1986 年の法改正（日本国有鉄道改革法施行法）により第 9 条が削除された。第 24 条に基づく公立社会教育施設整備費補助金は、1997 年度をもって廃止・一般財源化された。現在は、震災復興関連事業のほかに、特定の政策を促進するための助成事業が文化庁により実施されている。国の財

政的支援は、戦後の難局を乗り越える上では機能したが、現在、その役割は大きく縮小している。

3. 博物館法の規範性の喪失

博物館法第8条の規定に基づき、1973年に「公立博物館の設置及び運営に関する基準」が告示された。同基準には学芸員の定数規定等の定量的な基準があったことから、規範性を発揮し、博物館運営の拠り所になったといわれている。1998年の地方分権推進計画（閣議決定）に基づき、国が定量的な基準を示すことや必置規制を設けることが見直され、同基準の学芸員等の定数規定が削除された。2003年に同基準に替えて「公立博物館の設置及び運営上の望ましい基準」、2011年に「博物館の設置及び運営上の望ましい基準」が告示されたが、両基準には、当初の基準にあった規範性はない。博物館の建設ラッシュ時には、基準に従って業務を効率的に進めることには合理性があり、現場の支持もあった。財政の悪化により基準の達成が難しくなるなか、基準の見直しを求める声が強くなった。地方財政が悪化する時期に地方分権が進められた結果、設置者の創意工夫は進まず、経営資源の劣化が進行していく。

（2）1990年代後半以降の博物館行政の動向

1. 1990年代後半以降の動向

1990年代後半から、博物館運営に直接または間接的に関係する諸制度は、表1に示したとおり、大きく変貌していく。地方分権・規制緩和の推進により国の役割が縮小していく。民営化・市場化を基調とする制度の創設（独立行政法人制度、指定管理者制度、PFI法）は、博物館に大きな影響を及ぼしていく。文化政策に大きな動きのあった2017年以降、博物館行政は文化庁に一元化され、博物館政策は、社会教育から文化政策へと軸足を移していく。

2. 国の博物館行政の一元化と社会教育行政の縮小

2017年6月に、文化芸術振興基本法は、文化芸術基本法に改正された。同法の附則第2条の規定に基づき、2018年6月に、文部科学省設置法が改正された。改正前は、博物館制度と国立科学博物館に関する事務は生涯学習政策局、国立文化財機構と国立美術館に関する事務は文化庁が所掌していたが、同年10月から博物館制度と博物館関連3法人に関する事務は文化庁の所掌にな

表 1　博物館政策関連の年表

年度	事　項
1999	「独立行政法人通則法」「PFI 法」公布
2000	「地方分権一括法」施行（1999 年公布）
2001	中央省庁再編成、「文化芸術振興基本法」公布・施行
2003	「地方自治法の一部改正法」公布※指定管理者制度の導入 「地方独立行政法人法」公布、「公立博物館の設置及び運営上の望ましい基準」（文科省告示）告示
2006	「公益法人制度改革関連 3 法」「教育基本法一部改正法」公布
2007	「地方教育行政の組織及び運営に関する法律（地教行法）の一部改正法」公布　※地方公共団体の長（首長）がスポーツ・文化を担当することが可能になる。
2008	「社会教育法等の一部改正法」※社会教育法、図書館法、博物館法の改正
2011	「海外の美術品等の我が国における公開の促進に関する法律」「展覧会における美術品損害の補償に関する法律」公布・施行
	「地域の自主性及び自立性を高めるための改革の推進を図るための関係法律の整備に関する法律」（第 2 次一括法）による博物館法改正 ※第 21 条・第 22 条関係（協議会委員）
	「博物館の設置及び運営上の望ましい基準」（文科省告示）告示
	「PFI 法の一部改正法」公布 ※コンセッション方式（公共施設等運営権）の導入
2012	「劇場、音楽堂等の活性化に関する法律（劇場法）」公布・施行
2013	「地方独立行政法人法施行令一部改正令」公布・施行 ※博物館、美術館、植物園、動物園、水族館を設置する地方独立法人の設立が可能になる。
2014	「公共施設等の総合的かつ計画的な管理の推進について」（総務大臣通知）※公共施設等総合管理計画の策定等の要請
	「地域の自主性及び自立性を高めるための改革の推進を図るための関係法律の整備に関する法律」（第 4 次一括法）による博物館法改正　※第 10 条・第 29 条関係（登録博物館・相当施設の事務を指定都市に委譲）
2017	「経済財政運営と改革の基本方針 2017」（閣議決定）
	「文化芸術基本法（文化芸術振興基本法の一部改正法)」公布・施行
	「文化経済戦略」（内閣官房・文化庁）
	「国宝・重要文化財の公開に関する取扱要領（文化庁長官裁定）」改訂
	「文化芸術推進基本計画」（閣議決定）
2018	「国際観光旅客税法」公布（2019 年 1 月から適用）
	「文化財保護法及び地方教育行政の組織及び運営に関する法律の一部改正法」公布
	「PFI 法の一部改正法」公布 ※公共施設等運営権者が公の施設の指定管理者を兼ねる場合における地方自治法の特例措置
	「文部科学省設置法の一部改正法」公布 ※博物館行政を文化庁に一元化、社会教育課の廃止
2019	地方独立大阪市博物館機構の発足
	「地域の自主性及び自立性を高めるための改革の推進を図るための関係法律の整備に関する法律」（第 9 次一括法）による博物館法、地教行法改正 ※特例的に公立博物館を首長が所管することが可能になる。

った。同時に、生涯学習政策局は総合教育政策局に再編され、社会教育課は廃止、社会教育振興総括官が配置され、公民館、図書館は地域学習推進課、図書館司書等は教育人材政策課の所掌になった。再編により社会教育行政の縮小が顕著になった。

3. 経済戦略（文化経済戦略）に基づく博物館行政

　文科省・文化庁の再編の背景には、文化を経済戦略の一部に組み込んでいく政策がある。2017年6月に「経済財政運営と改革の基本方針2017」が閣議決定されたが、同方針の第2章に、「文化経済戦略（仮称）を策定し稼ぐ文化への展開を推進するとともに、政策の総合的推進など新たな政策ニーズ対応のための文化庁の機能強化等を図る」との記載がある。"稼ぐ文化"という文言に、同方針の性格が集約されている。この閣議決定により文化政策と経済戦略は急接近し、同年12月に「文化経済戦略」、2018年8月に「文化経済戦略アクションプラン2018」が策定された。観光産業が経済戦略のなかで重みを増すなか、観光資源としての文化財、観光施設としての博物館がクローズアップされ、文化財保護政策と博物館政策は大きく転換していく。博物館法に、公立博物館の入館料原則無料の規定（第23条）があるなど、博物館は、社会教育施設として無料・低価格で運営することを基本原則としてきた。文化経済戦略に基づく政策が進むなか、社会教育は表舞台から消えていく。

　戦前の博物館政策は、黎明期の勧業・殖産興業から次第に古器旧物保存・文化財保護へ転換していった。戦後、博物館法により博物館が社会教育施設として位置づけられるなか、国立博物館は、博物館法に包摂されず、文化財保護委員会の附属機関となった歴史がある。官邸主導で博物館を経済戦略の担い手とする政策には、原点回帰ともいえる動きをみることができる。

4. 文化財保護と公立博物館の所管をめぐる制度改正

　地教行法には、教育委員会及び地方公共団体の長（首長）の職務権限が規定されているが、2007年の同法の改正により、職務権限の特例として、首長が、スポーツ、文化（文化財保護を除く）に関する事務を管理し、執行することができるようになった。改正後、文化行政を首長部局で担当する地方公共団体が増加した。

　文化経済戦略に基づいて、2018年6月に行われた文化財保護法及び地教行

法の一部改正により、2019年4月から文化財保護に関する事務を、首長が管理し、執行することができるようになった。さらに、2019年5月、第9次一括法による地教行法と博物館法等の改正により、図書館、博物館、公民館その他の社会教育に関する教育機関のうち条例で定めるもの（特定社会教育機関）の設置、管理及び廃止に関する事務を、政治的中立性の確保等を条件に、首長が管理し、執行することができるようになった。

　一連の改正により、まちづくり、観光など首長部局が行う行政分野と、博物館行政、文化財保護行政との一体的な取り組みを推進するために、地方公共団体が効果的と判断した場合には、首長部局が公立博物館や文化財保護に関する事務を所管することができるようになった。特例措置とはいえ、難攻不落ともいわれてきた博物館法と教育委員会制度の原則は崩れた。

（3）今後の博物館行政と博物館経営

1. 登録制度の廃止による博物館政策の転換

　博物館法は、博物館の組織法として、また財政的支援の根拠法として制定されたが、後者は形骸化し、骨抜き状態になっている。また、同法が機能不全に陥っている要因に、登録制度が機能していないにもかかわらず、登録制度に固執し、施設数の約8割、入館者数の約5割を占める類似施設を博物館法の対象にしていないことがある。博物館の登録制度は、博物館法の審議時に、"博物館の公共的活動の基本的要件を備えているものを保護助成するもので、脱税を目的として設置される私立博物館を排除する意図がある"と説明されるなど、財政的支援が野放図になることを回避するために設けられた。ちなみに、私立館を制度の骨格に据えていない公民館や図書館には登録制度はない。登録制度が機能しているといえるのは、私立の登録博物館が一定の要件の下に、税制上の優遇措置を受けていることである。この措置の代替措置があれば、登録制度を廃止しても支障はないであろう。形骸化している登録制度を廃止すれば、設置者や所管によって登録申請をできないという問題自体がなくなる。

　日本博物館協会の『「登録博物館制度に関する調査研究」報告書（2017年）』では、登録制度の改革案として、申請資格に対する設置者や所管による制限の撤廃、相当施設との一元化、審査項目を増加し博物館を資するための制度に変

更する等の提案がされている。2019 年度から首長部局が所管する特定社会教育機関も登録申請ができるようになったが、設置者や所管による制限がさらに撤廃されたとしても、多くの施設が登録の申請を行うとは思えない。また、博物館を資するための制度にする提案は、地方分権や市場による評価を重視する政策が基調になっているなか、実現には多くの困難が予想される。博物館を資することを目標にすればする程、登録要件や審査は複雑になり、行政コストが増えるというジレンマに陥る。運営コスト、コスト負担者の問題等、課題は多い。さまざまな分野があり、設置目的も多様な博物館を一律の基準により審査することは難しいし、多様な実態に対応しようとすれば、制度は複雑になる。優良な博物館であると認定する機能は、行政ではなく、日本博物館協会などの博物館関係団体が担う方が効率的である。登録制度を部分的に見直しても、類似施設の多くが登録博物館に移行するとは思えないことを考えれば、登録制度を廃止し、登録制度により排除されてきた類似施設も対象にする博物館政策へ転換することが優先されるべきである。

2. 導きの糸としての劇場法

博物館の 51 年システムが機能不全に陥っている現状を縷々述べてきた。博物館行政に求められるのは、51 年システムの延命ではなく、類似施設を含む博物館の活性化に資するシステム（ポスト 51 年システム）を構築することである。

国の博物館行政は、文化芸術基本法や劇場法を所管する文化庁に一元化された。2012 年に公布され、平成の社会状況を踏まえて制定された劇場法は、前文で、施設の整備が先行し、事業や人材の養成が遅れてきたという現状に言及するなど、博物館法とは異なる内容とスタイルをもっている。前文には、施設に期待される役割と地域政策に関わる機能（地域の文化拠点、地域コミュニティの創造と再生を通じて、地域の発展を支える機能等）についての言及があり、本則では、設置者・運営者、関係団体、国と地方公共団体のそれぞれの役割が規定されている。「劇場、音楽堂等の事業の活性化のための取組に関する指針」には、専門的人材の養成・確保、経営の安定化に関する事項、指定管理者制度の運用に関する事項等についての言及がある。劇場法の特徴である 3 点（①特性の違う広汎な施設を対象にしている、②施設の設置者・運営者や行政

の役割を明確に規定している、③活性化をキーワードにしている）を導きの糸に、博物館法を全面的に見直すことが現実的な対応策と考える。

3. ポスト 51 年システムの構築に向けて

　ポスト 51 年システムを見据えて、社会教育以外の目的をもつ博物館や類似施設を博物館法に位置づけ、多様な博物館を公共財として位置づけるための根拠法に同法を刷新していく必要がある。また、今後、博物館法以上に重要になってくるのが、各館の設置法や設置条例等である。各館の設置目的・ミッションをどれだけ適切に表現し、それらを実現できるか、博物館経営の手腕が問われる時代になった。

参考文献

伊藤寿朗　1978「日本博物館発達史」伊藤寿朗・森田恒之『博物館概論』学苑社、82 頁

宮崎雅人　2013「日本における地方財政赤字の形成」井手英策編著『危機と再建の比較財政史』ミネルヴァ書房、100 頁

吉見俊哉　2019『平成時代』岩波書店、27 頁

（杉長敬治）

2. インバウンド観光と博物館

　訪日外国人旅行者数は 2018 年に 3,119 万人に達し、都市部と地方部への訪問者が増えている。博物館には、地域の歴史・文化、自然等の魅力を外国人旅行者にわかりやすく伝え、地域への理解を深めてもらう等の役割が期待されている。

I. インバウンド観光（訪日外国人旅行者誘致）とは

（1）訪日外国人旅行者の定義
　訪日外国人旅行者とは、外国人正規入国者から日本に永住する外国人を除き、外国人一時上陸客等を加えた入国外国人旅行者である。観光庁「訪日外国人消費動向調査」によると、2018 年の外国人旅行者の訪日目的は、観光・レクリエーションが 78.2%、ビジネス（業務）が 13.8%、その他が 8.0% である。ビジネス目的の訪日外国人旅行者には、営業や打ち合わせ等の通常業務のなかでの出張で来日する場合と、MICE と呼ばれるビジネス上の特別の機会に来日する場合がある。MICE とは、多くの集客交流が見込まれるビジネス・イベントの総称で、Meeting（企業等の会議）、Incentive Travel（企業等の行う報奨・研修旅行）、Convention（国際機関・団体、学会等が行う国際会議）、Exhibition/Event（展示会・見本市、イベント）の頭文字をとった呼称である。

（2）訪日外国人旅行者数の推移
　我が国の訪日外国人旅行者誘致は、1893 年の外客誘致斡旋機関の創設に始まり、2003 年には国策として本格的に推進するためビジット・ジャパン事業が開始された。2006 年 12 月には観光立国推進基本法が制定され、2008 年 10 月には観光行政の司令塔として観光庁が創設された。
　訪日外国人旅行者数は、2013 年に最初の政府目標 1,000 万人を突破してから

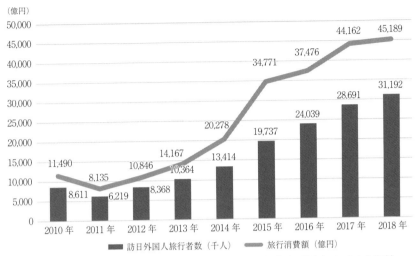

図1　訪日外国人旅行者数と消費額の推移（日本政府観光局、観光庁データより作成）

毎年大きく増加し、2018年には3,119.2万人となった。送客市場別にみると、第1位は中国からの838万人、第2位は韓国754万人、第3位は台湾476万人、第4位は香港221万人、第5位は米国153万人である。第6位のタイ（113万人）は東南アジア諸国では初めて100万人超の送客市場となった。観光流動には近くから多く、頻度高くやってくる傾向があり、アジアからの旅行者が全体の85%を占めている。アジア諸国・地域の所得向上、日本へのビザ（査証）緩和や外航LCC（Low Cost Carrier、効率的な運営により低価格で航空サービスを提供する企業）による定期・チャーター路線の増加等の入国アクセスの改善を背景に、近隣諸国・地域からの旅行者が増加してきた。

　政府は、次のステージをめざして、距離の遠い欧米豪等からの誘致に積極的に取り組んでいる。訪日外国人旅行者の平均滞在日数は、韓国からの旅行者が3日程度、それ以外のアジア諸国・地域は1週間程度、欧米豪は2週間以上であり、遠くからの旅行者は滞在日数が長い。このことは、訪日外国人旅行者が、訪問先地域に関する多くのことや人々に接する機会があること示しており、また、遠くからの旅行者の場合は1人あたりの日本滞在中の消費額が多くなることも意味している。

（3）訪日外国人旅行消費額の推移

　外国人旅行者が日本滞在中に支出する消費額は、2018年に4.5兆円となった。インバウンド観光は、輸出産業と同様に外需を獲得する効果をもつことから、製品別輸出額と訪日外国人旅行消費額とを比較すると（2018年）、第1位は自動車（完成品）12.3兆円、第2位は訪日外国人旅行消費額4.5兆円、第3位は半導体等電子部品4.2兆円であった。インバウンド観光というサービスの総体が稼ぎ出す額は、我が国産業のなかで一定規模をもつに至っており、訪日外国人旅行者数の増加に伴い消費額も伸びている。

（4）インバウンド観光市場の将来動向

　世界観光機関（UNWTO）は、世界で1泊以上の外国旅行をした人数が2018年に14.3億人（前年比5.6%増）に達したと推計した。また、2030年には世界の18.1億人が1泊以上の外国旅行をし、その3割はアジア・太平洋州を目的地とすると予測している。世界の旅行市場の成長を追い風とし、近隣諸国・地域との関係悪化、自然災害や感染性疾患等による重大なイベントリスクが発生しない限り、訪日外国人旅行者数は今後も増加が期待される。

　インバウンド観光への政府の期待は大きく、2020年に訪日外国人旅行者数4,000万人、消費額8兆円、地方部での外国人延宿泊者数7,000万人泊、2030年には同6,000万人、15兆円、1.3億人泊が政府目標である。2020年目標に対して、2018年実績では、訪日外国人旅行者数3,119万人（達成率78.0%）、訪日外国人旅行消費額4.5兆円（同56.3%）、地方部での外国人延宿泊者数3,636万人泊（同51.9%）であり、消費額や地方誘客の増加が課題である。

（5）インバウンド観光の意義

1. インバウンド観光振興による経済活性化

　旅行消費は主に交通、宿泊、食事、お土産購入、アクティビティ体験に支出され、この支出が企業間取引を通じて他業種にも経済効果を及ぼしていく。また、日本での飲食を楽しんだ旅行者は、自国に戻ってからも食品を購入したいと思う傾向があり、訪日外国人旅行者数の増加と歩調をあわせるように農産物の輸出額が伸びている。同様に、化粧品やお菓子等の輸出額も増加している。

2. インバウンド観光振興によるソフトパワーの向上

インバウンド観光は、外国人に実際の日本を知ってもらい、日本人と交流してもらう好機である。観光を通じた草の根交流によって、日本を理解してくれる人、好感をもつ人が世界に増えていくと、国際社会で日本が起こす行動に力を貸してくれたり、共感してくれる人々の増加が期待できる。これは国際社会での日本・日本人のさまざまな活動を下支えする貴重な資産となる。また、外国人旅行者を受け入れる地域住民は、自地域の資源等が海外の人々に喜ばれたり、賞賛されることによって、地域への誇りと愛着を育んでいく。地域への誇りと愛着の醸成は、住民がコミュニティを維持・活性化させていく原動力となる。

II.　インバウンド観光と地域活性化

（1）地域におけるインバウンド観光振興の意義

インバウンド観光振興の意義を地域活性化の文脈で咀嚼してみると、「交流人口増による地域経済活性化」と「地域ファンづくりと、それを通じた地域住民の地域への誇りや愛着の醸成」と言い換えることができよう。インバウンド観光振興は、企業の生産拠点誘致による地域経済活性化とは異なり、地域固有の歴史・文化・伝統や自然等の地域から動かすことができない資源を活用するものであり、生産年齢に該当する人々だけでなく、生活文化の担い手や地域の生態系の理解者である高齢者や主婦の活躍が期待され、そして、旅行者を歓迎し交流する場面では子どもたちも参加が可能である。

（2）地方訪問が広がる訪日外国人旅行者

1. 都道府県別外国人延宿泊者数

2018年の都道府県別外国人延宿泊者数は、東京都・京都府・大阪府を結ぶいわゆる「ゴールデンルート」上の都府県が多くなっている。初めて観光で旅行する外国では、その国の代表的な都市で交通アクセスがよい首都・古都・商都を訪問先に選ぶ傾向にあることが反映されている。

一方、訪日リピーター割合（訪日2回目以上）が62%（2018年）となり前

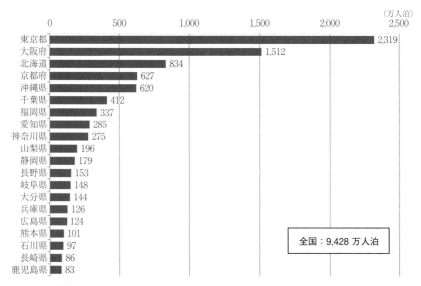

図2 都道府県別外国人延宿泊者数（上位20、2018年）（観光庁「宿泊旅行統計調査報告書」
2019年より転載）

回と異なる訪問先を志向する旅行者が増えるなかで、日本政府観光局や地方自
治体の地方誘客プロモーションが奏功し、外国人旅行者の地方訪問が増加して
いる。北海道、沖縄県、福岡県、長野県、大分県、岐阜県等での外国人延宿泊
者数が上位となり、全体に占める三大都市圏以外での外国人延宿泊者の割合は
40.8%に達し、さらに、地方部の前年対比率と全体における地方部の割合の伸
び率は三大都市圏を上回って推移している。宮城県、岐阜県、島根県の外国人
延宿泊者数の前年（2017年）対比は5割以上増加し、青森県、岩手県、山形
県、福島県、鳥取県も3割強の伸び率を示している。外国人旅行者数が少なか
った東北や山陰においても、インバウンド観光振興が進んできていることがう
かがえる。

2. 訪日外国人旅行者の旅行行動

　外国人旅行者は日本食、ショッピング、自然・景勝地観光、繁華街の街歩き
等に期待を寄せて来日し、実際にこれらを実施している。いずれの項目とも、
実施後の満足度は9割超と高い。次回の訪問で実施したいことには、温泉、旅

表1　外国人旅行者の訪日前の期待、滞在中に実施したこと、次回したいこと（2018年）

	第1位	第2位	第3位	第4位	第5位	博物館
訪日前に期待したこと（%）	日本食(70.5)	ショッピング(54.4)	自然・景勝地観光(46.5)	繁華街の街歩き(41.7)	温泉入浴(28.1)	第8位(20.1)
今回実施したこと（%）	日本食(96.2)	ショッピング(84.0)	繁華街の街歩き(73.9)	自然・景勝地観光(66.1)	日本酒を飲む(44.7)	第7位(29.3)
次回したいこと（%）	日本食(56.7)	温泉入浴(49.1)	ショッピング(42.1)	自然・景勝地観光(41.3)	旅館宿泊(26.7)	第12位(15.9)

資料：観光庁「訪日外国人消費動向調査」（2018年）より作成

館宿泊が上位に上がってきており、第6位が四季の体感、第7位が繁華街の街歩き、第8位が歴史・伝統文化体験、第9位が日常生活体験、第10位が日本酒を飲むとなっており、より日本らしい体験を望む傾向にある。博物館は、訪日前の期待では第8位（20.1%）、今回実施したことでは第7位（29.3%）、次回実施したいことでは第12位（15.9%）であり、伸び代が大きい状況にある（表1）。

　旅行行動は、世界的に、物見遊山型の観光から、自然や歴史・文化を体験するコト消費へとシフトする傾向にある。観光白書（令和元年版）では、我が国の地方を訪問する外国人旅行者の関心が、都市圏での実施が主であるショッピングや日本食といった項目から、地域に固有の体験（コト消費）へと移行していることが示されている。日本滞在中にスキー・スノーボード、温泉入浴、自然体験・農山漁村体験、ゴルフやマリンスポーツ、旅館宿泊を体験した外国人旅行者は、その7割以上が地方を訪問しており、その体験をするために地方訪問をしなかった外国人旅行者と比較すると1人あたり旅行支出額が高い。

（3）地方におけるインバウンド観光振興における課題

　地方におけるインバウンド振興は順風満帆ではなく、地域資源を国際競争力あるレベルに磨き上げること、それを商品化し地域に利する適切な手段で流通させること、地域に適正な利益が残るように地域事業者が価格決定力を向上させること、商習慣を改善したり国際的な企業との交渉力をつけていくこと、外国人旅行者に快適な受入環境整備、需要平準化、特定の地域への観光客の集中によるオーバーツーリズム（住民の日常生活に支障をきたす状況）の回避・軽

減、観光産業における人材確保、観光振興に対する住民理解の促進、持続的に
観光振興に取り組んでいくための体制と財源確保等の多くの課題を抱えている。
　こうした課題に取り組み、観光地域づくりを実践する司令塔としてDMO
（Destination Management ／ Marketing Organization）が各地で組織化されて
いる。DMO は、観光振興を通じて地域が稼げる仕組みを構築し、需要平準化
やオーバーツーリズム対策を含めた環境整備を行い、持続可能な観光地域づく
りをめざす法人である。2019 年 8 月現在で 136 法人が観光庁に登録されてお
り、116 組織が候補法人として登録準備を進めている。DMO の取り組みは緒
に就いたばかりで、必要なノウハウを有する人材や組織運営のための安定財源
の確保、地域の多様な機関との調整等の課題に直面し難航しているところが多
い。早期に観光地域づくりの司令塔としての実態をもつことを期待しており、
特に、文化財や自然を観光に活用する場合には、観光、文化、環境分野の多様
な主体と十分な連携と調整を行う必要があることから、産学官の関係者が参加
して地域の明日のために話し合うプラットフォームとして機能してほしいと考
えている。

III.　インバウンド観光振興における博物館への期待

（1）観光振興における博物館の現在の役割

　博物館は、理論や科学的な調査に裏付けられた本物の知識や価値を体系的に
提供する場であり、旅行者の地域に対する知的好奇心や探究心を満足させる魅
力的な観光資源である。博物館は重要な訪問先として団体ツアーや個人旅行の
旅程に組み込まれ、地域の交流人口増加に貢献してきた。インバウンド観光に
おいては、行動展示で自然体の動物の魅力を引き出している旭山動物園（北海
道旭川市）、世界一のクラゲ展示を誇る加茂水族館（山形県鶴岡市）、東洋美
術・庭園・カフェが人気の根津美術館（東京都）、世界一の庭園美術館として
の地位を不動のものとしている足立美術館（島根県安来市）、瀬戸内海の 12 の
島と二つの港を舞台に開催される現代アートの祭典「瀬戸内国際芸術祭」の開
催各地等のように、すでに外国人旅行者の重要な訪問先となっているところが
ある。

（2）観光振興からみた博物館の可能性

1. 外国人旅行者が地域ファンになるために

　博物館はすでに魅力的な観光資源としての役割を果たしているが、インバウンド観光客向けに展示や説明方法、ホームページを含む案内等を工夫し、外国人旅行者にわかりやすく印象的な方法で情報を提供できているところは多くはない。日本で教育を受けて住み続けている人であれば、展示内容を理解するための一定の知識を備えているが、外国人旅行者はこの点において白紙状態である場合が多い。したがって、歴史的な建築物の解説は、日本人向けには「〇年に誰が〇様式で建築したもの……」という内容でよいが、外国人旅行者向けには、なぜわざわざ遠くから来て、これを理解する必要があるのか、理解することによってどんなよいことがあるのか、といった観点から、訴求力のあるプレゼンテーション的な説明が望ましい。興味を引き出すための簡潔な説明、関心をもった旅行者への詳細な説明など、段階に応じた説明方法を準備することも有効である。解説の仕方を変更するのは大変な作業であるが、地域に居住している外国人や通訳案内士等の協力を得て進めていくことができよう。

　また、地域ファンづくりのためには、団体ツアー商品のように一定時間内に効率的に観光資源をめぐることが優先された旅程ではなく、地域への理解を促進する目的で組まれた旅程の提案、すなわち、全体が地域の特徴を表現するストーリーで統一され、かつ、博物館が適切な順番に組み込まれている周遊ルートの提案が有効である。

2. 博物館での旅行者の経験価値の向上に向けて

　博物館は、月曜休館、定時開館が多い。一方、ゆったりと展示を楽しむことに追加料金を支払うだけの価値を認めている旅行者は多く、開館前や閉館後を特別な機会として活用したり、閉館時刻を延長することは検討に値する。博物館に併設された宿泊施設、あるいは、近隣にある宿泊施設の利用者に限定して早朝や夜の博物館を楽しむことはインバウンド観光先進国では珍しくないことだが、日本においても、足立美術館、ベネッセハウスのミュージアム（香川県直島町）、奥出雲多根自然博物館（島根県奥出雲町）等で実施されている。こうした取り組みは、実質的な開館時間延長となるため人員のやり繰りが難しくなるが、民間経営手法の導入によって工夫の余地があるのではないだろうか。

複数の自治体間の連携によって観光地域づくりを進める広域エリアにおいては、所在する博物館の休館日をずらすことも旅行者にとっては有難い。

3. MICE での活用に向けて

MICE 振興に取り組んでいる地域は、会議やレセプションに特別感や地域特性を演出できる空間として博物館の利用を検討されたい。こうした場所のことをユニークベニュー（特別な場所）と呼び、国際会議の誘致に必須の事項である。海外では、博物館、歴史的建造物、宗教施設、城郭、屋外空間（庭園・公園、商店街、公道等）が活用されており、我が国でも東京都や京都市がユニークベニューとして活用可能な施設をリスト化し公開している。大人数の集合や飲食による影響を避けなければならない収蔵物・展示物があるため対応可能な博物館に限られるが、ユニークベニューとしての活用は、地域での MICE 開催に貢献するとともに、新しい来館者層の開拓や博物館の収入源の確保が期待できる。実践している博物館からは、会議主催者と協働で行事の企画運営をする経験を通じて学芸員がキュレーターとしてのセンスを磨いているという声も聞かれる。

4. 博物館を舞台とした草の根交流に向けて

訪問先の日常を体験したい旅行者は多く、特に、ミレニアル世代にその傾向が顕著である。海外の博物館に行くと、地元の児童生徒・学生が授業や自主研究の一環として来館し、学芸員の説明を熱心に聞いている場面に遭遇する。このときに、学習の邪魔にならないように子どもたちと会話をすることは旅行者にとって印象深い経験となる。博物館が提供する体験プログラムに外国人旅行者も参加することができるようになると、日本人と異なる視点からのコメントに住民が刺激を受けることになろう。また、民泊利用者がホストの案内で地元の博物館をゆったり楽しむことがあってもよいのではないかと考える。

（3）今後の取り組みに向けて

訪日外国人旅行者の急激な増加を背景に、インバウンド観光への関心が高まり、その振興に取り組むことが必須であるかのような勢いを感じる昨今である。確かに、人口減少に悩む地域の維持・活性化にとっては交流人口増加のための方策は必須であり、地域の重要な資源である博物館にも大きな期待が寄せ

られている。ここで忘れてはならないのは、観光振興に取り組むには、観光資源の持続可能性への配慮が根幹であることだ。このためには、観光事業者が地域の文化財や博物館、そして、自然に対する理解を深め、尊敬の念をもって観光商品に活用する姿勢を育んでいく必要がある。文化行政と観光行政の実質的な連携を前提として、博物館がDMOに参画し、観光分野のさまざまな関係者と、我が地域とはどういうところなのか、文化財や自然というかけがえのない資源と観光振興を両立させていくためにお互いに何をしたらよいのかについて十分な話し合いがなされることが重要である。こうした話し合いの中から、博物館の運営に柔軟性をもたせる必要がある部分が明確になり、それを実現させるために地域が協力していくこととなる。宿泊税等の観光分野が確保する安定財源を文化財や自然、博物館に活用することも検討に値する。博物館と観光の連携を通じて、多様な知識・ノウハウを有する人々が交流し、地域の明日をつくりあげていく原動力となることを祈念している。

参考文献

観光庁　2015「平成26年度 ユニークベニューの開発・利用促進に関する調査」

観光庁　2019『観光白書（令和元年版）』

後藤和子　2018「観光と地域経済—文化観光の経済分析を中心に」『地域経済学研究』第34号

※本節は2019年8月時点のデータ・状況に基づいて執筆したものである。

（矢ケ崎紀子）

3. 博物館と地域コミュニティの連携
──学びのネットワーク形成をめざして──

　少子高齢化や人口減少は、消費人口と労働人口の減少により経済規模の縮小を招くとともに、地方から大都市に集中する人口分布は地方を疲弊させている。地域に目を転じれば、地域とそのコミュニティを構成する人たちの高齢化により、コミュニティそのものが先細り、コミュニティ相互のつながりも薄れて孤立が拡大している。どこの土地にも地域にまつわる人々の生活や文化、歴史がある。地域の博物館は、その特性を発揮することにより、地域のコミュニティをつなぎ、コミュニティ自体はもとより、地域全体を活性化させることに寄与することができるだろうか。

　近年、博物館には、そうした問題を解決するために、地域に開かれた存在として、あるいはコミュニティのネットワークを通じて、地域の活性化を図ることが求められている。

（1）中央教育審議会答申

　中央教育審議会答申「人口減少時代の新しい地域づくりに向けた社会教育の振興方策について」（2018 年 12 月 21 日）には、地域社会のさまざまな問題や課題の解決を図るために社会教育施設は、それぞれの基本的な機能や役割に加えて、地域活性化やまちづくりに関わることが強調されている。答申では、「社会教育は、個人の成長と地域社会の発展の双方に重要な意義と役割を持つものであり、その要となるのが、学びの場を通じた住民相互のつながりである。人口減少や、コミュニティの衰退を受けて、住民参画による地域づくりがこれまで以上に求められる中、社会教育を基盤とした人づくり・つながりづくり・地域づくりの重要性は地方行政全体を通じてますます大きくなっている」と指摘され、地域活性化やまちづくりが、「人づくり」「つながりづくり」の文脈上で提言されている。

　そのための基盤づくりとして、社会教育関係団体だけでなく、首長部局や
NPO、大学や専門学校、民間事業者などとの多様な主体との連携・協働によ
るネットワークを構築する必要性が指摘されているように、博物館と地域の多
様なコミュニティとの連携やネットワーク形成を図ることが求められている。
　一方、日本博物館協会では、国の地方分権改革の路線のもとに、『「対話と連
携」の博物館―理解への対話・行動の連携―』（2000 年 12 月）という報告書
のなかで、学校・家庭・地域社会との連携についてもすでに言及されている
が、その報告書に対する博物館現場での理解は限定的であったのではないかと
いわれる⁽¹⁾ように、博物館による地域連携の取り組みについても、まだ十分とは
言い難い。
　博物館はどのようにしたら地域の学びの拠点の一つとして地域づくりに寄与
できるのか、その可能性や意義などについて検討してみたい。

（2）地域と連携する博物館

　国の地方分権改革の方針は、公立博物館の運営形態にも影響を与えている。
それにより、地方公共団体が直接運営する以外に、指定管理者制度を導入した
ところでは NPO、企業、財団法人等が運営者になる場合や、最近では地方独
立行政法人がつくられるように、その運営形態は多様化している。また、博物
館を取り巻く一連の制度改正により、博物館のなかにはマネージメント感覚を
もち運営に取り組むようになり、博物館が地域と連携して、人々の学びを促し
地域を活性化することに挑戦しているところもある。ここでは野田市郷土博物
館（指定管理館）、新潟市新津鉄道資料館（直営館）、真田宝物館（直営館）に
注目する。

1. 市民のキャリアデザインの拠点をめざす［野田市郷土博物館］

　2007 年 4 月にそれまで直営であった野田市郷土博物館の指定管理者となっ
た NPO 法人野田文化広場は、「市民のキャリアデザインの拠点」となること
をめざして同館の運営を始めた。直営館から指定管理館に移行した経緯や具体
的な活動については、拙著に詳しく述べている⁽²⁾ので、そちらに譲る。NPO 法
人のメンバーは、寺の住職（理事長）、地元の商工会議所副会頭（副理事長）、
企業経営者、税理士、社会保険労務士、元博物館長、福祉団体代表者、保育園

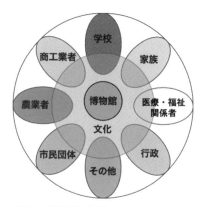

図1　博物館と地域のコミュニティを
つなぐ概念図

経営者、元学校長、高校教師、学生など
で、筆者が事務局長になった。当初の指
定管理費は直営期とほぼ同額とし、その
後は学芸員の人件費の上昇分を考慮して
指定管理料を増額している。館長と事務
職員各1名を非常勤とし、学芸員は直営
期の1名から4名に増員することによ
り、幅のある活動を展開することができ
るようになった。年間の利用者数は直営
期に比べて3倍の3万人台を着実に維持
しているが、これは地元のリピーター率
が高いことによる。

　キャリアデザインとは、一人ひとりが自分らしい生き方をするため学び、そ
れに必要な知識や経験を身につけて、地域の一員として自覚をもち、まちづく
りに参加することをめざしている。地域は、さまざまなコミュニティが複合し
て構成されている。この場合のコミュニティとは、「ある目的のもとに結成さ
れた連帯性や帰属意識を有する人たちによる集団」と理解する。図1は、コミ
ュニティが孤立化する地域の現状を踏まえて、博物館が地域の拠点の一つとな
り、〈文化〉をキーワードにして多様なコミュニティをゆるやかにつなぐこと
をイメージしている。住民の学びを支援するとともに、生涯学習のために住民
相互の交流を促進するものである。博物館が「市民のキャリアデザインの拠
点」となるために、このイメージを基礎に置いている。同館では、こうした目
標を達成するために多彩な事業を行っている。その具体例をいくつかあげる。

　市民が自らのキャリアを語る寺子屋講座は300回以上に及んでいる。地域で
活躍する職人、技術者、商店主、農業従事者、料理人、サービス業、福祉関係
者、会社経営者、アーティストなどの多岐にわたる人々の人生や生き方を学ぶ
ことで、地域の再発見や、地域活動に取り組む仲間づくりにつながる。講師を
経験した人が次の人を紹介してくれるために、人選に困ることはほとんどな
い。学芸員が利用者と話すなかで、候補者やテーマが自然と見つかることもあ
る。博物館が地域の交流の拠点となりネットワークづくりが行われているから

のように思われる。

　「むらさきの里　野田ガイドの
会」は、来野する人たちに地元の
見どころを案内する市民ボランテ
ィアである。会員が集まることの
できる居場所を探していたことも
あり、指定管理者の運営を始める
際、筆者からメンバーが常駐でき
る部屋の用意があることと、同会
に博物館と関連施設を案内しても
らいたいことを提案したところ、
会から快諾が得られた。博物館に

図2　市民による展覧会の準備作業
（野田市郷土博物館提供）

とっては賑わいの創出になるばかりでなく、野田ガイドの会にとっても拠点が
できたことにより、安定的な運営ができるようになった。

　展覧会は、年に特別展を1回と企画展を3回行っている。企画展は「市民コ
レクション展」「市民公募展」「市民の文化活動報告展」「市民アート展」のよ
うに、市民のキャリアや学びの成果を発表する機会にしている。

　市民の文化活動報告展「まちなみ提案　文化の駅・野田」（2009年）は、市
民グループのまちなみ研究会と連携して実現した（図2）。この展覧会では、
研究会のもつネットワークによって、多くの関連事業を開催した。例えば、地
元の建築士会の協力を得て、歴史的建造物の特別公開を行ったが、所有者には
非公開の建物内部をみせていただいた。昔の商売道具や看板、古写真などを商
店の店先に出品する「まちかど博物館」は30店舗が参加した。「食と観光」を
キーワードにまちづくりに取り組む地元のNPO法人は、見学者の足の便を確
保するためにレンタサイクルを提供してくれた。特別展でも「野田と鉄道」
（2017年）では商工会議所や鉄道会社、「野田の煎餅」（2011年）では地元の多
くの煎餅店が調査ばかりでなく関連イベントなどに協力してくれた。地域の多
くのコミュニティが博物館と連携して、ともに事業を推進する「祝祭」的な盛
り上がりをみせている。

　小学校、中学校、高校、大学などの学校との連携活動は、学校団体による見

学会のほか、出前授業や学芸員の出張講演などのアウトリーチも行っている。中学生職場体験の受け入れ、ワークショップ、ミュージアム・コンサートの開催や、大学からは博物館実習生やインターンシップの受け入れをしている。

　同館は、2019年4月から野田市の第三セクターに引き継がれた。ミッションや事業、予算を継続し、学芸員の体制を維持しつつ、新たなスタートを切ることになった。近年では地域の文化施設のハブとして地域ネットワークの枠組みをつくり、共同事業を企画し、市民の新たな学びの機会をつくることにも取り組んでいる。

2. 商店街との連携による地域の活性化［新潟市新津鉄道資料館］

　旧新津市は「国鉄の町」といわれるように、地域の人々にとって鉄道は馴染み深いものである。鉄道資料館は1998年、国鉄職員の訓練施設であった旧新潟鉄道学園内に開設した。新津市と合併した新潟市は、2015年に鉄道資料館をリニューアル・オープンした。(3)

　リニューアルは、展示や施設面ばかりでなく、ミッションの一つとして地元の商店街との交流・連携を図り活性化をめざし、鉄道の博物館にふさわしい組織や人員体制の整備、特別展や関連事業の実施、資料の収集・整理や登録、データベースの構築も行った。新たに新幹線（200系）などの実物車両の展示を加えた。リニューアルの準備のために、市職員の水澤喜代志が着任した（開館後の副館長）。地元に人的なネットワークをもち、リニューアルに熱意をもって取り組んだ。リニューアル経費は2億1,700万円（2014年度）、開館後の予算は、以前は年間260万円であった経常経費が6,000万円に増額された。入館者数は、リニューアル以前は年間8,000人前後であったが、オープン初年度は5万人ほど、現在は6万人（2018年度）前後で推移している。

　鉄道資料館のリニューアル以前から、商店街の人たちは商店街を活性

図3　街中に設置されたSL動輪

図4　新津鉄道資料館と商店街の連携の構図

化させる取り組みを始めていたが、リニューアルを契機に資料館との連携のあり方について資料館の水澤らと話し合いが行われた。その結果、商店が開発した鉄道グッズを同館で販売することになり、また同館が所蔵するSL動輪と踏切の警報機を「鉄道の町」のモニュメントにしたいという商店街の依頼に応じて貸し出したところ、それぞれを地元有志の人たちが街中に設置した（図3）。

　鉄道グッズには、「鉄道の街にいつ」にふさわしいグッズを作ろうと、商店街の店主たちがお菓子や文具類、キャラクターのほか、店舗の職種にとらわれないユニークな発想で開発したものもある。飲食店の鉄道メニューにも「SLピッツァ」「SLちらし寿司」などが登場する。

　資料館のリニューアル・オープン後、商店街からはさらにアイディアが生まれた。呉服店の若主人の発案による、店先のショーケースに鉄道資料を展示する「まちなか鉄道資料館」、空き店舗を地元有線の放送室に活用した0番線待合室「来て基地（きてきち）」などである。0番線待合室「来て基地」は、商店街の案内、地域の情報を放送するほか、毎週小学校の放送部の児童が生放送するようにしたことから、商店街と小学校が連携するようになり、さらに小学校には「鉄道クラブ」が誕生するなど、地域のコミュニティ同士の連携が自然に生まれている。

　鉄道資料館と商店街の連携は、お互いに地域を活性化させるという共通した目標の下で、地域の課題を解決するために知恵を出しあい合意形成を図ることを学んでいる。その波及効果はいろいろあるが、なかでも商店街の雰囲気が変

わったことが特筆される。地域の人たちが顔を合わせる機会が増えるようにな
り、挨拶を交わすことのなかった隣の商店街の人たちと交流が生まれるように
なった。商店街同士が、「鉄道」という地域の資源をキーワードにして、相互
交流が始まったのである。それは交流人口の増加を促し、商店の後継者の育成
や、外部発信にもつながる。鉄道資料館にとっても、活性化する商店街が
SNSなどにより話題になることで誘客や知名度が向上するし、利用者が増え
ることにより経営効率も上がる。どちらが先か後かの関係ではなく、双方が
Win-Winの互酬関係や信頼関係が生まれるようになる（図4）。

　同館は、2017年に2階建て新幹線E4系「Maxとき」の実物車両を新たに
展示するなど、鉄道の博物館としてのコレクション収集についても自覚をも
ち、地域のニーズに応える取り組みをしている。

3. ボランティアと博物館の連携 ［真田宝物館］

　真田宝物館は、旧長野県立松代高校の跡地に長野市が1969年に開館した施
設である。そこは人口2万人ほどの真田家の旧松代藩10万石の小さな城下町
である。学芸員の原田和彦は1997年、文化庁の博物館ボランティアの補助事
業に「松代文化財ボランティア」を応募して採択されたことを契機に、ボラン
ティアの育成に着手した。立ち上げ当初から職員たちはボランティアからの意
見に真摯に対応するように心がけ、広い視野から地域の歴史や文化について学
ぶために外部講師を招いた研修会などを行った。

　ボランティアの会員は100名ほどにのぼり、同館を居場所にして館内の展示
ガイドなどに携わった（図5）。しかし、当初、学芸業務は原田と嘱託職員1
名の2名であったため、次第に指導や助言が十分にできなくなったところ、知
識や技能、会の運営などを学んできたボランティアの人たちは自ら主体的に会
の運営を行うように成長していった。

　地方自治法が一部改正されて指定管理者制度が全国の博物館にも導入され始
めた2004年頃、学芸員は、同館がそうなればボランティアが立ち行かなくな
ることを懸念して、博物館から居場所を移して独立するように説明を繰り返し
た。会員相互による議論の結果、博物館の隣接地にある空き民家に事務所を借
りて、町内のガイド料を有料（1件1,000円）とし、他にも外部資金などを得
て自前で運営するように自立した。

　ボランティアの会は日常的に真田宝物館の
展示ガイド、旧白井家表門を起点とした町内
のガイド、文化財調査、文化財調査報告書刊
行、地元新聞への投稿、「松代見て歩き」の
刊行、旧真田邸土蔵の活用体験工房などさま
ざまな事業を手がけている。なかでも文化財
調査はこれまでに町内の 400 か所の文化財を
掘り起こして、市民の視点により価値づけて
いる。ボランティアの会は、こうして同館に
とって信頼のおける連携相手となっている。

　ボランティアの育成から自立までを手がけ
た原田によれば、人々は学びにより成長する
もので、人々の「自己実現」と博物館の使命
が合致すると大きく動きだす（町が動きだ
す）。学芸員は「先生」ではなく、地域の人
と真剣に語りあうことが大事であるという。
原田が博物館に異動した頃の地域は、よそ者
を排除する意識や役所頼み、すべて役所の責
任にする依存心の強い雰囲気を感じたが、今
では自分たちのまちのことを自分たちで考
え、解決しようとする動きが多くみられるよ
うになったという。⁽⁴⁾

図5　ボランティアによる解説
（松代文化財ボランティアの会提供）

（3）「地域連携型博物館」と地域コミュニティの活性化

　博物館と地域の連携はまだ模索の段階ではあるが、ここにあげた事例は地域
や人々の生活にある種の変化を及ぼしている。
　それに関して特に注目される点は、第一に博物館と地域のコミュニティが目
標を共有していることである。博物館の職員や関係者のなかにキーマンがいる
ことであり、地域の人たち（行政を含めて）と対等な関係を維持してよく話し
合うことである。その合意のプロセスが双方にとっての学びとなり、博物館を

拠点とした地域が発展することになる。

　第二に、これまでみてきた三つの事例は、いずれも博物館内部のコミュニティではなく、地域の自立したコミュニティである点が注目される。真田宝物館のボランティアの会のように最初は博物館が育成したが、ある時点から独立しており、自主性や主体性が生まれて成長する。博物館とコミュニティとの連携は、お互いに認めあい、双方がWin-Winの信頼と互酬的な関係になることで継続的な連携が成り立つ。

　野田市郷土博物館に野田ガイドの会が居場所を設けたことは、双方にとって多くのメリットが得られた。ガイドの会の人たちにアンケート調査したところによれば、ほとんどの人たちは、居場所が活動の維持と規模拡大に役立っているだけでなく、個々のメンバーにとっても、学習の素材や市内外の情報を得ることや、モチベーションの向上につながっていると回答している。

　「連携」というと、これまでは博物館の立場から強調される傾向があったが、相手の考えや行動と合致しなければ対等な連携とはいえない。博物館はそのために相手の事情にどのように応えていくか配慮することが必要である。

　第三に、地域にどのような変化が生じているか、ということである。博物館が学びの拠点として市民生活になくてはならない存在だと思う人たちが確実に増えている。かつては受け身的な態度であった人たちが、博物館との連携による主体的な学びを通じて、地域の課題を解決するために行政に提言する。博物館との連携の延長線上に、コミュニティ自体が体力をもち、連携相手を開拓していき、地域のネットワーク形成が図られていくことにより、地域やコミュニティの厚みが増していくのである。住みやすい地域づくりの基盤になるとともに、民主的な地域づくりや経済活性化にもつながるのである。

　新潟市新津鉄道資料館と連携する商店街のコミュニティは、かつては衰退化する商店街にみられる内向きな「閉じられた空間」であった。ところが資料館との連携が契機となり、地域を外に開いていく「開放的な空間」を取り戻すことができるようになった。

　これら三つの事例は、それぞれの地域で博物館が中核の一つとなっているが、それはまだ十分な学びのネットワークを形成しているとはいえない。しかし、それぞれの場で独自の目的や方法を深めつつ、学習課題の発展や学習の組

織化に協力する人材の広がりを通じて相互に補完しあう状況が生まれており、地域はそのネットワークをより豊かに発展させていくさまざまな契機を生み出しているといえる。

　個人が展示をみる学びから、個人が博物館の諸活動に参加する「市民参加」への変化は、個人にとっての「学び」の質の転換となった。展示という提供された情報を受け入れる受動的な学びから、「市民参加」事業は利用者を主体的な学びに変換させたといえる。こうした「市民参加型博物館」に加えて、コミュニティの連携を基盤とする住民相互の協同関係を豊かに築くために、博物館が地域の中核の一つとなり、地域やコミュニティの学びを促す「地域連携型博物館」という新たな段階を想定することができる。地域の活性化とは、地域内の個人やコミュニティの連携やネットワークづくりにより、人々がつながり、交流を通じて自立化する、市民形成のプロセスそのものであると捉えることができる。

註

（1）佐々木秀彦　2017「日本博物館協会による「対話と連携の博物館」―市民とともに創る新時代の博物館へ―」『日本の博物館のこれから ―「対話と連携」の深化と多様化する博物館運営―』平成26〜28年度日本学術振興会科学研究費助成事業研究成果報告書　基盤研究（C）課題番号 JP26350396（研究代表者：山西良平）3-8頁
（2）金山喜昭　2012『公立博物館をNPOに任せたら―市民・自治体・地域の連携―』同成社
（3）金山喜昭　2016「鉄道資料館と商店街の連携とその波及効果〜新潟市鉄道資料館と新津商店街の事例から〜」『法政大学キャリアデザイン学部紀要』第13号、43-59頁
（4）2019年7月、長野市立博物館学芸員の原田和彦氏のご教示による。
（5）広井良典　2009『コミュニティを問いなおす』ちくま新書
（6）佐藤一子　1998『生涯学習と社会参加―おとなが学ぶことの意味』東京大学出版会
（7）伊藤寿朗　1993『市民のなかの博物館』吉川弘文館

※本節は、金山喜昭 2019「博物館と地域コミュニティの連携―学びのネットワーク形成をめざして―」『社会教育』No.878 を一部修正したものである。

（金山喜昭）

4. 大阪市における動物園の経営形態に関する議論

　本節では大阪市立の天王寺動物園について進めてられてきた動物園の経営形態に関する議論を紹介したい。

（1）天王寺動物園設立経緯

　天王寺動物園は、1915（大正4）年に設置された歴史ある動物園である。

　天王寺動物園が設置される天王寺公園の歴史をさかのぼると、1903（明治36）年の第5回内国勧業博覧会に行きつく。内国勧業博覧会は明治期に5回開催されたが、第1～3回が東京、第4回が京都で開催された後、第5回の開催地が大阪となり、天王寺エリアがメイン会場とされた。

　博覧会が終わった後、跡地の西側部分は民間に払い下げられ、通天閣やルナパークという遊園地が設置され多くの人が集う「新世界」と呼ばれるエリアとなった。一方、跡地の東側部分は天王寺公園として整備されることとなった。

　明治期、大阪では大阪城の近くの中心市街地に「府立大阪博物場」という施設が設置されていた。この博物場は博物館と美術館と動物園を合わせたような施設で、動物については1884年に「動物檻（どうぶつかん）」という展示施設が設置され人気を博していたという。しかし、1909年に「北の大火」と呼ばれる大火事が博物場近くで発生したこともあって、市街地の真ん中に動物園があることが危惧されるようになった。大阪府が動物園を手放したいと考える一方、大阪市ではすでに動物園を設置していた東京市や京都市に対抗して動物園を設置したいという意向があり、府市の間で利害が一致。府立大阪博物場の動物たちは大阪市に無償譲渡され、1915年に天王寺公園の一角に動物園が設置されることとなった。

　設立以来、100年以上の長きにわたって、天王寺動物園は大阪市の直営の動物園として運営されてきた。

（2）動物園改革の経緯と天王寺動物園 101 計画の策定

　天王寺動物園の歴史を来園者数でみると、1970 年代が来園者数のピークとなっている。レジャーの少なかった時代の大衆的な娯楽として君臨した動物園であったが、レジャーが多様化していくにつれ競争力を失い、来園者数は長期的な減少トレンドを示してきた。

　動物園の取り巻く環境は近年ますます厳しくなっている。動物園のメインコンテンツである動物生体、特に希少動物の入手が年々難しくなっていることが大きい。また、近年の少子化の進展は子ども連れの家族をメインの客層とする動物園にとっては大きな打撃となっている。

　天王寺動物園の来園者数も近年は長期的な減少トレンドを示してきた。大型の展示施設の整備によって一時的に来園者数が増えることもあったが、初期効果が薄れると減少に転じての繰り返しであり、2013 年度に記録した 116 万人という年間来園者数は平成時代に入ってから最少の成績であった。

　大阪市では、橋下徹市長の号令の下、動物園改革が推し進められることとなった。市役所のなかに動物園のあり方を検討するチームが設置されて課題の整理が進められ、お客様サービスを大きく改善させること、1995 年に策定された動物園全体の整備計画「ZOO21 計画」をリセットして新たな戦略を作るべ

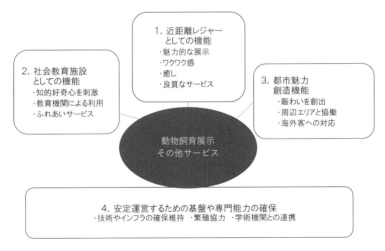

図 1　天王寺動物園基本構想より果たすべき機能・役割

- 活性化計画
  - 魅力あるコンテンツの開発と発信
    →展示、イベント、プロモーション
  - 顧客視点からの魅力向上策の展開
    →ワクワク感、快適さ、魅力的な飲食物販、年パス、インバウンド対応
  - 外部との連携・協働による動物園の活性化
    →ボランティア、個人や企業からの寄付
- 機能向上計画
  - 飼育管理機能の向上
    →技術力向上、繁殖、動物福祉、生物多様性保全
  - 社会教育機能の向上
    →環境教育や命の教育、学校との連携
  - 調査研究機能の向上
    →大学との連携、動物園独自の研究
- 施設整備計画
    →新たなゾーニング、20年85億円の投資
- 経営計画　→収支改善、経営形態検討

図2　天王寺動物園 101 計画の構成

きことなどの方針がとりまとめられた。また、橋下市政においては、校長や区長などへの外部からの人材登用が積極的に進められてきたのだが、動物園においても「動物園改革担当部長」のポストが新たに設置され、ここに外部人材を求めるべく、2013 年 12 月から公募が行われた。縁あってこの公募を受けて、この新しいポストに着任（2014 年 7 月～）したのが筆者である。

　動物園に着任してからは、さまざまな足元のサービス改善に取り組むのと並行して、「ZOO21 計画」に代わる新たな中長期計画の策定を進めてきた。有識者会議の議論等を経て 2015 年 8 月に「天王寺動物園基本構想」をとりまとめ、この構想を踏まえて、2016 年 10 月には「天王寺動物園 101 計画」をとりまとめた。なお、「101」という名称は、動物園設置から 101 年目に策定した計画であることに加えて、次の 100 年間のスタートという意味も込めて名付けられたものである。

　101 計画は、動物園をもっと魅力的にするためのさまざまなソフト的な取り組みを定めた「活性化計画」、動物園の機能としてしっかり守っていくべき取り組みを定めた「機能向上計画」、獣舎等について今後 20 年間の施設整備構想を定めた「施設整備計画」、動物園の経営目標等を定めた「経営計画」から成

る。このうち経営計画のなかでは「望ましい組織体制と経営形態」という章を定め、動物園運営にふさわしい経営形態について検討を進めることが明記された。

（3）公立動物園の経営形態

　日本の動物園は公立で運営されているところが多い。2019 年 3 月 31 日現在、公益社団法人日本動物園水族館協会に加盟する動物園 91 園のうち公立の園は 71 園である。

　設置主体は市立のものが多いが、恩賜上野動物園（東京都）、埼玉県こども動物自然公園、いしかわ動物園（石川県）、とべ動物園（愛媛県）などのように都道府県立の動物園もあれば、江戸川区自然動物園や足立区生物園などのように区立の動物園もある。

　公立園のなかでも、行政直営の動物園もあれば、指定管理者制度が利用されている場合もある。指定管理者制度を採用している公立動物園としては、比較的小さな地方公立動物園では民間企業が指定管理を受けている例もみられるが、都市部の大手の動物園では外郭団体の公益財団法人等を非公募で指名している例が目立つ。

　上野動物園や多摩動物公園などの東京都立動物園は、もともと都の直営であったが、2006 年に指定管理者制度に移行し、（公財）東京動物園協会が上野、多摩、井の頭自然文化園、葛西臨海水族園の 4 園館一括して非公募で指定を受けている（指定期間は 10 年間）。また、ズーラシア、金沢動物園、野毛山動物

表1　公立動物園の経営形態（2019 年 3 月現在）

行政直営	天王寺（大阪市）、東山（名古屋市）、王子（神戸市）、京都（京都市）、旭山（旭川市）、円山（札幌市）など
公益財団法人等による指定管理	上野・多摩・井の頭（（公財）東京動物園協会）、ズーラシア・野毛山・金沢（（公財）横浜市緑の協会）、安佐（（公財）広島市みどり生きもの協会）、到津の森（（公財）北九州市どうぶつ公園協会）など
民間企業による指定管理	大牟田市動物園（西日本メンテナンス（株））、羽村市動物公園（㈱横浜八景島）など
地方独立行政法人	なし

園を有する横浜市立の動物園は、以前は野毛山と金沢が直営、ズーラシアは
1999年のオープン当初から横浜市緑の協会が管理委託を受けて運営していた
が、指定管理者制度の成立に伴ってズーラシアのみ2006年から指定管理制度
に移行した後、2008年度より金沢動物園・野毛山動物園も含めた3園一括の
管理者として緑の協会が非公募で指名され運営している。なお、緑の協会への
指定期間は10年（2016年度〜）で運用されている。

　民間企業が指定管理を受けた例としては、大牟田市動物園の指定管理を
2006年度から西日本メンテナンスという企業が受けている。ここでは全園的
にハズバンダリートレーニング（飼育管理のためのトレーニング）を進めて成
果をあげており、小規模ながらも存在感を示している動物園である。

　地方独立行政法人については、この制度が成立した当初は、独法化できる対
象業務の範囲に動物園は含まれていなかったが、2013年に政令が改正され
て、博物館、美術館、動物園、水族館も地方独立化が可能となった。これを受
けて、大阪市では市立博物館の独法化を進め、2019年4月に日本で初めての
地方独法博物館となる「大阪市博物館機構」が設立されている。一方、本稿執
筆現在、地方独法化された動物園はない。

（4）大阪市における動物園にふさわしい経営形態の検討

　大阪市では、天王寺動物園101計画を踏まえて、動物園にふさわしい経営形
態の検討を行うため、2016年8月に天王寺動物園経営形態懇談会を設置し
た。この懇談会は、5名の有識者で構成され、2018年8月までの間に6回にわ
たって審議が行われた。

　天王寺動物園がめざす方向性については、基本構想や101計画ですでに示さ
れていたので、この方向性を踏まえつつ、審議が進められた。

1. 現行の直営運営の課題

　天王寺動物園は大阪市立・直営の動物園であるため、当然ながらさまざまな
運営は大阪市役所ルールが適用されることとなる。また、動物園で働く職員は
大阪市役所の公務員である。

　自治体直営経営の課題としては、人事の硬直性や予算・契約の硬直性があげ
られた。人事については、公務員であるがため柔軟で臨機な業務体制がとれな

いこと、動物園の事務職員が市役所全体の定期異動により異動してしまうので広報宣伝や営業など動物園運営独特のノウハウを組織としてなかなか蓄積できないことなどがあげられた。

　また、動物園において飼育員が現業職として位置づけられていることも一つの課題としてあげられた。大阪市全体として現業職の新規採用が凍結されており、動物園の飼育員で退職が出た場合も新規採用はできず、他の部署の現業職を移籍させて対応してきたため、飼育員の高齢化が進んでいる。高年齢層に偏った年齢構成ではいずれ技術継承に破綻をきたすことは明らか。一方で、飼育員に求められる能力は近年高度化しており、餌やりと掃除を行うだけの単純な労務職ではなく、来園者向けに解説したり、国内外の動物園と情報交換して新しい技術を高めていくなど、より頭脳労働の要素が飼育員に求められるようになっている現状がある。

　予算の硬直性としては、自治体会計のなかで弾力的な予算執行ができなかったり、有料でのイベントへの制約が大きいことなどがある。動物園の努力により収入を増加させたとしても、収入が動物園の財布に入るのではなく、いったん大阪市全体の財布に入った後、財政当局の査定を受けた予算を配布されるので、収益をあげる組織的なインセンティブが働きにくい構造になっている。

　契約の硬直性としては、市役所ルールに基づく入札手続きに時間がかかり、必要なときに必要なものを調達しづらいなどの課題があげられている。

2. 動物園の社会的役割

　懇談会では、天王寺動物園が担ってきた、またはこれから担っていくべき社会的役割を踏まえた上で、複数の経営形態の比較検討が進められた。

　社会的役割としては、近年の動物園に対して世界的に求められている種の保存への貢献がまずあげられる。動物園を運営するためには飼育展示する動物が不可欠だが、動物園で飼育されている種の多くが絶滅の危機に瀕しており、国際条約などによって厳しく取引が制限されており、今や動物園で展示されている動物のほとんどが動物園生まれの個体である。そんな状況のなか、動物園が種の保存の場となるべきことは世界の動物園業界の中心的な考え方となっており、世界動物園水族館協会（WAZA）においては2005年に世界動物園保全戦略が定められている。また、日本国内でも、環境省が定めた「絶滅のおそれの

ある野生動植物の生息域外保全に関する基本方針」において、動物園・水族館が「生息域外保全」の実施主体として位置づけられている。

　また、動物園は博物館の一種としても位置づけられており社会教育施設の側面も強くもっている。近年では特に環境教育のフィールドとしても期待されている。

3. 大阪市の公立施設運営に係る議論

　動物園は市民に広く利用される有料施設であり、観光資源としても期待されている。大阪府と大阪市が2012年に策定した「大阪都市魅力創造戦略」では、天王寺・阿倍野地区が重点エリアの一つとして位置づけられ、動物園を核としたエリア形成がうたわれた。

　大阪市では、市政改革プランのなかで、市民利用施設の受益と負担の適正化の考え方をとりまとめているが、必需性（提供されるサービスがいい生活の上で必需的かどうか）と市場性（民間でも提供されているものかどうか）という2軸で整理して、博物館、美術館、動物園等については、日常生活をより便利で快適にするための施設であるが、民間に類似施設がないまたは少ないものと位置づけた上で、受益者負担（徴収する使用料等の収入÷経常的な施設運営コスト）50％を適正とする考え方をとりまとめている。受益者負担50％というのは、半分程度は利用者に負担してもらうが、残りの半分程度は税金を投入して運営するという考え方となる。

4. 経営形態の比較（2016年度の議論）

　懇談会の検討においては、経営形態を比較するに先立って、まず必要条件の整理を行った。

　設定された必要条件は以下のとおり。

　①**専門人材の育成・確保**　動物の飼育管理に関わる飼育員や獣医の育成確保だけでなく、教育普及に携わる人材、広報宣伝や寄付営業に携わる人材の確保充実を行えるかどうか。

　②**魅力あるコレクションの維持・充実**　動物園のメインコンテンツである動物コレクションを継続的・安定的に確保し、魅力を維持できるかどうか。

　③**お客様目線のサービスの強化**　来園者のニーズの把握と対応が可能な機動性や柔軟性を備えた組織を構築できるかどうか。あわせて、飲食・物販などで民

4. 大阪市における動物園の経営形態に関する議論　*187*

間活力を十分に発揮して来園者が求めるサービスを提供できるかどうか。

　④**経営の合理化**　時代の要請に沿って自律的に改善・改革が行われる組織づくりができるか。動物園の公共性・公益性を担保しつつ、公費負担率を50%に抑えるような合理的経営をめざせるか。

　懇談会で議論をしていくなかで、比較項目をさらに2項目（施設整備、寄付収受による資金調達）を加えることとなった。施設整備については、いかに魅力的な獣舎を建設するが動物園の運営を成り立たせていく上で重要な要素となることから比較検討の対象とされた。また、寄付に関しては、欧米の動物園では入園料収入、行政補助に加えて、「寄付」が大きな収入源になっていることを踏まえたものである。文化や制度の違いもあって日本の動物園では寄付は大きな収入にはなっていないものの、将来的には日本の動物園でも寄付を増やしていくべきとの議論を踏まえ、比較項目として追加したものである。

　検討対象とした経営形態は、現行の直営運営のほか、民間企業による指定管理、公益財団等による指定管理、地方独立行政法人、公共施設等運営権制度（PFI）、完全民営化などを比較検討することとした。

　比較条件として、指定管理者制度については10年程度の長期契約を行うことを前提とした。指定管理者制度においては、通常は3〜5年程度の契約期間で運用されていることが多いが、東京都や横浜市では10年間の指定管理の事例があることを踏まえ長期の契約とすることを比較の与件とした。

　審議の途上で、完全民営化については、動物園の社会性や継続性の観点から検討対象から外れることとなった。これは、近年民間企業が経営してきた動物園が相次いで閉園している歴史があることも踏まえている。近畿地方では以前は電鉄会社が経営する動物園が数多く存在していた。しかし、阪急電鉄の宝塚ファミリーランド、阪神電鉄の阪神パーク、近畿日本鉄道のあやめ池遊園地内の動物園が閉園、京阪鉄道のひらかたパークでも以前は大型の希少動物を飼育展示していたが今は家畜などの小規模なふれあいエリアが残るのみである。さらに、2019年3月には南海電鉄がみさき公園の事業からの撤退を発表しており、このまま閉園となれば、また近畿地方の民営動物園が一つ消えることとな

る。

　比較検討のなかで、PFI や民間から広く公募を行う指定管理者制度について
は、お客様目線のサービス向上に優れる一方で、社会性・継続性・安定性の観
点からの評価は低いものとなった。懇談会の意見は、「大前提として、公立動
物園が果たしていくべき役割・機能をしっかりと踏まえ、それが果たせないま
たは果たせる担保がない経営形態はとるべきでなく、公立動物園の役割・機能
を果たすことができる経営形態の中から、効果的・効率的に経営を行うことの
できる形態を模索すべきである」というもので、これらの経営形態は検討対象
から外れることとなった。

　現行の市役所直営については、社会性等の確保には優れるが、お客様サービ
スの強化では評価が低かった。独立行政法人制度や公益財団法人による指定管
理は社会性等の確保をしつつ、お客様サービスの向上も一定期待できる経営形
態という評価となった。

　2016 年度は懇談会が 4 回開催され、この段階でいったん議論を整理するこ
ととされた。懇談会での意見としては、

　・公費負担率 50% を維持することは妥当な目標であり、いずれの経営形態
　　をとる場合でも、これを一つの基準とすべきである。

　・経営に関しては単純な合理化や 100% 独立採算ではなく、努力成果がサー
　　ビス強化や人材育成など動物園自身に還元できるという意味での自立化を
　　めざすべきである。

　・経営形態の議論では、仕組みを変えるだけですべてが解決されるような幻
　　想を抱きがちであるが、最も重要なのは仕組みが変わることによって組織
　　内のスタッフの意識が変わることである。

　・過度に民間事業者に期待を抱きすぎると動物種や飼育レベルの維持が担保
　　されないおそれがある。

　・直営の一番弱いところは、企画や営業などのサービス的な機能。ここは仕
　　組みを変えない限り一定以上の向上は難しい。

　・直営の評価は低いのは、大阪市独自の制度の縛りによるところが大きい。

　・有能な人材を採用できたり、頑張る人に対して正当なインセンティブが与
　　えられることが経営形態を変更するメリットの一つである。

　　・今後めざすべき経営形態としては、地方独立行政法人化、次いで公益財産
　　　府法人等による指定管理者制度の活用を念頭に、行政的な検討を行い、市
　　　民や議会の理解を得ていくべきである。
などの意見がとりまとめられた。

（5）経営形態の比較（2018 年度の議論）

　大阪市では懇談会の意見を踏まえつつ行政的な検討を進め、2018 年 7 月に
懇談会を再開した。

　ここでは、三つの経営形態それぞれでの収支シミュレーションを行うととも
に、大阪市において先行して地方独法化を進めていた博物館群の例（2019 年 4
月より地方独法化）も踏まえて、改めて直営、公立財団法人等による指定管
理、地方独立行政法人の 3 経営形態の比較を行った。

　社会性・継続性・安定性の観点や人材の確保の観点においては、指定管理に
比べて地方独法の評価が高くなった。指定管理の場合は非公募で継続的に運営
を担わせることが一定程度安定した事業展開は可能ではあるが、継続性が将来
にわたって保証されたものではないので、長期的な継続性の維持に関しては地
方独法に劣る評価となった。

　また、獣舎整備に関しては、指定管理者制度の場合、行政が獣舎を整備した
上で指定管理者に管理を委ねることにならざるを得ず、獣舎整備部門と動物飼
育部門が分離してしまう。これにより、魅力的な施設を作る上で重要な飼育現
場の意見が吸い上げられないまま建設されてしまうおそれがある。地方独法に
関しては、制度設計次第ではあるが、獣舎整備にかかるコア部分を独法に移す
ことができるならば現場のアイディアを吸い上げた魅力的な獣舎を建設できる
可能性が高まるため独法優位の評価となった。

　これらの議論を踏まえて、懇談会では、地方独立行政法人制度が天王寺動物
園に望ましい経営形態であると考えられるという意見をとりまとめた。

　一方で、先行事例を踏まえると、行政側が法人の人件費削減を求め、専門人
材の確保が難しくなるおそれや、収入が増加した際に運営費交付金が減額さ
れ、増収が法人のために還元されないなど、独法化にも課題があることが指摘
された。

　そこで、地方独法の組織機能を効果的に働かせるため、職員の意欲が向上するような人事給与制度の導入、技術的な研修な他機関との交流の奨励などによりスキルや能力を向上させる制度の構築など、想定される課題を認識した上で柔軟な制度設計をする必要があると指摘された。

　本節執筆時点（2019年秋）では、大阪市役所内において制度的な検討を進めている段階で、今後は議会での議論を経た上で最終的な経営形態が決定されることになるだろう。

（牧　慎一郎）

5. 市民参加と博物館経営

　本節では、筆者が勤務する徳島県立博物館（以下「徳島県博」とする）の事例をもとに、博物館経営における市民参加について考える。

　徳島県博は、1959年に開館した徳島県博物館を前身とする。1990年、徳島市郊外の丘陵地に設けられた徳島県文化の森総合公園内に、県立図書館・近代美術館・文書館・二十一世紀館（文化情報センター）とともに開館した（2010年には鳥居龍蔵記念博物館が設置され、現在では6館が集中配置されている）。人文系4分野（考古、歴史、民俗、美術工芸）、自然系3分野（動物、植物、地学）を擁する総合博物館（登録博物館）であり、開設以来現在に至るまで、徳島県教育委員会による直営が続いてきたが、2020年4月からは6館一括で知事部局に移管された。

　前身館が徳島県民の募金によって建設されていることから（徳島県博物館編1990）、徳島県博の存在自体が市民参加に由来するということができるが、実のところ、現館における市民参加が重視されるようになるのは、2000年代、主に常設展の運営の見直しや自主的・自律的な運営改善の取り組みとの関係においてであった。内容的にはごくありきたりの活動であるが、最近では、常設展の全面リニューアルの推進過程で、新たな方向性も芽生えつつある。

　以下では、公立博物館における市民参加の意義と現状を概観した上で、徳島県博の事例をみていく。率直なところ、自慢できるような経緯ではないが、できるだけ率直に記しておきたい。

（1）博物館における市民参加の意義と現状

　改めていうまでもなく、博物館は社会教育施設である。その前提からすれば、市民の利用が不可欠であるとともに、市民に必要とされる博物館、地域社会に根づいた博物館であることが求められる。「利用」の一般的なあり方は、展示の観覧、講座やワークショップ、見学会などといった各種行事への参加、

ロビーやショップ、レストランなといった付帯施設の利用などがあげられる。さらにいえば、友の会やボランティアの活動、自宅にある古文書や美術品などの寄贈・寄託、生活のなかでの疑問や発見などについてのさまざまな問い合わせもあるが、利用経験の豊富なヘビーユーザーでなければ、該当しないことが多いであろう（元気な博物館づくりプロジェクト実行委員会編 2006）。本来、「利用」は市民による博物館との関わりのすべてが含まれるが、博物館が提供するサービスの受容という感覚が強いのが実情である。だが、多様な利用者を前提とすれば、市民と博物館との関わり方もまた、多様であってよい。したがって、深く博物館に関与しようという市民を受容し、「参加」に導く態勢を整えることが必要である。市民に必要とされる博物館、地域社会に根づいた博物館を意識するならば、なおのことであろう。このような認識は、今日では広くみられるようになっている。

　1990 年代に影響力の大きかった伊藤寿朗の「地域博物館論」（伊藤 1993）では、市民の主体的な活用があり、地域や日常生活における課題発見と自己学習力の育成の場としての博物館像が主張された。日本博物館協会によって 21 世紀の博物館のあり方が検討・提示された『「対話と連携」の博物館—理解への対話・行動への連携—【市民とともに創る新時代博物館】』（日本博物館協会編 2000）では、全体として「市民とともに」をうたうとともに、市民の博物館協議会への参加、友の会やボランティア等の導入を通じた市民との「対話と連携」を説くものであった。これらをみても「市民参加」は欠かせないキーワードとなってきたといえる。さらに、2008 年に大きく改正された博物館法の第 3 条で「博物館の事業」のなかに「社会教育における学習の機会を利用して行つた学習の成果を活用して行う教育活動その他の活動の機会を提供し、及びその提供を奨励すること」が示され、2011 年の文部科学省告示「博物館の設置及び運営上の望ましい基準」では、第 11 条第 2 項で「博物館は、その実施する事業において、利用者及び地域住民等の学習の成果に基づく知識及び技能を活かすことができるよう、これらの者に対し、展示資料の解説、講演会等に係る企画又は実施業務の補助、博物館資料の調査又は整理その他の活動の機会の提供に努めるものとする」とされている。

　事実、各地の博物館で個性的な市民参加の事例を見出すことができ、一定の

広がりをみせている。市民参加による化石発掘調査に起点をもつ野尻湖ナウマ
ンゾウ博物館、友の会活動の活発な大阪市立自然史博物館のように、市民参加
の老舗といってよい博物館は著名である。先の伊藤寿朗の所論のモデルであっ
た相模原市立博物館も市民参加による調査活動を基盤としてきた。四国では、
最西端の小規模館である愛媛県伊方町町見郷土館における「佐田岬みつけ隊」
のように、地域住民とともに自然と歴史・民俗等について調査を重ねる活動が
長期的に継続されていることが好例である。また、県立クラスの場合では、準
備室時代から市民参加型の調査活動を継続し、展示にその成果を活用している
滋賀県立琵琶湖博物館、市民参加型の評価活動を行っている山梨県立博物館、
新設に伴いワークショップを重ねながら常設展づくりを進めた三重県総合博物
館など、まさに地域に根ざした取り組みの例がある。最近発行された日本博物
館協会機関誌『博物館研究』614 号（2019 年）の特集「地域に根ざす博物館」
でも、市民参加に関する興味深い事例が紹介されている。

　そうはいっても、博物館における市民参加は、一般的とは言い切れない。文
部科学省が公表している 2015 年度時点での統計である「平成 27 年度社会教育
調査」におけるボランティア登録制度に係るデータを参照する（社会教育調査
に係るデータの出典 URL は本節末尾の参考文献参照）。博物館総数（登録博
物館、博物館相当施設、博物館類似施設）5,693 館のうち、ボランティア登録
制度があるのが 1,447 館で、25.4% を占めるにとどまる。しかし、公立博物館
について、設置者別に比較すると、都道府県立館（401 館）のうち 234 館
（58.4%）、市（区）立館（2,874 館）のうち 824 館（28.7%）、町村立館（1,016
館）のうち 174 館（17.1%）が該当する。母数の差があるが、都道府県立館で
はボランティアの導入がさかんである一方、市町村立館では低調であることが
わかる。往々にして設置自治体と博物館の規模が対応し、当然ながら学芸員数
も同様である。したがって、一定程度の規模がある博物館でなければ、態勢が
とれないということが推測できる。筆者の経験からもいえることだが、ボラン
ティアの導入は確実に業務量の増加につながる。そのため、職員体制に左右さ
れるのはやむを得ないことである。一方で負担が大きくなっても継続していく
のは、意義を実感できるからである。そこには、学芸員がコミュニケーション
と活動コーディネートを進めていくことでの意識変化も含まれる。

　再び統計に戻り、ボランティアの活動内容に目を向けてみる。導入館のなかに占める割合をあげると、「展示ガイド」811館（56.0%）、「入館者案内・案内補助」411館（28.4%）、「資料整理・調査研究補助」418館（28.9%）、「普及事業の補助・企画」779館（53.8%）、「環境保全」394館（27.2%）、「広報・ウェブ管理」135館（9.3%）となっており、多岐にわたるが、来館者対応や教育普及関係を役割としている場合が多いことが知られる。

　以上のように、ボランティアを例として、市民参加の現状を俯瞰するとき、大勢としては普及・浸透しているとは言い難いが、それぞれの博物館の実態に応じた取り組みがゆるやかに進んでいくものと思われる。

　一方で、導入事例が多くなりさえすればよいというものではない。上掲の活動内容を踏まえると、人員や予算の削減への対応という思惑があったのではないかと思われる面がある。無論、ボランティア当人の満足感があるなら、有意義なことといえるが、導入自体が目的化している場合があるのではないかと危惧するところもある（金子 2016）。ボランティアに限らず、博物館にとっての市民参加の意味とは何かという根本的な考え方を確実にする必要がある。

（2）徳島県立博物館におけるボランティアとその背景

　徳島県博で取り組んでいる市民参加は、主として教育普及事業に関するボランティア活動である。現在、毎年2月11日に常設展示室で開催するイベント「博物館Ｖキング」の企画から実施までを、学芸員とともに行うイベントボランティア、植物分野の普及行事の開発を行う「みどりのサポート隊」がある。

　これら以外にも、友の会（1991年発足）の一部会員による普及行事運営補助などのボランティアが行われた時期があるし、メダカやタンポポの分布、漂着物、化石などの調査を市民参加によって行い、展示に反映させている。

　以上のようなボランティアのうち、特定分野の学芸員に依存するのではなく、館全体の取り組みとして最も重視しているのが、2005年度から継続しているイベントボランティアである。メンバーは公募によっており、11人で活動が始まったが、継続と交替を重ねながら、現在は概ね20～40名程度の登録があり、年齢も高校生からシルバー世代までと幅広い。導入の趣旨は、常設展そのものと展示室の活用を通じた館の活性化、市民との連携強化にあった。した

がって、イベントであれば何でもよいのではなく、徳島県博で扱う人文系・自然系の資料や常設展の内容との関連を必須としてきた。若年層との結びつきの強化や郷土教材の開発、ユニバーサル化の推進など、館としての課題をテーマとして活動したこともあるが、その場合でも資料や常設展との関連という条件設定は不変であった。

　先にボランティアの導入は、学芸員の業務量を増やすと述べた。徳島県博でのイベントボランティアの活動も例外ではない。しかし、ともに活動することが学芸員にとっては、刺激と力量形成のチャンスとなっており、それは何物にも代え難いメリットである。さまざまなワークショップメニューや体験学習キットの蓄積もすでに多い。ボランティアは大切な「人財」で、活動のパートナーであると認識できていればこそ、長く活動を続けることができたのである。「博物館Ｖキング」がきっかけになって徳島県博への興味をもったという利用者に出会ったことがあるが、効果は着実に浸透していると感じている。

　このイベントボランティアを導入するまで、試行錯誤はあったものの、徳島県博では長く市民参加に十分なウエイトを置くことができないでいた。個々の学芸員の対外的なネットワークは育っていたが、友の会における自主活動の育成は軌道に乗らず、館とパートナーシップを結びうる市民参加のあり方も描けないまま、1990年代には検討と逡巡を繰り返した。

　では、イベントボランティアの導入に至った事情を記しておきたい。徳島県博では、1990年の開館時点ですでに、開館10周年（2000年度）を目処にした全面リニューアルを内部方針としてもっていた。資料収集や研究の進展に伴って根底のストーリーから変化させなければならないという考えによるものであった。そこで、1995年度にはリニューアルに向けての計画策定に取り組み始めたが、予算が得られず、1997年度に終息してしまった。挫折感は深いものだったが、現行の常設展において「最新」を提示する努力をしてきたのかという基本的な課題への自覚は乏しかった。購入・寄贈・寄託・採集等の手段によって収蔵した資料は博物館の要であるとともに、「市民の財産」である。これらとともに調査研究成果が循環し、変化する常設展にすること、積極的な広報・PRの必要があることを意識したのは、ようやく2003年度のことだった。早い話、学芸員自身が、市民に必要とされる博物館、地域社会に根づいた博物

館とはどうあるべきかという意識を欠いていたということにほかならなかった。ここに常設展の運営改善がスタートすることになり、展示替えと打って出る広報戦略に取り組むようになった。それは軌道に乗ったものの、もともと博物館に関心がない人に親しんでもらう機会にはならないという、至極当然の壁に突き当たった。

　そこで、普段は徳島県博（常設展）を利用しない人に博物館を知るきっかけをもってもらう方策を検討し始めた。その結論が、公募ボランティアとの協働でのイベント実施であった。さまざまな角度からの知恵を集め、企画・運営する試みに向かったのが2005年度だったのである。当時、徳島県博では、こどもの日、文化の日（開園・開館記念日）に常設展示室でクイズやミニワークショップを一斉に行う「フェスティバル」を開催していた。そういう前提があったため、常設展活用イベントという条件でのボランティア導入への館内の抵抗はなかった。前年度に策定した中期活動目標において、すでにボランティア導入の検討をうたっていたことも後ろ盾になった。ちなみに、現在では、フェスティバルは文化の森全館あげてのイベントとして年4回実施しており、そのうちウィンターフェスティバルにおける県博の担当分に「博物館Ｖキング」を充てている。

　以上のように、常設展のあり方をめぐる意識変革が生じた結果としてのボランティアの導入であったが、そこには博物館をめぐる環境変化とそれへの対応としての中期活動目標の策定・運用開始が影響している。

　1990年代から2000年代にかけて、バブル経済崩壊後の経済の低迷が続き、官公民そろって財務的には厳しい時代であった。私立博物館・美術館の経営難や廃止はもちろん、公立博物館の予算削減も一般的で、統廃合などの事例もあった。効率主義や成果主義が過度に強調され、私企業経営に範を求めるかのような言説が飛び交うなか、国立博物館・美術館の独立行政法人化、公立博物館の水準を維持するガイドラインであった文部省告示「公立博物館の設置及び運営に関する基準」の大綱化が行われ、博物館制度の揺らぎが明白となった。最もインパクトが大きかったのは、2003年度における地方自治法改正による指定管理者制度の登場であった。当時のマスコミの論調は、あたかも民間委託制度であるかのように喧伝するものであり、低コスト・高サービスを生み出す

「魔法の杖」のような扱いだった。「平成の大合併」が進み始める時期でもあり、公立博物館の「後退」への懸念が強まったのであった。博物館にとっては「憂鬱な21世紀」を迎えたと感じたものだった。

　徳島県博については、文化の森の他館とともに、指定管理者制度の適用が2度にわたって検討されたが、結果は見送りとなった。こうしたなかで、直営での博物館運営しか知らない学芸員にとっては、なぜ指定管理者制度ありきの論調がはびこるのか理解できないでいた。業務の継続性を担保できず博物館運営を不安定にさせる懸念をはじめ、妥当性には疑問が禁じえないままであったが、特に問題があると感じていたのが、先の「魔法の杖」の発想だった。直営と高コスト・低サービスがイコールであるはずがないが、そうした観点からの検証はなされることもなかった。だからこそ、学芸員の手でサービスの向上が可能なことを示すとともに、業務の実情と課題、改善などの情報を一堂に可視化することで、博物館活動の実態や日々の積み重ねの意義を広く市民に伝え、地域社会に根ざす方向を加速する必要があると考えたのである。今にして思えば、いささか根性論的な発想だが、駆り立てられるかのような空気の中にいたように思う。徳島県の財政状況悪化のなかで、もともと予算減少が続いていたことから、展示や資料購入などに係る、特に重要な部分も含めての運営経費が否応なく削減されていくなかでのことでもあった。

　こうしてスタートしたのが、自主的な活動目標の設定と自己点検・評価の仕組みづくりであった。静岡県立美術館や兵庫県立人と自然の博物館などの先行事例を調査しつつ作業を進め、初めての中期活動目標が誕生した。これは、「資料の収集・保存と活用」「調査研究」「展示」「普及教育」「シンクタンクとしての社会貢献」「情報の発信と公開」「マネージメント（経営）」という7事業分野で構成し、それぞれに具体的な目標や評価指標や目標値をまとめた。数値的な成果だけを追求することは適切でないと考え、定量的評価と定性的評価を混在させたものとなった。これは2004年度に完成・公表し、2005年度にはこれに基づく自己点検・評価、博物館協議会における外部評価を開始した。以後、5年ごとに目標の改訂を重ねており、2019年度からは第4期目標がスタートした。この取り組みは、徳島県博内部からの自主的・自律的なものであり、自ら業務改善を積極的に進めようとした点で大きな意義があった。学芸員にお

いても概して有効であったという認識が共有されてきた（長谷川 2010）。

　イベントボランティアの導入は、折しも第 1 期中期活動目標の運用初期段階のことであったが、「展示」や「マネージメント（経営）」を中心に評価対象となった。特に後者における「県民参画の仕組みづくり、博物館運営支援組織のあり方等の検討」という目標に関わり、徳島県博の社会的基盤づくりの取り組みとしても重要な位置づけが与えられた。

　ところで、「県民参画」（市民参加）は、以後の目標において、次第にウエイトを大きくしていくことになる。第 2 期目標では、徳島県博のめざすあり方を「使命書」によって示すこととしたが、主使命として「徳島の自然・歴史・文化の宝箱―県民とともに成長する博物館―」を掲げ、それの下位使命として「知：知と出会う博物館」「探：地域の魅力を探る博物館」「伝：未来にまもり伝える博物館」の三つを設定することで、全事業に県民との結びつきを自覚し、県民の間にしっかりと根を張る博物館としての方向性を明確にした。第 3 期以降は、下位使命に「連：県民とのつながりを大切にする博物館」を加え、その構成要素である事業の一つとして「県民協働・参画」を設定して、ここにボランティアなどを位置づけ、より努力する意思を表明している。

（3）徳島県立博物館の常設展リニューアルと市民参加

　先に徳島県博の常設展リニューアル計画とその挫折に触れた。開館 15 周年（2005 年度）をめざして再チャレンジしたこともあったが、やはり実現せず、以後は折に触れてプランを再検討したり、部分的な改装や修繕を行ったりして、時機の到来を待つほかなかった。

　ところが、2017 年度にはムードが変わり始めた。開館 30 周年（2020 年度）前後がリニューアル実施のタイミングとして期待されることから、内部的措置として、文化の森各館や教育委員会事務局・知事部局から 40 代以下の若手職員に集まってもらい、望ましい常設展のあり方について討議や視察を行うチームを設置した。そのとりまとめが終わるとただちに、有識者で構成する検討委員会を置き、新しい常設展の具体的な課題について議論してもらった上で、詳細な要件などをまとめた提言書の提出を受けた。同年度末、知事が議会において公式にリニューアル実施とそのための基本構想の策定を明言したことから、

ついに現実のものとなった。

　2018 年 4〜7 月の間、検討委員会提言書の内容を整理して基本構想を策定
し、これを踏まえて設計委託業者を選定した後、10 月からおよそ 1 年間で基
本・実施設計に取り組んだ。その後、展示製作委託業者を選定して製作に着手
しており、2021 年 8 月オープンを目標としている。

　めまぐるしく進んでいる常設展リニューアルであるが、「徳島まるづかみ―
"いのち" と "とき" のモノがたり―」をコンセプトとし、徳島の自然と歴
史・文化の特徴をわかりやすく示すことをまず一番にめざすものである。ミュ
ージアムストリートという回廊を介して自由に見学場所を選びアクセスできる
構造への改変を中心に、市民の調査研究や収集の成果を反映するコーナーの設
置やユニバーサル化の推進なども含み、大規模な改修を目論んだものであるた
め、当初から多額の経費を要することが見込まれていた。その経費は税である
からこそ、館内での議論に終始するのではなく、幅広い意見を得ながら「利用
者が求める展示」の具体化を図ることが必要と思われた。そこで、「県民ワー
クショップ」を実施し、オープンな議論の場を確保することになった。

　まず、基本構想の策定に向けて、2018 年 4・5 月に各 1 回、公募したメンバ
ー（高校生、大学生、一般利用者、アマチュア研究家など多岐にわたり、年齢
も 10 代から 70 代まで広がりがあった）や、元検討委員の参加を得て実施し
た。第 2 回には、アドバイザーとして上田恭一郎（北九州市立自然史・歴史博
物館）を招聘した。第 1 回は構想の枠組みを説明するとともに、現況視察やイ
メージ模型を用いた検討を行った上で、相互の意見交換を行いながら、各自の
考えをまとめてもらうもので、第 2 回ではあらかじめ論点を整理した上で議論
を深めていった。概ね基本構想案の考え方には賛同が得られたが、照明の交
換、授乳室をはじめとする付帯設備などに関する要望を踏まえて修正を加え、
成案することにした。

　また、実施設計の開始にあたり、上記ワークショップ参加者や 2017 年度の
検討に協力してもらった人たちの意見を聞くことで、修正や工夫の必要なとこ
ろをあぶり出していこうということになり、2019 年 5 月には、3 回目の「県民
ワークショップ」を行った。染川香澄（ハンズ・オン　プランニング）をファ
シリテーターとして基本設計の内容説明と意見交換を行い、展示の細部まで、

課題を認識することができた。

　このほか、設計段階での市民参加として特筆すべきことに、インクルーシブデザイン・ワークショップがある。新しい常設展示では、ユニバーサル化を前進させたいという考えがあったことから、これを漠然と進めるのではなく、リアルな存在としての当事者の参画を得ることで実効性のあるものにしていきたいという考えによるものである。設計委託業者（株式会社乃村工藝社）との協議により、塩瀬隆之（京都大学総合博物館）と山田小百合（NPO法人コラブル）の協力を得た。2019年2月、塩瀬の講義を聞き、インクルーシブデザインの考え方を学んだ上で、5・6月には障がい者（視覚、聴覚、肢体）、外国人に集まってもらい、ワークショップを行った。サイン、展示と解説の問題点の洗い出し、さらに新しい展示のプロトタイプをもとにした検証を行い、活発な意見交換がなされた。この過程を通じて、利用者あっての展示であるという当然のことを再認識し、誰にとってわかりやすいものをつくるのかということを強く考えさせられるものだった。

　以上のように、常設展リニューアルのプロセスで市民参加によるワークショップを行うスタイルを取り入れてきたのは、現行の常設展がつくられた時代にはなかったものである上、徳島県内では初めてのことであった。十分な時間をかけることができなかったという反省もあるが、意見交換を繰り返したことは学芸員にとって気づきの多いものであり、期待以上の意味があったと感じている。使命書に示す「県民とともに成長する博物館」の具体化の一端といってもよいであろうし、今後の事業展開のなかでも同様の手法を活用することができるだろうと考えている。

　本節で述べたかったのは、市民に必要とされる博物館、地域社会に根づいた博物館を志向するのであれば、市民参加の回路を開くことが博物館経営において有効であるということであり、博物館の目的意識も明らかでなければならないということである。当然といえばそれまでのことであるが、この点は直営館であろうと、指定管理者制度適用館であろうと同じであろう。学芸員と参加する市民の円滑なコミュニケーションや成果・満足感の享受が必要であり、その基底には相互依存と信頼がなければなるまい。したがって、「回路」の形成に

は長期的な視野と人間関係が求められることになるであろう。

　今後とも、各所での展開に学びながら、試行錯誤を続けていきたいと考えている。

参考文献

伊藤寿朗　1993『市民のなかの博物館』吉川弘文館

金子　淳　2016「地域博物館における「転回」への視座―伊藤寿朗「地域博物館論」の検討を中心に―」『明治大学学芸員養成課程年報』31、13-21頁

元気な博物館づくりプロジェクト実行委員会編　2006『元気な博物館づくりプロジェクト―親しまれる博物館を目指す評価手法の開発―報告書』元気な博物館づくりプロジェクト実行委員会

徳島県博物館編　1990『徳島県博物館三十年史』徳島県博物館

日本博物館協会編　2000『「対話と連携」の博物館―理解への対話・行動への連携―【市民とともに創る新時代博物館】』日本博物館協会

長谷川賢二　2010「歴史系文化施設の現在」徳島地方史研究会『史窓』40、41-58頁

ウェブサイト

政府統計ポータルサイト　https://www.e-stat.go.jp/stat-search/files?page=1&toukei=00400004&tstat=000001017254

（長谷川賢二）

6. 博物館評価と博物館経営

　この節では、最初に改めて評価とは何かについて整理する。次に、日本における博物館評価の歴史を概観し、評価の導入・運営上の課題を明らかにする。その上で、評価の新しい動向を紹介し、博物館評価と博物館経営との関係を考察する。

（1）評価学と評価

　博物館評価について論じる前に、そもそも評価とはどういう活動なのかについて、評価学の立場から整理する。

1. 評価学という学問

　日本において、2000年に「日本評価学会」が設立された。この学会の設立趣意書（ウェブサイト参照）には、次のように書かれている。

　　　今日、あらゆる分野における活動は、その進歩・向上のために、活動内容の確認とそれに基づく改善を必要としている。活動内容の確認のためには、現状の把握が必要であり、改善のためには現状を評価し、課題を整理して対策を立案することが求められる。加えて、近年、公共的な活動やNPO等の社会的な活動を中心として、広く国民一般に対する透明性確保、説明責任の遂行のために、評価の重要性が強く認識され、評価に関する研究の必要性が叫ばれるようになってきた。評価が慣行として定着しつつある欧米諸国では、官民の各種活動に関する客観的な評価への実務面での取り組みが進んでおり、公共的な事業における評価に関する研究にも蓄積がみられる。（中略）しかしながら、（我が国の）それらの取り組みは未だ十分とはいえず、評価が今後の重要な課題として残されているのが現状である。

として、この学会の設立意義を述べている。

　学会の主な活動は、ほかの学会同様、学会誌の発行、全国大会の開催などで

あるが、最も特徴的なことは、2008年より「評価士養成講座」を開設し、評価理論や評価実践の普及に貢献できる評価の専門性をもった人材育成に努めていることである。例えば、初級の評価士養成講座のプログラムを紹介すると、以下のとおりであり、毎年50名ほどの評価士を輩出している（ウェブサイト参照）。

　評価の基礎理論／評価設計／分析手法1〜6〈セオリー評価（ロジックモデルの構築）、データ収集・分析（定性的手法を中心に・定量的手法を中心に）、インパクト評価、効率性評価〉／評価の全体像と日本における評価の現状／評価者倫理と評価者の社会的責任／評価結果の伝達／専門分野における評価事例（「大学」「学校」「行政」「自治体」「NPO」「ODA」評価の現状と課題）。

　つまり、評価学というのは、評価設計、評価手法・技術、評価者の心得など、評価に関わる各要素を用いて、「進歩・向上のために、活動内容の確認とそれに基づく改善」を目的としている学問であるといえる。

2. 評価学におけるプログラムの捉え方

　では、評価学において、プログラムをどのように捉えているかを説明する。ここでいうプログラムとは、「何らかの問題解決や目標達成を目的に、人が中心となって行う実践的介入であり、政策、施策、事業、プロジェクトのように活動や支援を展開するもの」（安田 2011）である。つまり、博物館の経営全体や個別の事業をプログラムと捉えることができるといえる。図1は、ある博物館において、地域住民に環境保護の大切さを伝え、その地域の自然環境を保全する目的でワークショップ（WS）を開催する場合の例である。通常のプログラムは図1にみるように五つの段階で捉えることができる。

　なお、図1のうち「投入」−「活動」−「結果」は、主催者の博物館がコントロールできる項目である。一方で、「直接的成果」−「長期的・波及的に社会に及ぼす効果」は、参加者の考え方や行動に拠って現れるものであるため、主催者にはコントロールできない項目である。さらに、WSだけで「成果」や「効果」が引き起こされるものではなく、例えば、TV番組で自然環境の保全に関する番組が放映され、それによって多くの住民が感化され、同様の「成果」や「効果」を引き起こすことが考えられる。

　なお、「長期的・波及的に社会に及ぼす効果」と「直接的成果」の間に、「中

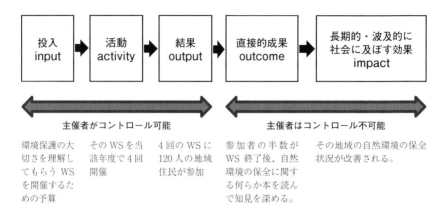

図1　プログラムの五つの段階

間的成果」を置くこともある。この場合では、例えば、「その地域の自然環境
を定期的に調査する研究グループができる」などが該当する。

3. 評価学における「評価」の定義

　評価専門家である C.H. ワイスは「評価とは、プログラムや政策の改善に寄
与するための手段として、明示的又は黙示的な基準と比較しながらプログラム
や政策の実施あるいはアウトカムを体系的に査定することである」としている
（ワイス 2014）。

　ワイスは、この定義のなかに五つの重要な要素があるとしている。①「体系
的な査定」とは、評価手続きの研究的特性を示しており、量的、質的にかかわ
らず、社会科学研究の規範に従い行われることを指している。査定する対象と
して②「実施」と③「アウトカム」があると述べている。つまり、プログラム
の実施プロセスと、実施によって生じた成果や効果の両方（ここでは「アウト
カム」を広義に捉えている）に関するエビデンス（証拠・根拠）が査定対象で
あるといっている。④比較のための「基準」とは、実施プロセスとアウトカム
に関するエビデンスを収集した後、そのエビデンスを期待値と照らし合わせて
プログラムのよさを査定するためのものである。なお、明示的な基準とは、数
値による明確な到達基準をいい、黙示的な基準とは将来の方向性や望まし状態
を示した文言を意味する。最後の⑤「プログラムや政策の改善への寄与」とは

評価実施の目的を記している。

　この定義を博物館評価に読みかえてみると、

　「博物館評価とは、評価対象である個別の事業や博物館経営全体について改善に寄与するための手段として、数値による明確な到達基準や将来の方向性・望まし状態という基準と比較しながら、博物館における個別の事業や中長期計画の実施プロセスあるいはアウトカム（成果・効果）を把握（事実特定）して、体系的に査定（価値判断）することである」といえる。

（2）日本における博物館評価の歴史

　ここでは、日本の博物館における評価導入の歴史について概観する。その対象は 2000 年以降である。もちろんこれ以前からも、博物館における評価、例えば展示評価などはさかんに論じられ、実践されてきた。しかし、博物館を経営体と捉え、その全体を評価の対象とすることが始まったと考えられる 2000年以降を、ここでは対象とする。

1. 日本の行政機関における評価の導入

　1999 年に「行政機関情報公開法」が制定され、事業の透明性を高めるとともに、事業の評価を重視する流れが促進された。2002 年には「行政機関が行う政策の評価に関する法律（行政評価法）」が施行され、国が行うすべての行政活動は評価の対象となった。この流れを受けて、地方自治体でも評価が導入されるようになってきた（三好 2008）。

　日本で評価が普及し始めてから約 10 年が経過したとき、小野（2009）は次のような指摘をしている。2001 年 1 月に、国の「政策評価の実施に関する標準的なガイドライン」において、標準的な評価方式を「総合評価」、「実績評価」、「事業評価」であるとした。それぞれの代表的な手法は、総合評価では「プログラム評価」、実績評価では「業績測定型評価」、事業評価では「費用便益分析」が提示された。しかし、国や地方自治体において現在採用されている評価手法は、ほとんどが業績測定型評価である。

　さらに、地方自治体で行われている業績測定型評価について、次のような課題も指摘している。一般に、どのようなプログラムにも目的があり、その達成にために資源を投入し、具体的な活動を行い、アウトプットを出し、それによ

って発生する成果（アウトカム）、そして最終的な効果（インパクト）を期待
する。そして、それらの間には因果関係が存在する。しかしながら、地方自治
体では、求める「成果や効果」と「活動」との間をつなぐロジックがないケー
スが多く、業績測定型評価によって末端の事業の改善はできても、より大括り
のレベルでの政策転換や事業の組み替えには至らない（小野 2009）。

　日本には 5690 館の博物館（2015 年度「社会教育調査」より）があり、その
約 79％ が、設置者が国（または独立行政法人）及び地方自治体である。これ
らの館は当然のことながら、先に説明した評価導入の影響を受けていると考え
ることができる。実際、博物館で最も多く採用されている評価手法は、国及び
地方自治体で採用されている業績測定型評価である。

2.　博物館評価の導入期

　2000 年度に東京都が、所管する文化施設に対して試行として実施した「事
務事業評価」により、博物館の経営全体に対する「評価」という行為が広く普
及するきっかけとなった。

　この「事務事業評価」では、観覧者数に関する「達成度」と観覧者 1 人あた
りの経費（「効率性」）から「実績評価」を行っている。また、都が主体となっ
て運営すべき施設か否か、及びその事業に関して都民のニーズは高いか否かか
ら「必要性」を、サービスの提供が公平で利用者に公平な機会が与えられてい
るか否かから「公平性」を評価している。最終的にこれら四つの評価項目から
総合評価を下している。この総合評価の結果で、5 段階評価の「E」（最低評
価）であった二つの文化施設は、休館もしくは閉館が相当と判断された（佐々
木秀 2002）。

　このような設置者による評価の動きに対して、博物館のもつ価値を正しく評
価していないとして、博物館が自主的に評価制度を構築する動きが生まれた。
静岡県立美術館がその一つである。2001 年度にまず内部で評価制度の検討を
はじめた。美術館設置の際（1985 年）に策定された条例には、「美術の振興を
図り、もつて県民の文化の発展に寄与するため、静岡県立美術館を静岡市に設
置する」（第 2 条）とあるが、ここからは美術館の具体的な社会的役割や存在
意義はみえてこなかった（佐々木亭 2019）。

　そのため、2003 年度から、有識者と美術館のスタッフで構成する「静岡県

立美術館評価委員会」を設け、美術館の使命の見直し・再構築作業を行い、目標、戦略、評価指標群を設定し、戦略計画を完成させた（佐々木亨 2019）。新たに掲げた使命は「静岡県立美術館は、創造的で多様性に富んだ社会を実現するために存在します。そのために、コレクションを基礎として以下の活動を行い、日本の新しい公立美術館となります。(1) 人々が美術と出会うことによって新たな考え方や価値を見出すための体験を提供します。(2) 地域をパートナーと考える経営を行います」である。

　この戦略計画は、「ミュージアム・ナビ」という名称で、2005 年 4 月に同委員会から「提言書」として発表され、同年 7 月から運用が始まった（ウェブサイト参照）。評価手法としては業績測定型評価が採用され、32 個の定量的指標と八つの定性的指標が用いられた。この一連の活動で注目すべきことは、県庁による設置者評価とは別に、約 2 年間かけて博物館自らが、館の作り出す価値をよりわかりやすく明示し、今後の活動の方向性を示したことである。

　なお、この当時、静岡県立美術館以外で、館独自の評価制度を作成したところとして、東京都写真美術館、山梨県立博物館などがあり、いずれも静岡県立美術館と同様に業績測定型評価が基本となっていた。

3. 博物館評価の振り返り期

　日本における博物館評価導入から約 10 年が経過し、日本博物館協会が発行した『博物館評価制度等の構築に関する調査研究報告書』（2009a）によると、表 1 のような結果が報告されている。

　この報告書のなかでいう「館主体の評価」には、評価者が当該博物館の職員が主である「自己評価」と、評価者が当該博物館の外部の者が主である「外部評価」「第三者評価」が含まれる。一方、「設置者による評価」とは、例えば公立館であれば、教育委員会や首長部局が主体となって実施する評価である。

　表 1 から、設置者が国である国立博物館では、「館主体の評価」は半分以上の館で実施されているが、公立・私立博物館では、1/4 程度の館にとどまっていることがわかる。また、「設置者による評価」は、国立・公立博物館で約半分の館が、私立では 1/4 程度となっている。全体的に、私立博物館の実施率が国立・公立に比べ低くなっていることがわかる。これは、先に紹介した評価導入の背景と深く関係していると考えられる。

表 1 博物館評価の導入状況（％）

	国立博物館	公立博物館	私立博物館	合計
館主体の評価	63.3	27.8	23.1	27.3
設置者評価	50.0	48.5	27.5	41.9

N＝1,044（日本博物館協会 2009a より作成）

さらに、この報告書では、評価活動に関する意見や要望が示されている。そのなかですでに評価を導入している博物館からの意見や要望は次のとおりである。「指標の多くが数値目標に対する取り組みの評価になっているが、目にみえない（数値で表せない）効果が評価の対象になりにくい」「博物館活動が及ぼす経済効果や、費用対効果などを測定する方法がわかれば、評価活動がより充実したものとなる」「もっと活動内容等の中身を評価する方向にシフトすべきである」「評価の解析や活用といった面では十分とは言い難く、技術的な面を深めてほしい」。つまり、当時多くの博物館が用いていた評価手法である「業績測定型評価」に対する懐疑的な意見、及びデータ解析の仕方への改善の指摘であった。

高井（2012）は、日本博物館協会の先の報告書が出た 3 年後に興味深い考察をしている。同協会が同じ時期に発行した『日本の博物館総合調査研究報告書』（日本博物館協会 2009b）では、博物館の使命を策定している館が 77.6% となっているにもかかわらず、自己評価の実施割合が 27.3% ときわめて低いことを指摘した。高井は、中長期的な事業計画を策定している館が少ないことがその原因とした。つまり、先に説明した現行の評価のあり方への疑問のほかに、博物館の使命と自己評価をつなぐ中長期的な事業計画の欠如も、評価が博物館に広がらない原因になっていたことを指摘した。

一方、金山（2015）の報告から、指定管理館における評価導入の状況をみてみる。「館主体の評価」の一つである「自己評価」の実施率をみると、指定管理館では 58.4% であるが、自治体による直営館では 43.2% である。また「設置者による評価」の実施率をみると、指定管理館 68.0%、直営館では 47.1% であり、いずれも指定管理館の実施率の方が高くなっている。つまり、公立博物館において、指定管理館より直営館の方が評価導入に関してより多くの課題があることがわかる。

さらに、金山（2015）は、指定管理館の設置者の区分でも分析しており、そ

れによると「自己評価」では、大規模自治体の方が実施率は高く、規模が小さくなるにつれて率が低くなっている。また、「設置者による評価」では、県立、指定都市の実施率は 80% ほどと高く、人口規模の少ない市町村では低くなっていると指摘している。つまり、指定管理館では、設定者の規模が大きいほど評価導入が進んでいるといえる。

（3）新たな博物館評価のあり方と博物館の役割の変化

　ここでは、博物館評価に関するこれらの課題を克服するために検討されてきた、評価の新しい動向のうちから、その一つとしてロジックモデルの活用を紹介する。あわせて、近年における博物館の役割の変化を説明する。

1. 事業のアウトカム、インパクトを意識したロジックモデルの導入

　大阪市立自然史博物館特別展「きのこ！キノコ！木の子！」（2018 年 7 月 21日〜10 月 21 日）では、会期前の 2018 年 4 月から 6 月で、大阪市の博物館として期待されているこの館の二つのミッション、①「大阪の「自然の情報拠点」として、自然史博物館の調査・研究活動における機能が充実する」、②「さまざまなカテゴリーの、多くの市民が、自然に興味をもち、科学的な思考・探求心、豊かな情操が育つ」を頂点として、これを「長期的・波及的に社会に及ぼす効果」（impact）に置き、それを実現するための「中期的アウトカム」「即時的アウトカム」「アウトプット」「具体的な活動」「投入する資源」の関係性を整理したツリー状の「ロジックモデル」を作成した（佐久間・釋 2019）。

　例えば、「長期的・波及的に社会に及ぼす効果」の①の下に、「中期的アウトカム」として、「一般来場者がきのこに興味をもち、その中からアマチュア研究者が育つ」と「博物館や関係団体が、連携して、調査研究等を進める」を置いた。前者の「中期的アウトカム」の下には、「即時的アウトカム」として、「一般来場者が展示を理解する。きのこに関する活動をする」を設定した。

　今回用いたロジックモデルでは、目にみえない事業の効果、つまり特別展が受益者側の価値や意義をどのように引き出すつもりなのかを明示した。さらに、実際にそれがどの程度達成できたのかを、ロジックモデルの「中期的アウトカム」や「即時的アウトカム」を測定する指標に基づいて、会期中の調査及びその後も継続している調査を通して明らかにしている。

　博物館を含む文化事業の活動を評価する際に、ロジックモデルが初めて使われたのは、筆者が知る限りでは、2014 年に札幌で開催された SIAF（札幌国際芸術祭）、及び 2016 年に東京で開催された「六本木アートナイト」での事業評価報告書ではないかと考える。文化事業における導入事例はまだ少ないのが現状である。

2. 博物館の役割の変化

　現在、我が国の博物館のもつべき機能やあるべき姿を示しているのは、「博物館法」や「博物館の設置及び運営上の望ましい基準」である。一方で、ユネスコ（国際連合教育科学文化機関）は、「博物館及びその収集品並びにこれらの多様性及び社会における役割の保護及び促進に関する勧告」を 2015 年に発表した。この勧告は、加盟国の政策立案担当者に向けたものであり、現代における博物館の社会的役割などを示した国際的なスタンダードとなるものである。しかし、博物館法や望ましい基準にうたわれている博物館像とはかなりの差異がある。

　例えば、この勧告の「Ⅲ 社会における博物館に関する論点」の項目 16 では「博物館は、社会における重要な役割を果たすこと並びに社会的な統合及び結束の要因として、すべての国において一層認識されてきている。この意味において、博物館は、社会における重大な変化（不平等の増加及び社会的なきずなの崩壊をもたらすものを含む）に直面する地域社会を支援することができる」。同じく項目 17 では「博物館は、歴史的、社会的、文化的及び科学的な問題に関し、考察し、及び議論する場となることができる」（日本ユネスコ国内委員会仮訳：ウェブサイト参照）と記述されている。博物館の社会性や博物館による社会的課題の解決が期待されていることがわかる。

　また、我が国の文化芸術基本法を具体的に進めていく上で策定された「文化芸術推進基本計画」（2018）では、文化芸術の「本質的価値」だけでなく、「社会的・経済的価値」の重要性が強調されている。例えば、同計画の第 2 項では、美術館・博物館は「国際交流活動、ボランティア活動や観光等の拠点など幅広い役割を有している」、「学芸員については、美術館・博物館が社会的包摂や地域創生の礎となることが求められている近年において、（中略）地域振興、観光振興等への対応も求められている」としており、博物館及び学芸員が

その活動において、社会的・経済的価値を生み出すこともあわせて期待されつつあることがわかる。

（4）考察

　以上のように、日本の博物館評価は、2000 年の東京都の事務事業評価をきっかけに、最初の約 10 年間は、業績測定型評価を中心に普及した。その後、評価を振り返る時期が訪れ、多くの博物館が用いていた評価手法である「業績測定型評価」に対する懐疑的な意見、データ解析の改善の指摘があった。さらに、博物館の使命と自己評価をつなぐ中長期的な事業計画の欠如、公立博物館のうち直営館での評価導入が進んでいないという課題も明らかになった。

　その一方で、近年、博物館に求められる役割が少しずつ変化していることも読み取れる。資料の学術的、芸術的、歴史的な価値（本質的価値）を博物館活動で顕在化させ、その価値を多くの人々に展示や教育普及事業などを通じて伝えることの必要性がなくなることはないはずである。これは博物館の存在意義を示す重要な役割である。しかし、博物館に求められる役割はこれだけにとどまらず、その活動を通して、社会的課題の解決や地域経済の活性化など、より社会的な、より経済的な価値を顕在化させることが求められつつある。

　このような状況において、例えば大阪市立自然史博物館の特別展では、博物館事業でどういうアウトプット（来館者数や収益など）があったかだけでなく、博物館事業が博物館の使命に対して、どのような貢献ができたのか、または貢献に向けてどのような礎を築くことができたのかを、ロジックモデルでの評価を通して顕在化させようとしたという点で特筆すべき事例である。

　なお、ここでは紹介しなかったが、3 年間の事業計画と評価指標が連動している三重県総合博物館の評価制度は、使命と自己評価をつなぐ中長期的な事業計画の重要性を明確に意識した事例といえる。また、近年では文化経済学の分野で、神戸市立博物館などを対象として「ヘドニック・アプローチ」（林 2014）や「仮想評価法（CVM）」（林 2016）を用いて、その経済的価値を明らかにする研究も現れている。

　社会的・経済的価値の創出や顕在化が求められる今後の博物館経営にとって、評価手法の選択肢がより多様でより豊かになり、評価運用の仕方をより工

夫することが期待されると考える。

参考文献

小野達也　2009「業績測定型評価のかんどころ―プログラムのロジックと指標の妥当性」『評価クォータリー』11、2-15 頁

金山喜昭　2015「公立博物館はどのように変わったか―「日本の博物館総合調査」の分析結果より―」『法政大学資格課程年報』5、21-30 頁

佐久間大輔・釋知恵子　2019「展示意図・目的に沿った展示事業評価を目指して」『全日本博物館学会 第 45 回研究大会 発表要旨集』

佐々木　亨　2019「博物館の経営手法②：使命と評価」『新訂 博物館経営論』放送大学教育振興会、162-179 頁

佐々木秀彦　2002「博物館評価をめぐる状況」『入門 ミュージアムの評価と改善―行政評価や来館者調査を戦略的に活かす―』ミュゼ、7-34 頁

高井健司　2012「評価をめぐる取組みの経過と現状の課題」『博物館研究』47（12）6-9 頁

日本博物館協会　2009a『博物館評価制度等の構築に関する調査研究報告書』

日本博物館協会　2009b『日本の博物館総合調査研究報告書』

林　勇貴　2014「地方公共財の間接便益とスピル・オーバー：芸術・文化資本へのヘドニック・アプローチの適用」『経済学論究』（関西学院大学）68（2）61-84 頁

林　勇貴　2016「仮想評価法を用いた博物館の実証的研究」『日本経済研究』73、84-110 頁

三好皓一　2008「評価とは何か」『評価論を学ぶ人のために』世界思想社、4-22 頁

安田節之　2011『プログラム評価　対人・コミュニティ援助の質を高めるために』新曜社

ワイス、C.H.　2014『入門評価学　政策・プログラム研究の方法』（佐々木亮監修）日本評論社

ウェブサイト

日本評価学会 設立趣意書　http://evaluationjp.org/outline/establishment.html

日本評価学会 評価士養成講座　http://evaluationjp.org/activity/training.html

静岡県立美術館評価委員会　http://spmoa.shizuoka.shizuoka.jp/outline/evaluation/committee/

ユネスコ「博物館及びその収集品並びにこれらの多様性及び社会における役割の保護及び促進に関する勧告」http://www.mext.go.jp/unesco/009/1393875.htm

（佐々木　亨）

7. 指定管理者制度下における公立博物館の外部資金調達

　まず始めに、指定管理者制度を設計した人物のインタビュー記事から、この制度を導入した意図を紹介したい。以下、重要な論点を含んでいる箇所を要約する。2003 年当時、総務省行政課長として指定管理者制度導入に関する地方自治法の改正を担当した久元喜造（現神戸市長）の発言である（久元 2006）。

　指定管理者制度は地方公共団体が費用対効果の上げる方法を選択することができるように制度設計した。サービスのレベルを上げ、コストを下げる最適な方法で管理をするような制度である。つまり、地方分権の時代に、政府が法律で箸の上げ下げまで縛るのではなく、直営でも業務の一部を民間に委託する、または独立行政法人（筆者註：ただしこのときはまだミュージアムは地方独立行政法人として認められていない）、PFI など費用対効果が一番上がる方法を選択できるようにしたのがポイントである。

　さらに、指定管理者の業務範囲は、期間が更新されるごとに見直し、その範囲に応じて委託料（指定管理料）も適切に見直すことが必要であり、サービス水準の評価は住民の満足度によって決まる。これはコストだけでは判断できない。管理できる範囲は結果をみながら見直し、それに応じて必要な予算を計上していくことが大事である。地方公共団体がその施設のポテンシャルを最大限に発揮させるためには、指定管理者にまかせっきりは絶対によくない。どの範囲をどんな方法でやってもらうかは仕様書（管理運営の基準等）でしっかりと公共団体が明示すべきである、曖昧なまま公募すると、指定管理者がコストや提案書の見栄えだけで選ばれてしまい混乱が生じる。

　これまで施設を委託管理してきた既存の団体から、民間が参入してきたらコストだけで判断されてしまうと批判も出た。「文化・芸術関係の施設、美術館とか博物館が採算重視の民間が運営して本当にいいのか」「単にペーパー上の事業計画だけを比較して、耳障りのいい言葉を並べて、金額を安くした会社が仕事を取ってしまう」など。それは公共団体の責任と久元は切り捨てる。施設

の設置目的にかなった事業計画にしなさい、または地元の文化団体が参加できる企画を必ず入れるなど仕様書で規定し、現在の施設を管理している団体も民間と競って、もっといい提案をすればいいのだと。

　現実は制度設計をした久元の思惑通りに進まず、指定管理料の適切な算定は困難を極めた。指定管理者制度を導入した中小規模のミュージアムは自助努力だけではどうすることもできず、資金面できわめて困難な運営を強いられることとなったのである。

（1）博物館と経営　外部資金導入の経緯

　1960 年代のアメリカで「マネージメント」は、非営利機関では悪い言葉だった。それは、非営利機関にとって「ビジネス」を意味しビジネスは、非営利機関にはそぐわないというものの一つだった。事実、当時の非営利機関のほとんどが、「マネージメント」と呼ばれるものは、何一つないと信じていた。以上、およそ 50 年前の状況を語ったドラッカーの言葉を要約したが、今でも日本の博物館において「マネージメント」という言葉に対して、ある種の違和感をもっている学芸員は少なくないのではないだろうか（ドラッカー 1991）。

　日本の博物館でも 1990 年代頃から、ミュージアムに経営や評価が必要であるという議論が活発になってきた。その理由として、まず、物質的な豊かさから心の豊かさを求める国民世論が形成され、高度経済成長の過程で博物館のインフラ整備が進み、次々と博物館が作られていったのだが、作ってはみたもののバブル経済の崩壊により、開館した翌年以降の運営費が潤沢につかず、経営の舵取りに困るというネガティブな状況があげられる。

　1 年あたり何館の博物館がオープンしたのかという日本の博物館建設の歴史を振り返ると、明治年間は 1 年あたり 0.4 館、大正年間は 1.1 館、昭和元年から戦前までの間は 2.2 館ときわめて少ないことがわかる。一方、戦後の昭和 20 年代の 6.2 館を皮切りに、昭和 30 年代は 10 館、昭和 40 年代は 20 館と倍になり、その後も博物館建設ラッシュが続き、そのピークは平成元年から平成 4 年までの間で、1 年あたりに換算すると 74.5 館がオープンするという驚異的な伸びをみせた（「日本の博物館総合調査研究報告書」2017）。

　明治時代に欧米のミュージアム制度が日本にも輸入されたが、殖産興業や富

国強兵に資する政策が優先され、公立博物館の整備は遅れた。それを補うかのように民間の三越や高島屋等の百貨店が展覧会を開催し、公共博物館の代替的な機能を果たしてきたのだった。

　戦後は経済復興を優先させる政策が続き、都市のインフラ整備に力を注いでいたが、総理府（現内閣府）の「国民生活に関する世論調査」で物質的な豊かさから心の豊かさを求める世論に導かれるように、博物館建設が推進された。

　ところが、バブル経済の崩壊により、地方自治体の税収は減少し、文化芸術関係の予算も計画や建設段階には潤沢に計上されたものの、建設が一段落した後の運営予算は毎年減額の一途をたどることになっていった。人的にも財政的にも苦しい運営を強いられることになるのである。

　さらに、国は独立行政法人化し、地方自治体は2003年、指定管理者制度の導入により、自立的な経営や運営といった舵取りが必要であるという認識が次第に広がっていった。また、設置者は館の目的や使命の策定といったガバナンスを、管理者は館のマネージメントと責任がより明確になり、経営責任や経営判断という認識も醸成されていった。

　具体的には指定管理料は定額に設定され、足りない分は、利用者からの入場料収入やミュージアム・ショップ、レストラン等の管理手数料で補う利用料金制度が導入され、ある程度柔軟に収入を活用できるようになったわけだが、裏返せば収入が足りない場合、自己の経営責任で支出を削るか、新たな収入源を確保しなければならなくなったのである。管理委託方式の時代に潤沢な補助金で賄われていたときと比べ、一定の自由度は増す代わりに、経営の責任は重くなったといえる。収入が足りない分は補填されないので、自助努力や創意工夫をして収入の道を模索する時代になったのである。

（2）指定管理者制度下における外部資金の調達（現状）

　指定管理者制度における外部資金獲得について具体的に言及している例として、東京都は2009年度から2016年度まで8年間の指定管理者を公募する条件のなかで、指定管理料と外部資金の関係について次のように規定している。「東京都の支払う委託料（指定管理料）や利用料金収入、館において実施する事業による収入のほか、外部資金の導入や公益団体の助成制度の活用など多様

な財源の確保に努めること」（東京都生活文化局 2007「業務内容及び管理運営の基準」）。管理運営の基準のなかで創意工夫を活かした事業展開と外部資金の獲得に留意しなければならないと規定している。つまり、指定管理料のほか利用料金収入、例えばミュージアム・ショップやレストランの管理手数料、駐車場収入などは館の自助努力により収入確保に努めるのだが、それ以外でも、多様な事業展開を図るための財源の確保に努めることを、東京都は博物館の運営基準のなかで求めているのである。

　2012年度の総務省調査によると、全国の自治体で指定管理者制度を導入している文教施設等で利用料金制を採用している所は 49.8％ と約半数に上っている。利用料金制は指定管理者が施設の利用料金（入場料など）を自らの収入に充て、自主的・自立的運営を促し、経営努力のインセンティブを高めるために導入されたものである。自治体から各博物館へ渡す指定管理料は極力抑えて、足りない分は利用料金で賄い、それでも足りない分は外部資金の導入など多様な財源確保に努めるという構図になっている（総務省平成24年11月6日「公の施設の指定管理者制度の導入状況等に関する調査結果」）。

　一方、公立博物館が直営で運営されていた頃と指定管理者に移行した後を比較し、指定管理料と利用料金の関係を分析したところ、指定管理料の適切な算定がなされておらず、利用料金ではとても賄えない状況となっている博物館もあることが判明している。博物館を直営で運営していた時代に、行政改革の過程で予算を限界まで削り、指定管理料はそこからさらに2〜3割少ない額で設定されているため、利用料金の自助努力では、到底補うことができない状況が生じており、主に NPO 法人が指定管理者となった事例であるが、中小規模の公立館の運営はきわめて厳しい状況であることがわかる（金山 2015）。

　指定管理者制度は 2003 年 7 月 17 日総務省自治行政局長通知のとおり「住民サービスの向上を図るとともに、経費の節減等を図ること」が目的とされた。その目的のなかで「経費の節減」のみに力点が置かれているケースが散見されたのか、2010 年 12 月、この指定管理制度の留意すべき点として「単なる価格競争による入札とは異なるものである」と総務省から通知されている。指定管理者は安いだけではなく、サービスの水準の確保ができる最も適切な管理者を指定する制度であることをわざわざ強調しているのである（平成 22 年 12 月

28日総務省自治行政局長通知）。

　指定管理者は価格のみで判断する入札ではないと通知したことが多少影響したのか、指定管理者を選定する基準で何を評価指標としているかといった調査を行った結果、1番目は施設サービス向上に関することで95.3%、2番目は団体の業務遂行能力に関すること94.0%、そして施設の管理経費の節減に関わることが92.4%と経費の節減は3番目になっている。

　指定管理者制度下における外部資金導入の現状について概観すると、指定管理料をできるだけ低く抑え、あとは利用料金で賄い、それでも足りない分は外部資金を導入するという構図になっていることがわかる。

（3）指定管理者として外部資金を導入する事例と課題

　具体的な事例としてわかりやすいのは、自主事業と呼ばれる指定管理者自身による事業に投入する外部資金の獲得である。東京都江戸東京博物館の自主事業についていうと、自治体からの指定管理料が投入されておらず、入場料収入やショップ・レストラン等の利用料金で予算が組まれている。そのなかでも海外から多くの作品や資料を借用する大規模な特別展を企画すると、利用料金だけでは賄うことができない場合がある。例えば、海外の博物館から借用する際の輸送や保険、クーリエの経費が特別展の予算を圧迫してしまうのである。そこで、外部の助成財団や企業等から資金の提供を受けることになるわけだが、ことはそう簡単には運ばない。

　まず特別展の企画書を作成し、予算を組み立てる段階で、入場者数の目標を設定する。過去のデータから、ある程度の入場者目標の設定はできる。入場者目標の数が決まれば、入場料収入やグッズの客単価、図録の購入率から、収入が決まる。収入の予測を立て、支出についても国内外の輸送や保険、クーリエの旅費、展示施工、警備案内の人件費に加え、展覧会図録やポスター・チラシの広報宣伝費などを積算していく。ここで海外からの輸送経費などが高額になり、予算的に厳しいことが明らかになる。その結果、今回の展覧会では、いくらファンドレイズしなければならないかが割り出されるのである。

　外部資金の獲得額がある程度算定された段階で、助成財団向けのプレゼンテーション資料作成に取りかからねばならない。基本的に博物館の館内で企画を

通す資料をもとに、展覧会の目的やターゲット層、展示構成や主な展示資料や作品についてビジュアルを多く使った資料を作成する。展覧会のめざす目的と助成財団の目的が合致することが重要なので、財団の寄付行為を確認しておくことも必要だ。プレゼンテーション資料を作成し、実際にプレゼンテーションを行ってすんなり資金の獲得が成功することは少ない。しかも、外部資金獲得に費やす事務量は膨大である。米国のように資金調達の専門職員が配置されていない博物館がほとんどで、すべて担当学芸員の負担となる。運よく資金獲得の目処がついた後も、事務手続きをやりながら、特別展のための資料調査や借用交渉、図録の執筆など次から次へと締切りが迫り、担当学芸員はなかなか展覧会の内容に集中できない日々が続く。展覧会が始まってからも、資金提供を受けた助成財団から来館者に与えたインパクトを調査して報告するアンケートの実施を求められることもあり、展覧会開催中はギャラリートークや取材を受けながらの対応は困難を極める。一方、資金提供を受けた助成財団に対して、展覧会を見る前と見た後で、どのような社会的なインパクトを与えたのか、展覧会がめざす目標は達成されたのかという報告は必須となろう。

　筆者は学芸員のポテンシャルを最大限に発揮させ、展覧会の内容的な質の向上を図るのであれば、ファンドレイズの専門職を雇用するか事務系職員でファンドレイザーを育成した方がいいと考えている。ただし、専門職人材の採用または育成については、人事雇用体系の課題もクリアしなければならない。しかも、これは1館だけの問題ではない。複数館でファンドレイザーが多く任用されるようになればいいが、1館だけでは人材の育成も困難で、その流動性もなかなか生まれない。これは古くから議論されている専門分業制の是非にも関わってくるが、ここでは紙幅が足りないため、後日のテーマとしたい。

　最後に、外部資金導入の事例として、海外の助成財団から資金提供を受ける場合、外貨で資金を送金されると、為替差損が出てしまうので注意が必要だ。また、予算という側面からみても、外部資金導入を前提に予算組みをした場合、資金調達の金額に差損が出てしまったらどうするのか、そもそも資金調達に失敗したらどうなるのかということも考えておかねばならない。その場合、収益から繰り入れるのか、支出を削って補うのか、いくつかのパターンを想定しておかないと資金繰りに行き詰まってしまう。

（4）米国スミソニアン自然史博物館外部資金調達の調査事例から

　筆者は、2011年度文化庁学芸員等在外派遣研修を利用して米国スミソニア
ン国立自然史博物館に短期滞在し「外部資金の調達」というテーマで調査を行
った。滞在中、予算と資金調達の現状と課題及び将来の構想に関する勉強会に
参加する機会を得た。日本の博物館における外部資金調達に係る事例として参
考になることもあるため、ここで紹介したい。

　スミソニアン自然史博物館の予算と外部資金調達という観点でみると、大き
く分けて四つに分かれている。①連邦政府予算。②自主事業収入の予算（ミュ
ージアム・ショップやレストラン等の収入）、これは館長の裁量で使途の決定
ができるもので、館内の助成プログラムを策定し、調査研究プログラムを実施
していた。③基金、スミソニアン全体では当時88の基金があった。ただし、
使途に制限があり自由には使えない。そして、最後は④外部資金の調達で、当
時は年間800万ドルから1,000万ドルをファンドレイズしていた。

　歳入予算の内訳は連邦政府から約63％、今回のテーマにもなっている外部
資金、例えば寄付金や官民の助成金は全体予算の約26％の構成となってお
り、そのファンドレイズの内訳をみると、個人が約41％、助成財団から約34
％、企業から約20％で、よくいわれるように個人からの寄付文化で成り立っ
ている米国らしい結果であった。

　ここで筆者がいいたいのは、ファンドレイズの比率や個人寄付をもっと集め
るべきだということではなく、あくまでも館のミッション（使命）を実現する
ための資金集めであり、それを明確にすることが重要だということである。

　まず、博物館の根幹である設置目的と使命に基づき、具体的な中長期計画を
策定し、スミソニアンでは戦略的5か年計画が策定され、そのなかでも資金調
達の目標が具体的に数値化されていた。そこでは館の使命に沿ったものである
ことが明記され、資金集めについても、外部資金調達の際、適正な手続きを行
うためのコンプライアンスを確立すること、寄付者との良好な関係を築くため
の指針も制定されていた。

　日本でも制度的には公益法人等に対する寄付金の税制優遇措置が設けられて
おり、外部資金の導入がしやすい環境が整ってきたが、実務的には博物館で外
部資金を調達するための細かい手続きに始まり、倫理規定などの整備はあまり

進んでいないと思われる。まず、資金調達に関する規定や指針を設定し、次に
それに付随したスポンサー企業との協定書の整備等、博物館内で周辺環境を整
えておかないと、資金集めが目的化してしまうおそれがある。

　もう一つの課題は、学芸部門と事務部門の協力関係の構築にある。事務部門
からよく聞かれるのは、学芸員は何をやっているのかよくわからないという言
葉である。一方、学芸部門からは事務部門は学芸の調査研究など、学芸の本来
の仕事を理解していないという不満も聞かれる。学芸部門と事務部門双方のコ
ミュニケーション不足は、どこの組織でも起こりうる現象ではないだろうか。
博物館のコレクションについて一番詳しいのはその館の学芸員である。その学
芸員が資金調達に協力しないと、館の魅力を最大限・効果的にアピールできな
いのである。

　スミソニアン自然史博物館の館長が繰り返し、資金調達の必要性と目的を館
員に説明していた姿をみて、筆者は博物館内の各部門が協力関係を構築し、館
の設置目的や使命といった一つの目標へ向かって進むためには、館長のリーダ
ーシップが必要だということを痛感した。上意下達ではなく現場の学芸員から
意見を吸い上げ、議論を通じて戦略的計画を練り上げ、館内での共通理解を得
て作りあげていくプロセスが重要で、学芸部門と事務部門を博物館の両輪とす
るならば、それを束ねて正しい方向へ舵を切るのは、館長のリーダーシップに
かかっているのではないだろうか。

　繰り返せば、筆者は外部資金を獲得することができる専門職人材の採用また
は育成が必要だと考えている。もちろん、日常の事務をこなしながら調査研究
に加え、展覧会の準備を計画通り進め、資金獲得もできるスーパー学芸員が理
想かもしれないが、言うは易く行うは難し、現実はきわめて困難であろう。ワ
ークライフバランスが叫ばれる昨今、公私の境がなくなる傾向にある学芸員の
仕事も、そろそろ分業化してもよい頃ではないだろうか。しかし、現状の人事
ローテーションのままでは専門職は育たない。それには人事雇用体系の改編も
必要であり、1館だけの体制の変更でどうにかなる問題ではない。

　日本の博物館でもファンドレイザーが近々必要になってくると考え、米国ス
ミソニアンまで調査にいったのだが、ファンドレイザーの採用基準で重要なポ
イントを聞いてみたところ、とにかく経験（実力）がものをいうという返答で

あった。例えばハーバード大学で 10 年ファンドレイザーとして毎年何百万ドル獲得してきたなど重要な採用ポイントになるという。

　また、ファンドレイザーのバックグラウンドについて、学芸員は近世美術や考古学といった専門性が問われるが、ファンドレイザーは MBA 取得の有無やミュージアム・マネジメントの専門知識の有無にこだわらない。大学や大学院で学んだ分野には拘泥しないが、ファンドレイザーに必要な能力は何よりコミュニケーション能力である。寄付者との良好な関係を構築できるコミュニケーション能力がないと米国では成功しないという。そのとき、このコミュニケーション能力は学芸員にも共通して必要な能力ではないかと逆に質問されてしまった。言い換えれば、潜在的な寄付者とのよりよい関係を構築するため、館のコレクションや博物館の魅力を説明できる能力ともいえる。また、将来的に日本でファンドレイザーを採用することになった場合の採用テスト例を提案された。それは一定の時間を与え、寄付者への手紙を書かせ、実際にプレゼンテーションしてもらうというものだった。米国流の実践的な提案である。

　実際のファンドレイザーがどのような仕事をしているのかというと、博物館の使命に賛同してもらえる寄付者を探すこと、そのなかでも大口寄付者に対するリサーチ及びプレゼンテーションが大きな仕事になっている。あとはメンバーシップ会員に対する館長懇談会や学芸員によるバックヤードツアーの企画なども行う。その他、地道な作業だが購読誌や年報や各種イベントの招待状の送付も重要な仕事である。今、日本でもユニークベニューとして博物館を活用したパーティーや会議の誘致を促進しているが、スミソニアンでは専門の部署がそれにあたっていた。

　ユニークベニューや税制優遇措置の制度的な枠組みづくりも重要だが、それと並行して、外部資金の調達が実施できる組織体制や指針、規定も整えなければならない。寄付者との良好な関係を構築できるコミュニケーション能力を有し、館内外との橋渡しがスムーズにでき、さらに会計に精通する人材の確保と育成が望まれる。望み過ぎだろうか。

　外部資金の導入で課題となるのは、資金調達に成功すると本来今までついていた予算を削られてしまう可能性がきわめて高い点にある。苦心惨澹して資金調達に成功した途端、外部資金の調達が成功した翌年度に、例年ついていた予

算がその分削られてしまうのである。それでは資金調達を行う現場のモチベーションは上がらず、組織としてのインセンティブは働かない。予算が削られるのであれば、外部資金を苦労して調達するメリットはなく、組織的にも進んでファンドレイジングが進まない要因の一つになっている。

　寄付を含む外部資金の調達は、税制控除の仕組みを作って、ファンドレイザーを雇えば解決する問題ではない。博物館の経営層レベルや所管する自治体という大きな枠組みで、予算の配分や博物館の進むべき方向性について、館の設置者と館の経営層レベルで真剣に議論を深め、博物館のあるべき姿を解決していかなければならないのである。資金調達のノウハウや成功事例の紹介も大切だが、外部資金の調達は博物館そのもののマネジメントに深く関わる課題であると同時に、自治体のガバナンスレベルの話なのである。

　現場レベルでいうと、学芸員や研究員はお金の話を嫌う傾向にある。自身の研究は利益のためにやっているのではない、金儲けとは無縁であり、一般には理解されないが高尚で地道な研究に従事しており、学会やミュージアム業界で評価されればいいと。だが、お金がなければ調査や研究はできず、まして展覧会で国内外の博物館から資料や作品を借用し、質の高い図録を発行することもできないのである。外部資金をきっかけとして、自治体職員と現場学芸員の意識改革が進むことを願って止まない。

参考文献
金山喜昭　2015「指定管理制度による NPO 運営館の収入状況と課題」『法政大学キャリアデザイン学部紀要』12号、153-173頁
公益財団日本博物館協会　2017『日本の博物館総合調査研究報告書』
総務省　2012「公の施設の指定管理者制度の導入状況等に関する調査結果」
東京都生活文化局　2007「業務内容及び管理運営の基準」
ドラッカー、ピーター　1991『非営利組織の経営』ダイヤモンド社
久元喜造　2006「キーマンインタビュー　指定管理者制度はフレキシブルな制度です」『指定管理』春陽舎

※本節は田中裕二「公立博物館の外部資金調達—その経緯・事例・課題」『博物館研究』（2017年12月号）に加筆したものである。

（田中裕二）

第 7 章

博物館経営の展望

I. ICOM 京都大会の概要

　2019 年 9 月、日本で初めての ICOM（International Council of Museums；国際博物館会議）大会が京都で開催された。ICOM の規約では、博物館を次のように定義している。「博物館とは、社会とその発展に貢献するため、人間とその環境に関する物的資料を研究、教育及び楽しみの目的のために、取得、保存、伝達、展示する公開の非営利的常設機関である」（ICOM　規約第 2 条 2001 年 7 月 6 日改訂）。ICOM 内部の関係する委員会では、現代の世界状況の諸問題の解決に博物館が貢献することなどを課題としてきたことから、大会の主要議題の一つに博物館の定義を再定義することがあげられていた。

　残念ながら、ICOM 京都大会では、博物館の再定義について合意に至らず、今後も議論を継続することになった。しかし、大会での議論は多くの示唆を我々に与えてくれた。その一つは、博物館のもつ社会教育の役割を改めて認識することができたことである。

　大会の議論を通して、人類に共通する多くの課題（自然破壊、自然災害、戦争、貧困、移民、難民、格差など）を抱えて世界情勢が大きく変化するなかで、博物館もその解決に取り組まなければならないことが確認された。地球は一つであり、地球 well-being という価値観のもとで、博物館は社会の問題解決のために新しい役割が求められている。博物館のもつ資料の収集や整理保管、調査研究、展示、教育普及という機能を踏まえて、博物館に共通する理念や定義を再構築する。博物館は、地域のプラットフォームとなり、誰もが自由にオープンに議論することのできる場になることをめざすということである。

　世界で発生している問題や課題は、そのすべては特定の地域で起きている。グローバルな問題といわれるものは、実はローカルから解決していく必要がある。すべての博物館は特定の地域に設置されていることから、博物館はミッションを問い直して、地域の課題を解決するために貢献する役割と責任があるはずである。

II. 指定管理者制度と指定管理館

（1）メリットとデメリット

　最初に、本書で中心的なテーマとして取り上げた、指定管理者制度による公立博物館の管理運営についてみることにする。博物館の設置者である地方公共団体は、指定管理者にサービス向上とコストダウンという両立がきわめて難しいテーマを同時に課したが、次第に経費削減の方に重点が置かれるようになった。地方公共団体の方針に基づいて指定管理者制度が導入された博物館は、従来の運営形態である直営や管理委託に比べて、次のようなメリットとデメリットがある。

　主なメリットについては、直営や管理委託に比べて、一般的に予算の執行などの会計処理に縛りが少なく柔軟性があるということである。また、施設の使用許可などについて指定管理者の裁量によって判断することができるので、事務上の意思決定が速くなり、そのために利用者からのニーズにも素早く対応することができる。

　一方、デメリットについては、次のようになる。まずは、指定管理者には契約期間が定められているため、運営の継続性が保障されていないことである。そのため、学芸員などの職員の雇用は不安定で、人材の確保や育成にも支障が生じている。さらに、一般に指定管理料が定額であるために、学芸員などの職員の給料が昇給することも基本的には想定されておらず、定期昇給が見込まれていないにもかかわらず給料の額は高くない。

　次に、入館料などの利用料金を指定管理者の収入として収受させる「利用料金制度」は、指定管理者にインセンティブを与える仕組みであるが、実際には利用料金が増えると、その後に地方公共団体が指定管理料を減額する事例がみられる。このことにより、指定管理者にとってはインセンティブが働かなくなる。そのため指定管理者は、一定の利用料金収入を確保するために、特別展や企画展、イベントなどを多様化、増加せざるを得なくなっている。このことは評価されることとはいえ、これらの業務に学芸員などの人的資源が注がれるために、資料の収集、整理保管、調査研究が手薄になっている。地方公共団体の

経費節減策が博物館の基本機能を損なうという本末転倒の問題も起きている。

　指定管理者に参入する民間事業者もいろいろで、博物館のことをあまり知らない民間事業者が指定管理者になることも現実にある。このような場合には、イベントを開催し集客を目的化する博物館になっている問題を見過ごすことはできない。

　近年、激甚化する自然災害により博物館も被災しているが、ここでも指定管理者制度の問題が浮かび上がっている。2019年10月の台風19号の洪水被害に見舞われた川崎市市民ミュージアムは、地下の収蔵庫が浸水したために収蔵資料が甚大な被害を受けた。収蔵資料は指定管理者が運営する以前から、開館以来30年近く川崎市から業務委託を受けた公設財団の学芸員が収集、整理保管を続けてきたものである。ところが、2017年4月から指定管理者になった民間企業は、収蔵庫や収蔵資料の保管状況の予備知識が不足していたために、貴重資料を選別して優先順位をつけて救出することができずに作業は難航したという。川崎市の場合は、業務委託を受けていた団体から別団体の指定管理者に移行した事例だが、指定管理者を交代する場合でも同じように、収蔵資料に関する情報や知識が十分に継承されず、災害時には同じような事態になることが予想される。つまり、博物館の収蔵資料を継続的かつ適切に保管管理する点において、指定管理者制度は不向きな制度だといえる。

（2）博物館の新しい動き

　指定管理者制度は、従来の公立博物館にあまりみられなかった、新しい動きをもたらしていることにも注目しておきたい。

　第一に、市民が直接運営する公立博物館が登場したことである。以前にも大町山岳博物館（1951年設立）や長岡市立科学博物館（1951年設立）などのように、市民が設立運動を始め、行政を動かして設立された博物館はあったが、指定管理者制度ができたことにより、指定管理者となる市民が博物館を直接運営することができるようになった。本書でも取り上げた函館市青函連絡船記念館摩周丸や砂丘館、あくあぴあ芥川、荒神谷博物館や、そのほかにも筆者が調査した宮城県の感覚ミュージアムや吉野作造記念館などは、いずれも市民が主体的に博物館運営に取り組んでおり、個性的な活動を展開している。

　第二に、業務分割方式という直営と民営が両立する博物館の運営形態が生まれたことである。本書で取り上げた愛媛県歴史文化博物館（本書第3章2参照）のように、この方式は民間の長所を博物館に活かした試みとなっており、特別展や各種事業の規模の拡大や、参加型事業の充実など、直営時代よりも成果をあげている。

　第三に、指定管理館を運営するNPO法人や公益財団法人のなかには、行政と対等な立場にたち、両者間において「政策連携」が行われるようになったところがある。

　野田市郷土博物館は、NPO法人と野田市との協議により、市が「市民のキャリアデザイン」を政策に位置づけたことをうけて、博物館を「市民のキャリアデザインの拠点」とすることにより再出発した。使命を達成するために、施設や設備の改修工事などの条件整備も行われ、運営管理については必要な経費を算出したところ、直営時代よりわずかに上回ったが、市長の判断によりその金額を指定管理料とした。

　高知県立高知城歴史博物館（本書第4章5参照）は、財団法人と設置者である高知県との話し合いにより、地域振興や観光を博物館の使命の一つにしている。「地域振興」については、地域の寺社や公民館所蔵の文化財の盗難や散逸、祭の消滅による伝承の断絶等々の文化的な課題に対して、博物館が主体的に解決を図ることを意味している。「観光振興」は、県からの要請を受けたもので、博物館本来の目的や使命から逸脱しない範囲で折り合いをつけている。休館日は年末年始のみとし、開館時間の延長などの利用者の便宜を図る。展示は、歴史博物館によくみられる教科書型の通史展示ではなく、高知城や藩主、藩内の様子についてイラスト入りの大形のパネルを用いてわかりやすく、観光で訪れた人たちにとって学びやすい配慮がなされている。

（3）設置者の責任と役割

　公立博物館に問われることは、まず地方公共団体は博物館をどのような政策の担い手にするのか、博物館の使命や役割は地方公共団体の政策を反映させるものとなっているのか、ということである。

　直営方式の博物館は、地方公共団体の政策と博物館の使命とのすりあわせを

図り、それを達成するために事業を展開する。つまり、直営方式の博物館はオペレーターの役回りを担うことになる。それに比べて指定管理博物館の場合、まずは地方公共団体がどのような目的や理念をもち、博物館に指定管理者制度を導入するのかが問われることになる。それが明確でないと、後に想定外のことが起きて支障が生じる。設置者と指定管理者との間でボタンをかけ違えると不幸なことになる。

　もし、経費削減のために指定管理者制度を用いているとしたら、その認識を改めることである。政策との整合性を図り計画策定を行い、成果を適切に評価し、それを公開することにより、行政や地域との風通しをよくすることである。指定管理者が成果をあげれば、利用料金制度に則して指定管理者が使えるお金として残すことのできるようにすることも欠かせない。そして、指定管理者の契約期間を長期に延長するとともに、職員給与の適正化や人材の確保・育成を担保する措置を講じることなどにより、安定した継続的な運営ができるように改めることが必要である。

　また、本書で田中裕二が指摘するように、実際に外部資金を導入しなければ事業がまわらない指定管理館では、ファンドレイズの専門職員を配置する必要性が高まっている（本書第6章7参照）。

III.　独立行政法人の検証と評価

　1990年代から地方分権や規制緩和の推進により、国や地方公共団体による公共サービスの関与を減らし、民間に開放していくための制度変更が行われるようになった。博物館については、地方公共団体では指定管理者制度を導入したが、国は独立行政法人制度を国立の博物館に適用した。

　独立行政法人になった国立の博物館については、その運営状況についての経年変化や実績を検証・評価したことはほとんどなかった。本書では、杉長敬治と小川義和が、東京国立博物館と国立科学博物館のそれぞれの運営状況を検証・評価した（本書第5章1、2参照）。両氏の分析によれば、両館は、運営交付金が減らされる一方、各種の業務は博物館関係者の努力により成果をあげてきた。運営交付金が減額される分を補うために、事業の拡大などによって収入

を上げてきた分は、予算の不足分を補うためにあてられてきたという。

　杉長は、「国は、"稼ぐ文化"をキーワードにした文化政策を推進しているが、独法になった博物館では20年近く実践されてきた。運営交付金の削減を稼ぐことで対処することは必要であるが、その限界も見えてきた」と指摘している。さらに、交付金が減額され続けていくようであれば、博物館の業務が立ちゆかなくなることを懸念している。

　経営改善のためには、東京国立博物館では、自己収入を拡大するための取組みのひとつとして「博物館の入場料の見直しを検討する」（「平成31年度独立行政法人国立文化財機構に係る年度計画」独立行政法人国立文化財機構 https://www.nich.go.jp/data/hyoka/）を進めて、2020年4月から同館の常設展の入館料を大人620円から1,000円に値上げした。諸々の事情はあるにしても、安易に入館料の値上げに踏み切ることは、ナショナルミュージアムとして慎重に配慮するべきであった。それは博物館法に規定される「原則無料」に反することになるし、他の国立の博物館や地方公共団体の博物館にも値上げの影響を与えることになるからである。

　なぜ、こうした事態を招いたのかといえば、そもそもは、国が博物館に交付する運営交付金を減額し続けていることに問題の本質がある。東京国立博物館の自己収入比率は40％というように、海外のナショナルミュージアムの自己収入比率と比較しても遜色のない数字である。公共施設の運営は、本来民営になじむものではないことから、政府が必要経費を負担することにより、公共サービスを保障する義務と責任がある。博物館の自己収入と国の交付金の割合をどの程度にみるかは判断が分かれるだろうが、両氏の検証結果に従えば、これ以上の交付金削減の限界性がみえてきたということである。

　もし、それでも自己収入を上げるための方策をとるならば、例えば、海外の博物館にみられるようにメンバー制度については、ナショナルミュージアムのメンバーになることがステータスになるような仕掛けを工夫し、館長や研究員の顔がみえるようなイベントの開催や、魅力的な特典を付けること等が一つの方策と思われる。また、寄付金収入の獲得にも潜在的な可能性があるように思うが、メンバー制度や寄付金は、社会が博物館に対してどのようにサポートしていくかというスタンスにも関わる問題でもある。ファンドレイザーによる寄

付者を含む外部資金の調達については、本書で田中裕二が紹介する米国スミソニアン自然史博物館の事例が参考になろう（本書第6章7参照）。

　また、大規模化する新聞社等のマスコミとの共催による「ブロックバスター展」の比重を減らして、一部を自主企画展と入れ替えることにより、自己収入を確保することも一案であろう。国立博物館の方式は、展覧会の経費や諸手続きを新聞社等が負担する代わりに、その収入の多くが新聞社等の取り分となり、博物館には一部の収入のみとなっている。東京・上野公園内の両館は地の利がよいし、SNSの発信力や宣伝効果を利用し、展覧会経費や事務的な人手を措置すれば、ブロックバスター展のほかに、小規模な自主企画展をすることもできるのではないだろうか。さらに、この自主企画展を巡回展として、全国各地の博物館（例えば公開承認施設）に提供することができれば、高水準の展覧会を地方で開催することができるし、独立行政法人はそのパッケージ費用を収入にすることができる。独立行政法人になって増加してきたマスコミとの共催展のあり方を少し検討する時期ではないかと考える。

　小川義和が提唱するように「博物館文化」の発信は、ナショナルミュージアムが率先的に実施することにより、博物館のリテラシーの向上を図ることにつながる。2018年に国立科学博物館が行った企画展「標本づくりの技（ワザ）」は、博物館が収集した自然物を「標本」にする手順や、標本づくりに携わる人たちの技を紹介する、資料整理の現場を知ることができるよい展覧会であった。博物館は利用者が普段立ち入ることのできない収蔵庫のツアーを企画することも有効である。いずれにしても一過性でなく、日常的に「博物館文化」を普及する事業の展開が望まれる。

Ⅳ．地方独立行政法人への期待

　博物館に導入された指定管理者制度は、先述したようにさまざまな課題を抱えている。本書で山西良平が紹介する大阪市の地方独立行政法人大阪市博物館機構による大阪市の博物館群の運営は、指定管理者制度の諸問題を克服し、博物館経営にとって新たな地平を切り開く試みだといえる（本書第5章3参照）。

　地方独立行政法人による博物館運営は、博物館の設置者が大阪市から法人に

なることにより、大阪市は法人を支援する役回りとなる。地方独立行政法人は博物館を運営するにあたり、職員の不安定な雇用形態を解消し、その他一定の条件を確保することにより、博物館にふさわしい自主性・自律性を発揮することができるようになり、人事や予算面の自由度が高まるなど、継続的、安定的な運営ができる体制が整えられた。博物館群を統括する法人は、中期目標を経営のポリシーとし、それぞれ館の多様性を踏まえた上で、独自性を尊重して経営することに留意するとしている。

　博物館と行政との連携については、指定管理館のように特定の所管課に属することがないことから、博物館群を構成する各館の特性に応じたさまざまな行政分野との連携関係を構築することができ、行政にとっても行政的な課題を解決するためにメリットとなる。

　地方独立行政法人による博物館運営は、行政上のルールに縛られる直営の博物館の諸問題を解決するためにも有効性を発揮する。博物館に対する教育や政治的な中立性を確保し、柔軟で主体的な運営が期待される博物館の運営に適した経営形態だといえる。

　大阪市が直営で運営する天王寺動物園についても、直営方式の諸問題を克服するために、懇談会の検討の結果、地方独立行政法人の経営形態が望ましいとされた経緯を牧慎一郎が本書で紹介している（本書第6章4参照）。地方独立行政法人大阪市博物館機構に動物園が編入されるようになれば、さらに幅広い館種間での職員の異動、共同研究、広報、イベント開催、展覧会の共同開催などの連携を期待することができる。

　地方独立行政法人はまだスタートしたばかりで、今後の運営は未知数であろう。地方独立行政法人は、基本的には国の独立行政法人の地方版であることを考慮するならば、先行する独立行政法人の場合は、本書でも示されたように運営交付金の削減が経営上の問題となっている。制度的に独立性が保障されているとはいいながら、財政面では地方公共団体の政策に大きく左右される組織であり、運営面でも中期目標を通して地方公共団体の意向が示される。先行事例を踏まえて、必要に応じて今後の対応策を講じておくことが望まれる。

V.　博物館は社会的ニーズにどのように向き合うか

（1）博物館を運営する前提条件

　博物館に対する社会的ニーズは時代とともに変化する。ICOM 京都大会での博物館定義の見直しは、世界の変化に博物館がどのように向き合うのかを問いかけた。博物館のあり方が問われていることは日本でも同じである。日本では、博物館は社会教育施設であるが、一方では、まちづくり、地域振興、観光、レクリエーション、レジャーなどの多機能化のもとで、現在、博物館のあり方をどのように捉えるか、が問われている。

　例えば、急速な少子高齢化は、人口減少をもたらすばかりでなく、全国各地の地域の衰退に拍車をかけている。高齢化がますます進み、地域で生活する高齢者がさらに増えているが、こうした人たちの社会参加の機会はますます必要になっている。政府が積極的に推進する観光立国政策は、国内の経済成長を図るために観光の振興を図るという意図が強くみられる。激甚化する自然災害から住民の生命や財産を守るための対策も緊急の課題となっている。

　博物館の使命とは、社会から求められた課題を解決するために、責任をもって果たさなければならない任務だといえよう。それは各館のおかれている諸条件に応じて、それぞれ独自の使命をもつことを意味する。

　博物館の使命の意義や作成などが重要視される（（財）日本博物館協会 2004）ようになって久しいが、使命の作成はまだ十分とは言い難い。「博物館の設置及び運営上の望ましい基準」（平成 23 年 12 月 20 日文部科学省告示第 165 号）には、「博物館は、基本的運営方針に基づいた運営がなされる（以下略）」（第四条）というように、使命を意味する「基本的運営方針」が明文化されるなど、使命は博物館を運営する前提となる条件である。

　しかし、博物館のなかには、まだ「地域の文化創造や発展のため……」などのように曖昧で不明確なところも多く、定型的、前例踏襲的な事業をこなすことを目的化しているところもみられる。また、なかには「資料を保管・展示する施設」という固定観念から脱け出すことができないところもある。すでに使命をもっている博物館でも、時代のニーズに応じて、使命を書き換えることが

必要であろう。使命は金科玉条ではないのである。混迷する時代状況だからこそ、博物館の使命や運営方針を時代のニーズにあわせて見直さなければならないし、博物館のステークホルダーにアピールする表現により策定される必要がある。使命は博物館の存在意義を表明するものでなくてはならない。

　そのことは直営館や指定管理館でも同じことである。本書では、長谷川賢二が徳島県立博物館を取り上げ、使命を「徳島の自然・歴史・文化の宝箱―県民とともに成長する博物館―」と見直し、ボランティアを「県民協働・参画」事業に位置づけ、市民参加による利用者の視点からの常設展リニューアルをする事例を紹介している（本書第6章5参照）。

　また、佐々木亨が説明、考察する博物館評価（本書第6章6参照）は、使命やそれを達成するための各種事業などを対象とするもので、博物館の社会的な役割や責任を保障するために不可欠となる考え方や手続きである。

（2）「変えてはならない」こと

　ICOMと博物館法の両方の博物館定義は、博物館の本質をおさえている。今後、その定義を変更することがあっても、博物館の本質を尊重することと「変えてはならない」ことにも留意しておかなければならない。

　一つ目は、資料の「収集」「整理保管」「調査研究」「展示」「教育普及」をするという博物館機能についてである。それらは、博物館の使命を達成するために、基本的な方向性をもって相互に関係しながら進行することを示している。収集は、収集方針を策定して、体系的に資料を集めることである。整理保管は、資料の受け入れや登録、資料情報を記録することや、資料を永続的に保管するための体制を整えることである。調査研究は、博物館の調査研究の方針に基づき行われる。展示は、所蔵資料を用いたり、特定のテーマなどの調査研究の成果を公開したりすることである。教育普及は、博物館の方針に基づき、利用者に対する学習支援などを行うことをさす。学芸員は、それらの業務に携わることにより、博物館資料と利用者との関係をとりもつ仲介役となるのである。

　二つ目は、博物館は教育や政治的中立性を保つことである。政治権力や特定の団体からの圧力に屈することなく、専門機関としての倫理や行動規範に照らし合わせた、公共機関としての独立性を維持する。資料を収集する際の選定

や、調査研究、展示、教育普及などの一連の業務において、博物館の使命のもとに、その自由が保障されなければならない。

　日本学術会議は、「学問の自由の下に、特定の権威や組織の利害から独立」（日本学術会議 2013）することを基本的認識とする、科学者の行動規範を定めている。また、全国美術館会議が定めた「美術館の原則」には、「美術館は、倫理規範と専門的基準とによって自らを律しつつ、人々の表現の自由、知る自由を保障し支えるために、活動の自由を持つ」ことや、「美術関係者の行動指針」には「自由の尊重と確保（行動指針 4）」とあり、美術館は、日本国憲法に定められた国民の表現の自由、知る権利を保障し支える、としている（全国美術館会議 2017）。

　2019 年の第 9 次地方分権一括法により、博物館法、図書館法や社会教育法の下に教育委員会が所管する博物館、図書館、公民館などの公立社会教育施設について、地方公共団体の判断により首長部局へ移管することが可能になった。

　法案をとりまとめることに先立ち、文部科学省の中央教育審議会の生涯学習分科会でワーキング作業が行われた際、筆者はワーキングの一員であったが、作業では教育の政治的中立性が脅かされることへの懸念を表明した。その担保措置については、社会教育課長と直接すりあわせを図るなど最終的な調整を行った。「公立社会教育施設の所管の在り方等に関するワーキンググループにおける論点整理」（最終案）に記された担保措置は、その後の中教審の生涯学習分科会の答申に引き継がれて、次のように参議院の附帯決議に活かされることになった。「地方公共団体の長が公立社会教育施設を所管する場合にあっては、社会教育の政治的中立性、継続性・安定性の確保、地域住民の意向の反映、住民組織や NPO などの運営参加の促進、学校教育との連携等により、多様性にも配慮した社会教育が適切に実施されるよう、地方公共団体に対し、適切な助言を行うこと、特に、図書館、博物館等の公立社会教育施設が国民の知る権利、思想・表現の自由に資する施設であることに鑑み、格段の配慮をすること」（2019 年 5 月 30 日参議院内閣委員会）。

　しかし、地方公共団体の首長にはさまざまな見解をもつ人もいることを考えれば、附帯決議の抑止効果がどれほどあるかは未知数だといってよい。

　三つ目は、博物館は、社会にとって共通する利益をもたらすもので、誰もが

利用することができる開かれた公共性を有する機関であることである。公立博物館は、地方公共団体の「公の施設」であるが、「公の施設」は「住民の福祉を増進する目的をもつてその利用に供するための施設」（地方自治法　第二百四十四条）とされている。民間の博物館は、非営利の公共的な使命をもつ。

　博物館にとって、社会が共有する利益とは、博物館の使命を達成することであり、それに基づくところの資料の収集、整理保管、調査研究、展示、教育普及という、博物館の本質的な業務の総体が社会に還元されることである。博物館のサービスは、年齢、人種、性別、宗教、言語、社会的な身分を区別することなく、すべての人たちが平等に利用できるように開かれていなければならない。高齢者や障がい者などのバリアフリー対策は、国の法制度のもとで、トイレ、スロープの設置、エレベータなどの整備が進められてきたし、博物館利用に際しては、介助者の配置や、ハンズオン展示、音声ガイドの機器などが導入されることにより、障がい者が安全にかつ安心して博物館の利用を促す取り組みが行われている。近年、急増する訪日外国人旅行者については、そのニーズを把握して対処することが求められる。これまでは日本人を主な利用者に想定してきたことを改めて、外国人の立場からも見直すことである。外国語の表記、通訳ボランティアの配置、ホームページなどの博物館サービスのほかに、グローバルな視野から展示を見直すことも必要である。開館時間の延長や、開館日の増加なども、職員の配置や財務状況などを勘案し、できるだけ増やすことが望まれる。

　四つ目は、博物館の入館料を原則無料にすることである。現行の博物館法に規定された無料の原則を再確認しておきたい。それは人々が生涯にわたり学ぶことができる、社会教育の機会均等を保障するものである。国及び地方公共団体はそのための経費を調達することになる。博物館は、多様な利用者を包摂する公共的な場である。地域の博物館は、展示を見学するばかりでなく、学校との連携により学校教育を補完することや、講演会や講座、自主研究グループやボランティア、友の会活動などもあれば、地域の人々のコミュニケーションの促進や癒しの場という日常空間ともなっているように、その利用価値は高まっている。さらに、地域の課題解決を図るために、地域との連携や協働する取り組みはますます求められている。

　国内や海外からの観光者に対しても、各地の博物館を無料にすれば、その土地の歴史や文化、自然の理解を促すことができる。大英博物館（British Museum）などのイギリスの国立博物館は世界中の来館者が無料で入館することができる。公立博物館でも、ロンドン博物館（Museum of London）ばかりでなく地方の博物館でも無料のところが多い。海外からの旅行者が気軽に訪れることができ、歴史や文化、自然などについて学ぶことができれば、その国や地域を学ぶことができるとともに、相互理解にもつなげることができる。

　五つ目は、博物館は非営利の恒久的な施設であるということである。2015年11月20日、ユネスコ総会で採択された、「ミュージアムと収蔵品の保存活用、その多様性と社会における役割に関する勧告」（公益財団法人日本博物館協会編2017『ユネスコ勧告集2015年「ミュージアムと収蔵品の保存活用、その多様性と社会における役割に関する勧告」』）（以下、「ユネスコ勧告」と呼ぶ）において、博物館（ミュージアム）とは、「社会とその発展に奉仕する<u>非営利の恒久的な施設</u>で、公衆に開かれており、教育と研究と娯楽を目的として人類と環境に関する有形無形の遺産を収集し、保存し、伝達し、展示するもの」（下線は筆者による）としている。遺産は、有形や無形の価値あるものの全体として、現世代が保護し称揚し次世代に引き継ぐもので、その保護はコレクションが活用時も収蔵時も安全な状態で永続的に維持されなければならない。それを保障するためにも、博物館は恒久的な施設でなければならない。また、博物館に資料の保管が不可欠であることは、「博物館法」や「博物館の設置及び運営上の望ましい基準」に明記されていることは言うまでもないことである。

　国内の博物館における資料管理の現状は決して好ましい状態ではない。博物館の収蔵施設は「満杯状態」のところが多く、コレクションを管理する専従の学芸員もほとんど配置されていない。そのため、資料の登録や資料カード、電子メディアによるデータベースを作成する整理作業が不十分なところが多い。その背景には、いろいろなことが考えられるが、一般に入館者数が主要な評価指標にされているために、展覧会や教育普及事業にウエイトが置かれて、資料管理業務は手薄になっているという事情がある。

　イギリスの地方博物館は日本よりも70〜80年前に設立されたところが多

く、長年にわたり収集、保管してきたコレクションを適切に保管や管理することを博物館自身の義務と責任として認識し、資料の整理や再整理が行われている。イギリスの博物館協会による "Collections for the Future"（2005 年）という報告書（Chaired by Jane Glaister, Report by Helen Wilkinson 2005 "Collections for the Future" Museums Association）は、コレクション管理に関する行動指針というべきものである。イギリス国内の公立博物館の収蔵コレクションが死蔵化されていることを正面から問題視するとともに、資料の再整理や活用を促進することと、コレクションを充実化させるため方策について触れられている。資料の収集・整理・保管は当然に博物館が果たす役割であるが、収蔵コレクションの活用や公開、他の博物館や学校への貸し出し、地域コミュニティへの提供やネットワークなどについても言及している。

Ⅵ. 今後の博物館経営のあり方

（1）博物館をめぐる諸制度の改正

　2003 年に地方自治法が改正されて公立博物館を含む公の施設に指定管理者制度が導入されるようになり、2011 年に「博物館の設置及び運営上の望ましい基準」が公布、施行されるなど、博物館をめぐる諸制度の改正が行われてきた。

　2019 年には公立社会教育施設（博物館、図書館、公民館等）の所管を教育委員会から首長部局へ移管することを可能とする法律「地域の自主性及び自立性を高めるための改革の推進を図るための関係法律の整備に関する法律」（第 9 次地方分権一括法）（2019 年 6 月）が公布された。それに先立ち、「平成 29 年の地方からの提案等に関する対応方針」（2017 年 12 月 26 日）が閣議決定された。公立博物館については、「まちづくり行政、観光行政等の他の行政分野との一体的な取組をより一層推進するため、地方公共団体の判断で条例により地方公共団体の長が所管することを可能とすることについて検討し、平成 30 年中に結論を得る。その結果に基づいて必要な措置を講ずる」となった。この閣議決定をうけて、文部科学省は、中央教育審議会生涯学習分科会に「公立社会教育施設の所管の在り方等に関するワーキンググループ」を設置し、そこで

の検討結果は生涯学習分科会に報告され、中央教育審議会から文部科学大臣に
答申された。

　このような博物館をめぐる法制度の改正は、一見するともっともののように思
えるが、実は戦後の社会教育行政を実質的に反故にするものである。先述した
ように、博物館の教育や政治的中立性が担保されなくなったことのほかに、地
方公共団体が首長の判断で経済政策のために博物館を観光施設などに目的を変
更できることを意味するからである。

　一方、矢ケ崎紀子は本書で、政府のインバウンド観光における博物館への期
待の大きさや、観光振興にみる博物館の可能性などについて具体的に述べてい
る（本書第 6 章 2 参照）。政府部内でも、経済活性化のために「博物館」や
「文化」を用いた政策が次々に打ち出されている。観光立国推進基本法（2007
年 1 月施行）を受けた、観光立国推進基本計画（2017 年 3 月 28 日閣議決定）
の「博物館・美術館等をはじめとする文化施設の充実」では、次のように述べ
られている。「美術館・博物館については、資料の収集・保管・展示や調査研
究等の機能の向上を支援するとともに、観光旅行者やビジネスパーソン等に夜
の魅力ある過ごし方を提供する観点から、夜間開館を推進する。また、観光拠
点として魅力ある美術館・博物館づくりを進めるため、参加・体験型教育型プ
ログラムをはじめとする質の高い催しの充実や適切な多言語対応・通信環境の
整備等を通して、国内外の訪問者が言語・年齢・障害の有無に関係なく芸術鑑
賞・創造活動ができる環境の構築に取り組む」。

　また、「経済財政運営と改革の基本方針 2017 〜人材への投資を通じた生産性
向上〜」（2017 年 6 月 9 日閣議決定）のなかには、文化芸術立国を経済成長戦
略の有望経済成長市場とするために「「文化経済戦略（仮称）」を策定し稼ぐ文
化への展開を推進するとともに、政策の総合的推進など新たな政策ニーズ対応
のための文化庁の機能強化等を図る」（下線は筆者による）というように、「文
化」を用いて経済成長を図る「稼ぐ文化」を推進するために文化庁を機能強化
することが閣議で決められている。こうした国の文化経済政策との関わりは、
元来は劇場やホールの振興を図るために制定された文化芸術振興基本法が、文
化芸術基本法（2017 年 6 月）に衣替えすることで、観光などの経済振興にも
その適用範囲が広げられた。文化財保護法も一部改正（2019 年 4 月 1 日施行）

されたことにより、保護に重きが置かれてきた文化財保護行政から、指定文化財の公開制限を緩和するなどにより、文化財の活用を推進することが重視されるようになった。さらに、今国会（第201回国会）には、博物館の資源を活用して地域の観光産業（宿泊、飲食、物販、旅行、交通、サービスなど）の拠点施設となることをめざす「文化観光拠点施設を中核とした地域における文化観光の推進に関する法律」（文部科学省提出2020年1月）の法案が提出されている。

　こうして、博物館は社会教育法体系の下での社会教育施設から、国の経済政策に組み込まれるようになり、次第に変容を余儀なくされる事態に陥っている。本来、国は国民の住みやすい社会生活の環境を整えていくために、法律や制度を適切に措置するべきである。ところが、博物館や社会教育施設をめぐる動向は、教育や文化的な価値を高めていくための法制度の変更とは思えない状況になっている。なお、博物館法の成立やその後の経緯、博物館行政については、本書で杉長敬治が詳しく述べている通りである（本書第6章1参照）。

（2）博物館をめぐる国際的な動向

　こうした国内の状況に比べて、博物館をめぐる国際的動向はどうであろうか。ICOM京都大会の博物館の再定義をめぐる議論にみられるように、博物館関係者たちは地球規模の問題や課題解決に今こそ取り組まなければならないことが確認されている。ユネスコ勧告には、「教育」として「教育は、ミュージアムの主要機能の一つである。ミュージアムは、他の教育機関、とりわけ学校と連携し、知識、教育的・教育学的なプログラムを開発し伝達することを通して、フォーマル教育やノンフォーマル教育、生涯学習に携わる」として、教育は保存や調査、コミュニケーションと並んで、ミュージアムの主要機能であるとしている。なお、ミュージアムは社会において経済的な役割を果たすこともできるとしているが、「ミュージアムの主要機能を損ねてまで、収入の創出に高い優先度を与えるべきではない。加盟各国は、ミュージアムの主要機能は、社会にとって何よりも重要なものであり、単なる財政的価値には換算しえないことを認識すべきである」とされる。ミュージアムによる経済発展への寄与を認めつつも、経済政策のために博物館本来の主要機能を損ねることはあっ

てはならないと忠告している。

　つまり、ICOMやユネスコ勧告にみられるように、博物館の目的を見直そうとするなかで、日本のように経済対策のために博物館を活用する動きは、国際的な動向から明らかに乖離している。

（3）博物館法改正に伴う留意点

　今後、博物館法の改正が予定されているようであるが、その前提として考えなければならないことがある。法律改正とは、社会の問題や課題を解決するために行うことになるのだが、その辺りの認識が不透明である。これまでの博物館法改正をめぐる見解は、登録博物館の登録基準、高度な学芸員養成、さらに大学博物館や独立行政法人の法的な扱い方など、博物館法が博物館の実態にそぐわず形骸化していることを問題視してきた。しかし、それ以前に、現代社会の問題を認識した上で、問題を解決するために法改正をするという筋道が明確でないように思える。法の課題を解決することも必要と思われるが、社会的な課題を解決することを見据えた上で、現行法を改正する手続きに入ることが望ましい。それに関連して、文化財保護法や文化芸術基本法などの文化行政のもとで博物館を再構成するのか、または教育基本法や社会教育法体系のもとでの博物館法の理念を踏襲して再構成を図るのか、どのような法律の文脈との整合性を図るのかについても問われるだろう。

　社会問題の解決を図るために博物館法を改正したとしても、博物館が受け身であっては、社会は何もよくはならない。現状の博物館は地域のさまざまなコミュニティとの距離が置かれているところが多く、一般的に連携が進んでいるとはいえない。やはり、博物館が主体的に地域に働きかけなければ、いくら制度を是正したとしても地域はよくならない。

　そのため一案として、先述したように野田市郷土博物館や高知県立高知城歴史博物館の「政策連携」の先行事例（本書第1章Ⅵ参照）をさらに発展的に活かしていくためには、博物館が主体的に政策を立案して首長部局に提言していくことである。その上で、地方公共団体の政策との整合性を図ることも可能であろう。

　政策とは、「行政機関が、その任務又は所掌事務の範囲内において、一定の

行政目的を実現するために企画及び立案をする行政上の一連の行為についての
方針、方策その他これらに類するものをいう」(行政評価法第2条2項)。つま
り、政策には、目的性と企画・立案性が問われる。地域の博物館にとっての政
策づくりとは、まず日頃の地域活動を通じて、地域のさまざまな問題を発見す
ることから始まる。その後、問題を検討して課題を選定した中から公共性の高
いものを政策課題として設定する。政策目標は、具体的な成果を示すことにな
るが、次いで成果を出すための手段や方法を具体的に講じる。政策を決定する
にあたっては、博物館のステークホルダーとの調整や、所管する部局から首長
に至るまでの行政内部の決裁、予算や制度に関わることになれば行政内部ばか
りでなく議会の議決を必要とする。

　博物館から政策提言をするためには、それなりの見識と覚悟が必要である。
まず、館長以下学芸員などの職員は、日頃から地域について問題意識をもって
いなければならない。地域にはさまざまな問題があるが、博物館として取り組
むべき政策課題を適切に設定する必要がある。博物館の使命の見直しが必要に
なる場合には、文言を単純に入れ替えるだけではなく抜本的な検討が必要とな
る。政策を執行するためには、責任者である館長は博物館の経営資源である職
員、予算、施設・設備などを適切に配分する必要がある。場合によっては、経
営資源の質的、量的な基準を見直すことも必要になる。博物館内部の取り組み
のほかにも、ステークホルダーの理解や協力を得ることはもとより、首長部局
による「政策評価」が行われ政策の適正化が図られることになる。

(4) 社会関係資本の形成と地域の再生に果たす博物館の役割

　アメリカの政治学者のロバート・パットナムは、イタリアの地方制度改革が
北部の都市部が南部の農村地域よりも進んでいるのは、都市部では人々が集ま
り、個人を認めあい合議する場が豊富にあるため、国家と個人の中間領域が分
厚い社会であること、中間領域が分厚い地域は民主制がうまく機能することを
指摘している (パットナム 2001)。パットナムは、その中間領域を社会関係資
本 (ソーシャル・キャピタル) と呼ぶ。社会関係資本は、互酬性と信頼性の規
範をもつ社会関係のネットワークである。アメリカでは、1970年代から地域
の高齢化 (世代交代) やテレビの普及などによる余暇時間の私事化などによ

り、この中間領域が機能しなくなり、ポピュリズムが蔓延するようになっていると、パットナムは指摘する（パットナム 2006）。日本でも少子高齢化や経済の低迷などにより、地域の衰退が進んでいる。伝統的な家族形態が失われるようになり、若年者や中高年者、高齢者が孤立し、地域の衰退に拍車をかけているように思える。大衆受けするような政治家が人気を集めるポピュリズム政治も幅をきかせている。

　社会関係資本が充実するようになると、地域が安心安全で住みやすく人間関係が円滑になり経済活動にも良い影響を与えるといわれる。しかし、ポピュリズムが蔓延し地域の社会関係資本が弱体化すると、「大衆」がつくりだした国家が地域や個人を支配することが容易にできる危険性を孕んでいる。スペインの哲学者オルテガは、著書『大衆の反逆』の中で、人々は「社会はより良く生きるための一つの道具として国家を創った。しかしすぐに国家が優位に立ち、社会は国家のために生き始めなければならなくなった」（オルテガ 1985）というように国家主義の矛盾に満ちた末路を指摘している。

　地域の問題を解決するために、政府や自治体ばかりでなく、その地域の多様なコミュニティがさまざまな活動に取り組んでいる。そのなかで博物館はどのような役割を果たすことができるのだろうか。博物館をとりまく市民活動は、学びのネットワーク（本書第6章3参照）をつくり、パットナムが指摘するように多様な人々を受け入れる「橋渡し型」（包含型）の社会関係資本を形成する。博物館は、保持する資源を用いて、年齢や経歴の区別なく、興味や関心を同じくする人々が集い、話し合い、活動することを通じてゆるやかな社会関係を築くことができる場である。市民がサークルをつくり、博物館の調査や整理、展示など一連の業務に参加する市民参加型の活動にみられるように、博物館は市民の日常空間の一部として活かされる。また、博物館は歴史や自然などを題材にする自己学習や集団学習を通じて、知的な学びばかりでなく、地域の文化や自然の価値を学び、コミュニティの架け橋になることを学び、民主主義のルールを学ぶ場にもなっている。

　博物館は市民活動のほかにも、外部のコミュニティとのネットワークを形成することにより、多様なコミュニティとのつながりや交流をつくる。個人同士やコミュニティ同士が「つながる」ことが、地域づくりの基盤になる。博物館

はその基盤づくりにも寄与することができる。全国に整備されている博物館
は、社会関係資本の形成と地域の再生に大きな役割を果たすことができる可能
性を秘めている。そのために今、国や地方公共団体などの設置者や博物館関係
者が、博物館のあるべき姿を問い直す時期に来ている。博物館の使命を明文化
したうえで、設置者や博物館職員、学識経験者、市民などからなる協議会など
の話し合いの場を設け、体系的な博物館評価を定期的に行い、その結果を必ず
公表するとともに、PDCA サイクルを確立することである。博物館とステー
クホルダーとの環境整備をはかることにより、社会からの支援や協力を得るこ
とも欠かせない。

　転換期の博物館に求められることは、社会のニーズを博物館に反映させ、よ
り良い社会づくりのために活かしていくことである。

参考文献
オルテガ（桑名一博訳）　1985『大衆の反逆』白水社
全国美術館会議　2017『美術館の原則と美術館関係者の行動指針』
日本学術会議　2013『声明　科学者の行動規範―改訂版―』
（財）日本博物館協会　2004『使命・計画作成の手引き』
パットナム、ロバート D.（河田潤一訳）　2001『哲学する民主主義』NTT 出版
パットナム、ロバート D.（柴内康文訳）　2006『孤独なボウリング』柏書房

（金山喜昭）

おわりに

　2003 年に地方自治法の一部改正により、公の施設を民間事業者が運営管理
できる指定管理者制度が創設された。同制度を公立博物館に導入することについては賛否両論があった。当時、筆者は地方分権改革の一環として、地方公共
団体の主体性が尊重される制度改革には肯定的であったことから、指定管理者
制度を博物館に導入することから生じるさまざまな懸念は承知していたが、む
しろ博物館を良くしていくための機会にできるのではないかと思った。
　実際、2007 年に野田市との連携のもとで、筆者らが設立した NPO 法人が指
定管理者になることにより、野田市郷土博物館を「市民のキャリアデザインの
拠点」をミッションにする博物館に衣替えをすることができた。そのミッショ
ンを達成するために、直営時代よりも予算や学芸員を増やし、博物館の基礎機
能を充実化させ、市民や地域との連携を図る諸活動を展開した。行政にとって
も、市民としての自立化を促すことは潜在的な課題としていた背景があったこ
とから、市長は野田市の政策に博物館事業を位置づけるという判断をしたので
ある。その経緯や取り組みなどについては、拙著『公立博物館を NPO に任せ
たら』（同成社、2012）に示したところである。
　その後、杉長敬治（当時、文部科学省国立教育政策研究所フェロー）の誘い
を受け、日本学術振興会科学研究費助成事業「日本の博物館総合調査」（代
表：滋賀県立琵琶湖博物館長篠原徹）（平成 25～27 年度）のメンバーになり、
「博物館指定管理者制度」をテーマにして、NPO や民間企業が運営管理する博
物館の実態を調査することができた。その後に出版した拙著『博物館と地方再
生』（同成社、2017）に、そこで明らかになった各地の指定管理博物館ととも
に、市町村合併後の直営博物館などの実情を明らかにして評価や課題を示し
た。また、博物館の社会的な役割の枠組みを福祉（well-being）と捉えて、社
会的包摂や社会的共通資本の考え方と照らし合わせて博物館の可能性について
も考察した。

　2015 年度社会教育調査によると、公立博物館 4,293 館のうち指定管理館は
1,279 館である。そのうち財団法人は 651 館（51％）と半数以上となっている
が、そのなかでも自治体が出資して設立した公設財団法人（一般財団、公益財
団）が大多数を占めている。

　2015 年当時は指定管理者制度が博物館に導入されるようになってから 15 年
近くが経過していたが、指定管理博物館についての総合的な調査研究はほとん
ど行われていなかった。そのため、科学研究費基盤研究（C）「指定管理者制
度を導入した公立博物館の経営に関する総合調査研究」（平成 29〜令和元年
度）（研究代表者：金山喜昭）を行った。この調査研究では、指定管理館の多
くを占める公設財団法人を中心に、指定管理者制度を総合的に検討し、指定管
理館の経営を適正化するために必要な措置を提言することを目的にした。

　近年、博物館をめぐる制度改正が矢継ぎ早に行われている。国は経済・産業
振興政策の一環として博物館の活用を積極的に推し進める政策を打ち出してい
る。このことは、博物館法を根拠法に、博物館の基本理念とされてきた社会教
育機関としての博物館の性格を変容させかねない危機的な事態を生み出す可能
性が大いにある。博物館法に結実されている基本理念を問い返すことなく、経
済・産業振興政策の一環から博物館法の改正も俄かに浮上している。

　一方、2019 年 9 月、ICOM 大会が京都で行われた。ICOM は、博物館とし
ても世界的なさまざまな課題の解決に取り組む問題意識をもち、ICOM の博
物館定義の見直しの準備を進めている。世界の博物館関係者たちが博物館の社
会的な役割について真摯に検討し続けている。日本国内の博物館をめぐる状況
と ICOM の動向を照らし合わせると、日本の動きは、世界の動向と乖離し、
世界的な潮流に歩調をあわせているとはいえない。経済・産業振興政策面での
対応が突出する国内の動きには違和感さえ覚える。その乖離をどのように受け
とめ、修正するのかは、大きくかつ複雑な問題であり、それに応じるような回
答をすぐに用意することはできないが、博物館に関係する者は、この問題に真
摯に取り組む必要がある。

　本書では博物館関係者の方々のお力を借りて、社会をよくするために博物館
が貢献できるようにするために必要なことや、そのための方向性についての考
え方や具体例を多少なりとも示すことができたのではないかと思う。

　本書の作成にあたっては、実際に指定管理博物館を運営する経験をお持ちの立場から、高橋摂、大倉宏、高田みちよ、平野芳英、神田正彦、土居聡朋、中島秀男、中島宏一、柏木智雄、村瀬健、髙木叙子、渡部淳の諸氏にご執筆をお願いした。独立行政法人については、その実務を経験した杉長敬治、小川義和の両氏と、地方独立行政法人についてはその準備作業に携わってこられた山西良平氏にご執筆をお願いした。また、博物館経営上の個別のテーマについては、それぞれの専門領域で活躍なさっている諸氏（杉長敬治、矢ケ崎紀子、牧慎一郎、長谷川賢二、佐々木亨、田中裕二）にご執筆いただいた。

　筆者による現地調査では、全国の博物館関係者にご協力をいただいた。なお、杉長敬治氏には、拙稿のご校閲や有益なご教示をいただいたことに感謝する。研究協力者の菅原慎吾氏、また山本洋、小町大和の両氏にもお世話いただいた。また、出版や編集にあたっては、同成社の佐藤涼子社長、三浦彩子さんにご苦労をおかけした。ここに付記して感謝の意を表する次第である。

　なお、本書は、文部科学省科学研究費基盤研究（C）「指定管理者制度を導入した公立博物館の経営に関する総合調査研究」（平成29年〜令和元年度）（課題番号：17K01212）の調査研究助成の成果の一部を掲載した。

　2020年3月

　　　　　　　　　　　　　　　　　　　　　　　　金山喜昭

執筆者紹介（五十音順、編者は除く）

大倉　宏（おおくら・ひろし）

　1957 年生。美術評論家・認定 NPO 法人新潟絵屋代表・砂丘館館長。

　〔主要論著〕『東京ノイズ』アートヴィレッジ、2004 年。

小川義和（おがわ・よしかず）

　1960 年生。国立科学博物館調整役。

　〔主要論著〕『科学を伝え、社会とつなぐ　サイエンスコミュニケーションのはじめかた』（共編著）丸善出版、2017 年。『協働する博物館　博学連携の充実に向けて』（編著）ジダイ社、2019 年。The Role of the Museum in the Digital Age, *Museums and Communities: Diversity, Dialogue and Collaboration in an Age of Migrations*, Cambridge Scholars Publishing, 2019（共著）。

柏木智雄（かしわぎ・ともお）

　1962 年生。横浜美術館副館長・主席学芸員

　〔主要論著〕『明るい窓：風景表現の近代』（共著）大修館書店、2003 年。『はじまりは国芳：江戸スピリットのゆくえ』（共著）大修館書店、2013 年。『通天楼日記　横山松三郎と明治初期の写真・洋画・印刷』（共著）思文閣出版、2014 年。

神田正彦（かんだ・まさひこ）

　1958 年生。浜松科学館経営管理グループマネジャー。

佐々木　亨（ささき・とおる）

　1959 年生。北海道大学大学院文学研究院教授。

　〔主要論著〕『文化経済学の展望』（共著）ミネルヴァ書房、2016 年。『文化経済学理論と実際を学ぶ』（共著）有斐閣、2019 年。『新訂　博物館経営論』（編著）放送大学教育振興会、2019 年。

杉長敬治（すぎなが・けいじ）

　1956 年生。法政大学兼任講師。

　〔主要論著〕「入館者統計から見た日本の博物館の現状」『時系列データによる日本の博物館の動態分析』科学研究費補助金研究成果報告書、2013 年。「博物館の職員配置と学芸系職員の雇用状況」『日本の博物館総合調査研究（平成 26 年度報告書）』科学研究費補助金研究成果報告書、2015 年。「日本の博物館の拡大と縮小」『日本の博物館総合調査研究（平成 27 年度報告書）』科学研究費補助金研究成果報告書、2016 年。

髙木叙子（たかぎ・のぶこ）

　1966 年生。滋賀県立安土城考古博物館学芸課副主幹。

　〔主要論著〕「博物館における IPM 実践の一事例―滋賀県立安土城考古博物館の場

合一」『文化財の虫菌害』48、2004 年。「博物館はどこへ行くのか―滋賀県の博物館
が抱える諸問題―」『新しい歴史学のために』274、2009 年。「元亀の起請文と湖南の
村々」『つがやま市民教養文化講座　近江の伝統と文化』2010 年。

高田みちよ（たかだ・みちよ）

1973 年生。高槻市立自然博物館（あくあぴあ芥川）主任学芸員。

〔主要論著〕『芥川の本　学ぶ・楽しむ・高槻の川　改訂版』（共著）あくあぴあ芥川
共同活動体、2016 年。『挑戦する博物館―今、博物館がオモシロイ！！―』（共著）
ジダイ社、2018 年。

高橋　摂（たかはし・せつ）

1954 年生。特定非営利活動法人語りつぐ青函連絡船の会理事・事務局長。

〔主要論著〕『国鉄車両全ガイド』日本交通公社、1980 年。『日本の私鉄 17　北関東・
東北・北海道』（共著）保育社、1982 年。『青函連絡船 100 年』（共著）語りつぐ青函
連絡船の会、2008 年。

田中裕二（たなか・ゆうじ）

1975 年生。静岡文化芸術大学文化政策学部芸術文化学科准教授。

〔主要論著〕『東京流行生活』（共著）河出書房新社、2003 年。『明治、このフシギな
時代』（共著）新典社、2016 年。『明治、このフシギな時代 2』（共著）新典社、2017
年。

土居聡朋（どい・あきとも）

1970 年生。愛媛県美術館学芸課長。

〔主要論著〕『戦国遺文　瀬戸内水軍編』（共編著）東京堂出版、2012 年。「愛媛県歴
史文化博物館の運営について」『日本の博物館のこれから「対話と連携」の深化と多
様化する博物館運営』大阪市立自然史博物館、2017 年。

中島宏一（なかじま・こういち）

1964 年生。一般財団法人北海道歴史文化財団業務執行理事事業本部長・野外博物館
北海道開拓の村館長。

〔主要論著〕『社会教育における評価』日本の社会教育第 56 集（共著）東洋館出版
社、2012 年。『富山の置き薬⊕』（共著）富山市、2020 年。

中島秀男（なかじま・ひでお）

1956 年生。株式会社乃村工藝社・東京都水の科学館統括責任者・青山学院大学総合
文化政策学部兼任講師。

〔主要論著〕『指定管理者制度―文化的公共性を支えるのは誰か』（共著）時事通信
社、2006 年。「長崎歴史文化博物館の指定管理者になって」『熱風』2006 年 4 月号。
『科学プロデューサー入門講座』（共著）国立天文台科学文化形成ユニット、2012 年。

長谷川賢二（はせがわ・けんじ）

1963 年生。徳島県立鳥居龍蔵記念博物館館長・徳島県立博物館副館長。

〔主要論著〕「博物館と歴史研究の関係史をめぐる覚書― 一九四五年以前における四

国の博物館史から―」『史窓』39（徳島地方史研究会）、2009 年。「歴史系文化施設の現在」『史窓』40、2010 年。『修験道組織の形成と地域社会』岩田書院、2016 年。

平野芳英（ひらの・よしひで）

1951 年生。荒神谷博物館学芸顧問。

〔主要論著〕『島根の考古学と自然科学Ⅰ』1990 年。「島根県博物館史の試み」『先史・考古学論究 5』龍田考古会、2010 年。『古代出雲を歩く』岩波書店、2016 年。

牧　慎一郎（まき・しんいちろう）

1971 年生。大阪市天王寺動物園園長・建設局動物園改革担当部長。

〔主要論著〕「動物園の正当化サイクルと動物園の管理運営のあり方について」『動物園研究』21-1、2010 年。「公立動物園経営の理論と実践」日本ミュージアムマネージメント学会第 20 回大会、2015 年。「娯楽性の高いミュージアムである動物園の理念についての考察」前掲学会第 21 回大会、2016 年。

村瀬　健（むらせ・たけし）

1976 年生。公益財団法人大垣市文化事業団学芸員。

〔主要論著〕「創る、美術と展示―「おやこでえほんづくり」展の現場から―」（共著）『ムゼイオン』59、2014 年。

矢ケ崎紀子（やがさき・のりこ）

1963 年生。東京女子大学現代教養学部国際社会学科教授。

〔主要論著〕『インバウンド観光入門』晃洋書房、2017 年。『民泊を考える』（共著）プログレス、2018 年。『旅行業概論』（共著）同友館、2018 年。

山西良平（やまにし・りょうへい）

1949 年生。西宮市貝類館顧問。

〔主要論著〕『博物館学Ⅰ 博物館概論・博物館資料論』『博物館学Ⅱ 博物館展示論・博物館教育論』（共著）学文社、2012 年。「公立博物館の地方独立行政法人化の展望」『日本の博物館のこれから―「対話と連携」の深化と多様化する博物館運営』科学研究費助成事業研究成果報告書、2017 年。

渡部　淳（わたなべ・じゅん）

1962 年生。高知県立高知城歴史博物館館長。

〔主要論著〕「九州筑紫領・松浦領における豊臣刀狩令の年紀比定」『日本歴史』567、1995 年。『検証・山内一豊伝説―「内助の功」と「大出世」の虚実―』講談社現代新書、2005 年。「土佐山内家と譜代大名・旗本―領主間の金融融通をめぐって―」『四国の大名―近世大名の交流と文化―』岩田書院、2011 年。

転換期の博物館経営
──指定管理者制度・独立行政法人の検証と展望──

■編者略歴■

金山喜昭（かなやま・よしあき）
1954年、東京都生まれ。
法政大学大学院人文科学研究科博士後期課程（満期退学）。
現在、法政大学キャリアデザイン学部教授。博士（歴史学）。
野田市郷土博物館学芸員、副館長を経て、2003年より法政大学キャリアデザイン学部へ。2008年4月からロンドン大学UCL（英国）客員研究員（翌年3月まで）。公益財団法人横浜市ふるさと歴史財団理事、公益財団法人茂木本家美術館理事、新潟市新津鉄道博物館協議会委員（座長）など各地の博物館の運営に協力している。
〔主要著書〕
『日本の博物館史』（慶友社、2001年）、『公立博物館をNPOに任せたら―市民・自治体・地域の連携―』（同成社、2012年）、『博物館と地方再生―市民・自治体・企業・地域との連携―』（同成社、2017年）などがある。

2020年4月22日発行

編 者　金 山 喜 昭
発行者　山 脇 由 紀 子
印 刷　㈱精 興 社
製 本　協 栄 製 本㈱

発行所　東京都千代田区飯田橋4-4-8　㈱同成社
　　　　（〒102-0072）東京中央ビル
　　　　TEL 03-3239-1467　振替 00140-0-20618

公立博物館を NPO に任せたら —市民・自治体・地域の連携—

金山喜昭 著

A5 判・192 頁・本体 1900 円（2012 年 3 月刊行）

財政難の地方自治体が公共施設運営に苦悩する中、指定管理者制度を利用し画期的な成果を上げた地域博物館の紹介を通して、市民と自治体が協働して運営するこれからの時代の博物館経営を展望する。

博物館と地方再生

─市民・自治体・企業・地域との連携─

金山喜昭 著

A5 判・230 頁・本体 2400 円（2017 年 3 月刊行）

指定管理者制度で急速に変貌する博物館の運営・経営の実状について、全国的な実地調査を実施。衰退・消滅が囁かれる地方創生の鍵を、地域と博物館との連携に見出し、双方がともに「進化」する方向性を指し示す。

博物館学

978-4-88621-488-1 (09.10)

新博物館学―これからの博物館経営―
小林克著

博物館学芸員として長年勤務した著者が、現場での経験を踏まえ、今の博物館が抱える課題を抽出し、時代のニーズに合う博物館経営を探り出しフランクに伝える。

A5 226頁 本体2800円

978-4-88621-527-7 (10.9)

博物館で学ぶ
G.E.ハイン著／鷹野光行監訳

ボストンの博物館で教育プログラムの評価・研究に関わってきた著者が、豊かな経験と膨大な事例研究に基づき、博物館における教育普及活動の効果的な実践法について丁寧に論じる。

A5 298頁 本体3800円

978-4-88621-555-0 (11.3)

新編博物館概論
鷹野光行・西源二郎・山田英徳・米田耕司編

平成24年度の学芸員養成科目改正に対応しうる内容をもりこんだ「博物館学」教科書。長年、現場で活躍してきた学芸員や、教職の経験豊かな研究者が、平易な言葉でわかりやすく記す。

A5 302頁 本体3000円

978-4-88621-654-0 (14.3)

博物館展示の理論と実践
里見親幸著

博物館展示の基本概念、展示空間の作り方、照明の技術等について長年博物館展示を手がけてきた著者が豊富な写真と共にわかりやすく解説。博物館関係者や学芸員を目指す人に必携の書。

A5 242頁 本体2800円

〈僅少〉978-4-88621-687-8 (15.2)

人間の発達と博物館学の課題―新時代の博物館経営と教育を考える―
鷹野光行・青木豊・並木美砂子編

人が学び、成長していく過程に、博物館はどう関わっていくことができるのか。博物館と教育の関わりを軸に、研究の現状と未来を展望すべく博物館学の最前線を担う21人の執筆陣が紡ぐ論文集。

A5 386頁 本体6000円

978-4-88621-702-8 (15.9)

地域を活かす遺跡と博物館―遺跡博物館のいま―
青木豊・鷹野光行編

高度経済成長期以降、全国各地で急増した遺跡博物館。その現状と課題を整理し、いま求められる遺跡保存や活用の在り方、教育効果について多角的に考察する。

A5 306頁 本体3600円

978-4-88621-729-5 (16.6)

特別支援教育と博物館―博学連携のアクティブラーニング―
駒見和夫・筑波大学附属聴覚特別支援学校中学部編

ミュージアムリテラシーの観点から、障害をもつ子ども達が博物館を利用する際の障壁を、ノーマライゼーションの理念から検証し、楽しみながら学習する"博学連携"の実践理論を指し示す。

A5 210頁 本体2300円

〈僅少〉978-4-88621-785-1（18.2）

北朝鮮の博物館
張慶姫著／
池貞姫・村上和弘・松永悦枝訳

B5変形 272頁 本体7000円

北朝鮮の国立博物館全13館とその所蔵品について、鮮明な写真とともに美術史的観点から解説。2010年に韓国で刊行された好著の初邦訳。巻末に訳者による半島の文化、歴史の補足説明も収録。

978-4-88621-817-9（19.3）

新博物館園論
小林秀司・星野卓二・德澤啓一編

A5 330頁 本体3000円

自然史・科学博物館、動植物園、水族館など自然系館園の学芸員を目指す人のための指南書。館種ごとに特徴を示し、これからの学芸員に求められる知識や視座をわかりやすく論じる。

文化遺産

978-4-88621-486-7（09.6）

文化遺産と現代
土生田純之編

A5 262頁 本体3200円

考古学・社会学・歴史学・建築等の研究者がそれぞれの立場から現代社会における文化遺産の果たす役割を検証。各地の特色ある活用事例を紹介しながら、今後の文化遺産活用と展望を問う。

978-4-88621-543-7（10.12）

文化遺産と地域経済
澤村明著

A5 152頁 本体2000円

文化遺産の保存問題と地域社会における経済効果について、青森県三内丸山遺跡や佐賀県吉野ヶ里遺跡などをとり上げながら経済分析を試み、今後の活用における視点を提言。

978-4-88621-542-0（10.12）

日本の世界文化遺産を歩く
藤本強著

四六 202頁 本体1800円

世界遺産の成立やその決定における要因について解説するとともに、日本に所在する世界文化遺産の一つ一つを訪ね歩き、豊富な写真と共にその歴史や現状を平易かつ的確に解説する。

978-4-88621-648-9（13.10）

イタリアの世界文化遺産を歩く
藤本強・青柳正規編

四六 290頁 本体2400円

世界最多を誇るイタリアの世界文化遺産のうち主要な遺跡や建造物を訪ね、それぞれの歴史や世界遺産に選ばれた理由、見所などを豊富なカラー写真とともに丁寧に解説する。

978-4-88621-709-7（15.12）

遺跡保護の制度と行政
和田勝彦著

B5 454頁 本体12000円

文化庁で埋蔵文化財保護行政に携わってきた著者による遺跡保護行政の歴史と制度の詳説。各種統計資料、法令、主要判例も収録した遺跡に関わる行政担当者、考古学研究者、開発企業必携の書。